DROMEN VAN VROEGER

EERDER VERSCHENEN IN DE HOPE'S CROSSING-SERIE:

Tussen hoop en liefde
Nieuw begin
Een fantastisch uitzicht
Hartverwarmende winter
Sterk in de verleiding

RaeAnne Thayne

Dromen van *vroeger*

Vertaling Mieke Trouw

HarperCollins

FSC
www.fsc.org
MIX
Papier van verantwoorde herkomst
FSC® C083411

Voor het papieren boek is papier gebruikt dat onafhankelijk is gecertificeerd door FSC®
om verantwoord bosbeheer te waarborgen.
Kijk voor meer informatie op www.harpercollins.co.uk/green.

HarperCollins is een imprint van Uitgeverij HarperCollins Holland, Amsterdam.

Oorspronkelijke titel: *Sweet Laurel Falls*

Vertaling: Mieke Trouw
Omslagontwerp: Zero Media
Omslagbeeld: © Sandra Cunningham / Trevillion Images; FinePic®, München
Zetwerk: Mat-Zet B.V., Huizen
Druk: CPI Books GmbH, Germany, met gebruik van 100% groene stroom

ISBN 978 94 027 1151 6
ISBN 978 94 027 6699 8 (e-book)
NUR 302
Eerste druk in deze editie november 2022

Originele uitgave verschenen bij HQN® Books, Toronto, Canada.
Deze uitgave is uitgegeven in samenwerking met Harlequin Books SA.
HarperCollins Holland is een divisie van Harlequin Enterprises ULC.

www.harpercollins.nl

Hoofdstuk 1

Maura McKnight-Parker wenste dat ze Kerstmis een jaartje kon overslaan. Het leek haar heerlijk om een warm holletje op te zoeken en dwars door alle feestelijkheden heen te slapen.

Met een zucht keek ze voor de laatste keer de gezellige erker van haar boekwinkel/koffiebar rond, waar ze een paar comfortabele banken en fauteuils had neergezet die normaal door de winkel verspreid stonden. Alles leek klaar voor het kerstfeestje van de Books and Bites-boekenclub. Vanavond zouden de leden bij elkaar komen om gezellig te kletsen en cadeautjes uit te wisselen.

Overal stonden al schaaltjes klaar met M&M's, gekruide noten en popcornmix. Op de schaaltjes stonden vrolijke kerstmotieven, en ze had zelfs haar kerstservies tevoorschijn gehaald.

De boekwinkel was ook al versierd. Daar had ze niet veel aan hoeven doen, want in de Dog-Eared Books & Brew stonden al sinds de week voor Thanksgiving kunstkerstbomen met elegante blauwe, witte en zilveren ballen. Sneeuwvlokken en glinsterende versieringen in dezelfde kleuren hingen aan het plafond en dansten in de winter wanneer iemand de deur opendeed.

Ook voor de cadeautjes was gezorgd: ze had een klein kerstboompje neergezet vol handgemaakte glasgeblazen versieringen, gemaakt door een kunstenaar met een galerie in haar woonplaats. Voor alle leden van de boekenclub had ze zo'n versiering besteld.

Alsof dat snoezige cadeautje nog niet genoeg was, had ze de afgelopen dagen alle kasten en dozen in haar kantoor nagezocht en voor alle clubleden cadeautasjes samengesteld. Die zaten vol koffie- en theezakjes, notitieblokjes, boekenleggers en andere kleinigheidjes die auteurs en hun uitgevers altijd naar de winkel stuurden.

Ondanks haar diepgewortelde wens dat ze zich thuis als een vos in een knus hol voor de kerst kon verschuilen, was ze al dagen bezig om alle details van dit feestje voor te bereiden. Het was de beste manier om iedereen een rad voor ogen te draaien. Ze had een verschrikkelijk jaar achter de rug en wilde haar beste vrienden en haar familie de indruk geven dat ze haar best deed om de draad weer op te pakken. En om hen te overtuigen, moest ze van het feestje een succes maken.

Misschien zou iedereen haar dan met rust laten en wat ruimte geven om haar eigen weg te zoeken.

'Wat vind je?' vroeg ze aan April Herrera, die net een heleboel mokken uit de kleine vaatwasmachine achter de toonbank haalde.

Haar rechterhand, die verantwoordelijk was voor de koffiebar, keek met een dromerige blik in haar ogen naar de gezellige hoek. De blik leek helemaal niet te passen bij haar hennarode haar, haar getekende wenkbrauwen en haar glinsterende piercings. Het zijden T-shirt met lange mouwen dat ze onder haar barista-shirt en schort droeg, verborg de tatoeages op haar armen. Als je April zo zag, leek ze een wilde, cynische meid. In werkelijkheid was ze een van de liefste mensen die Maura ooit had ontmoet. En wat nog belangrijker was: ze was intelligent, ze werkte hard en ze voelde de stemming van hun klanten goed aan.

'Het ziet er ontzettend gezellig uit. Echt perfect. Ik weet zeker dat jullie een fantastische avond zullen hebben,' antwoordde April

Maura had een zwak voor rebelse meisjes, waarschijnlijk omdat ze er zelf een was geweest. 'Weet je zeker dat je niet kunt blijven?'

'Nee, jammer genoeg niet. De bijeenkomsten van je boekenclub zijn altijd hilarisch. Ik moet altijd vreselijk lachen om je moeder, en het is erg grappig om Ruth en Claire te horen discussiëren. Komt het wel eens voor dat ze dezelfde mening hebben over een boek?'

'Zelden,' zei Maura. Ook op andere vlakken waren de vrouwen het bijna nooit met elkaar eens. Ruth Tatum werkte in de boekwinkel, en zij en haar dochter hadden op zijn zachtst gezegd een ingewikkelde relatie. 'Nou, blijf dan. Je weet dat iedereen het gezellig vindt als je erbij bent. Je had een heel interessante kijk op het vorige boek dat we hebben behandeld.'

'Het gaat echt niet, sorry. Ik moet weg zodra Josh me komt aflossen. Ik ga vanavond voor het eerst met mijn team in het donker skiën.'

'Gaat dat goed?' vroeg Maura.

'Heel goed,' antwoordde April stralend. 'Ik denk dat ik binnenkort in het vaste rooster mag meedraaien.'

April trainde voor deelname aan het plaatselijke skipatrouilleteam en volgde cursussen voor een eerstehulpdiploma. Maura wist niet hoe ze het voor elkaar kreeg om te werken, lessen te volgen en in haar eentje voor haar tweejarige zoon te zorgen. Misschien was dat ook wel een van de redenen waarom ze zich over April had ontfermd. Ze wist hoe het voelde om een jonge alleenstaande moeder te zijn.

'Wat goed!' zei ze. 'Als je je werktijden wilt aanpassen, hoor ik het wel. Met mij kun je alle kanten op. En je kunt altijd een beroep op me doen als je een oppas voor Trek nodig hebt.'

'Bedankt, Maur.'

'Als het in je drukke schema past, kun je in januari misschien met de boekenclub meedoen,' zei ze.

'Goed plan!' April wilde nog wat zeggen, maar een klant wilde koffie bestellen en had op het belletje op de toonbank gedrukt om haar aandacht te trekken. Ze stak haar hand op naar Maura en liep naar de klant om de bestelling op te nemen.

Maura keek reikhalzend uit naar januari. Na al het gedoe rond de feestdagen hoefde ze dan misschien niet meer de schijn op te houden dat het fantastisch met haar ging terwijl haar hart in werkelijkheid een klomp ijs was.

Ze pakte nog een bakje met gekruide nootjes en zette het op een bijzettafel. Daarna verplaatste ze een schaaltje met pepermuntkussentjes naar een andere plek. Het was zowel een zegen als een vloek dat ze zoveel dierbare vrienden en familieleden in Hope's Crossing had. Ze wist dat ze van haar hielden en dat ze zich zorgen om haar maakten. Ze begreep hun bezorgdheid en probeerde er dankbaar voor te zijn, maar doorgaans werd ze er doodmoe en gestrest van.

Soms gaf die altijd aanwezige bezorgdheid haar het gevoel dat ze onder een lawine was begraven. De druk was zwaar en verstikkend, en ze snakte naar een beetje lucht. Zelfs haar kleine bungalow aan Mountain Laurel Road zou niet langer een veilige thuishaven voor haar alleen blijven. Over een paar dagen kwam haar studerende dochter, Sage, thuis voor de feestdagen, en ook zij zou haar moeder angstvallig in de gaten houden.

Nog maar een paar weken. Een paar weken moest ze nog de schijn ophouden, en dan kon ze de koude januari-avonden in haar eentje doorbrengen.

Nadat ze nog een laatste keer had rondgekeken, herinnerde ze zich dat ze een paar extra exemplaren van het boek van deze maand uit de kast had willen halen, voor het geval iemand zijn eigen exemplaar was vergeten en iets wilde opzoeken. Zich bedenkend dat er een paar exemplaren vóór in de winkel lagen, liep ze er vlug naartoe.

Door de etalageruit zag ze dat het buiten zachtjes sneeuwde. De grote wollige vlokken reflecteerden de kleurige kerstlichtjes van de andere winkels aan Main Street. Hope's Crossing lag in een prachtig winterlandschap, en de plaatselijke winkeliers deden hun best om het stadje een ouderwetse, aanlokkelijke charme te geven. Bijna alle winkels hadden kerstversiering. Maura had led-ijspegels aan de dakrand bevestigd, die leken te druipen.

Haar moeite om haar zaak gezellig te maken leek te worden beloond, want het was druk in de winkel. Aan het aantal voetgangers en auto's op straat te zien, was het voor de andere winkeliers ook geen doorsnee donderdagavond. Overal was het gezellig druk.

Een automobilist zette zijn SUV op het laatste parkeerplaatsje in de straat, enige tientallen meters van Maura's winkel en tegenover het café. Een man in een leren jack en een spijkerbroek stapte uit. Meteen belandden er sneeuwvlokken op zijn golvende donkere haar en de schouders van zijn warme cacaokleurige jack. Hij zag er goed en verzorgd uit.

De leden van haar boekenclub konden elk moment arriveren, en eigenlijk moest Maura de laatste voorbereidingen gaan treffen, maar om de een of andere reden werd ze gebiologeerd door de man, die ze nog steeds niet helemaal goed kon zien. Hij keek haar denken aan haar eerste grote liefde. Misschien was het zijn kaaklijn, of anders zijn manier van lopen. Jackson Lange – sexy en gevaarlijk, jong, wrokkig en verschrikkelijk intelligent. Behalve wanneer zijn vervelende vader in de winkel kwam, dacht ze zelden nog aan Jack. Ze vroeg zich af waarom ze over hem nadacht terwijl ze nog genoeg te doen had.

De man liep om zijn auto heen om de deur aan de passagierskant te openen, een hoffelijk gebaar dat ze tegenwoordig veel te weinig zag. Ze was benieuwd naar de persoon die hij bij zich had, maar voordat ze een glimp van de vrouw kon opvangen, ging de deur van de winkel open. Claire en Evie kwamen binnen, de geur van sneeuw en Kerstmis meebrengend. Hun vrolijke, lachende stemmen klonken nog melodieuzer dan kerstliederen.

'Ik weet het,' zei Claire. 'Dat heb ik ook tegen hem gezegd, maar het is zijn eerste kerst als stiefvader en geloof me, hij vindt het nog spannender dan Owen en Macy. Ik heb de cadeautjes al vijf keer op een andere plaats moeten leggen, want hij vindt ze elke keer.'

'Ja, wat had je dan verwacht?' Evie haalde haar wollen sjaal van haar hals, die de kleur had van heide en was versierd met sliertjes kralen in plaats van met franjes. 'Hij is opgeleid tot rechercheur. Het is zijn werk.'

Waarschijnlijk waren ze naar de boekwinkel gelopen vanuit Claires kralenwinkel, een straat verderop. Evie huurde een appartement van Claire boven de winkel. Evie was aan het daten met Brodie Thorne, de zoon van haar vriendin Katherine, en Maura vermoedde dat hun band snel hechter werd.

Claires lieve, mooie gezicht begon te stralen toen ze Maura zag. 'Je winkel ziet er fantastisch uit. Dat wil ik elke ochtend zeggen als ik hier kom koffiedrinken, maar je staat nooit lang genoeg stil om naar me te luisteren.'

'Je moeder heeft heel veel gedaan. Het was haar idee om de sneeuwvlokken en de versieringen aan het plafond te hangen. Ze zijn leuk, hè?'

Ruth werkte nu al maanden in de boekwinkel, maar Claire leek er nog steeds niet aan te zijn gewend. Dat kon Maura haar niet kwalijk nemen. Ze was zelf ook stomverbaasd geweest toen Ruth tijdens die akelige, sombere weken in de lente had aangeboden haar in de winkel te helpen. De tijdelijke afspraak was overgegaan in een arbeidscontract, en dat beviel iedereen prima.

'Ruth is een fantastische werknemer,' verzekerde ze Claire nogmaals. 'Ze werkt hard, ik kan op haar rekenen, en vaak heeft ze onverwachte, goede ideeën, zoals die sneeuwvlokken.'

'Daar komt ze net aan,' zei Evie.

En inderdaad, daar kwam Ruth binnen, vergezeld door Maura's moeder, Mary Ella, en Katherine Thorne. Ze waren in het gezelschap van Janie Hamilton, die nog niet zo lang in het stadje woonde. Ze was een van de vele mensen over wie Katherine zich had ontfermd, en ze werden op de voet gevolgd door Charlotte Caine, die de plaatselijke snoepwinkel runde.

Maura haalde diep adem en zette een vrolijk gezicht op. Die geforceerde glimlach was haar tweede natuur geworden sinds haar wereld acht maanden daarvoor voorgoed was veranderd. 'Hallo, allemaal. Wat leuk dat jullie er zijn.' Ze omhelsde haar vriendinnen, die jassen, mutsen, sjaals en handschoenen kwijt moesten alsof ze ruiende pinguïns in de lente waren.

Ze droegen allemaal feestkleding: glimmende blouses, feestelijke sjaaltjes, bungelende oorbellen en kralenkettingen.

Opeens voelde Maura zich saai in haar suède jasje, getailleerde roomkleurige blouse en spijkerbroek, al droeg ze een van haar favoriete kettingen, een stevig snoer van houten kralen dat ze vorig jaar in Claires winkel, String Fever, had gemaakt. 'Komt Alex niet?' vroeg ze.

'Angie haalt haar op,' antwoordde haar moeder. 'Ik kreeg net een sms dat ze wat later komen. Zoals gewoonlijk.'

'O, gelukkig maar, want zij zou het dessert meenemen. Haar verrukkelijke cupcakes met pompoenspecerijen.'

'O, lekker! Die met de kaneelcrème bovenop?' vroeg Claire. 'Ik hoef niet meer te lijnen om in mijn bruidsjurk te passen, dus ik kan er wel eentje nemen.'

Maura kon het zich veroorloven om er wel vijf of zes te eten, want al haar kleren waren tegenwoordig te wijd. Het was verbazingwekkend hoe weinig trek ze de laatste tijd had. 'Neem allemaal maar een kop koffie of thee. Ik ga alles klaarzetten.'

Terwijl ze iedereen naar de koffiebar stuurde, zag ze dat April haar schort aan het haakje hing. Josh Kimball was gearriveerd om haar af te lossen. Hij zwaaide en liet haar zijn charmante lach zien. Ze slaagde erin om naar hem terug te lachen. Josh zag er altijd uit als een wasbeer, omdat hij bij het snowboarden een zonnebril droeg. Zijn gezicht was gebronsd, maar het gebied rond zijn ogen was wit.

'Tot morgen,' zei April, haar jas pakkend.

'Bedankt voor alles. Succes met de patrouille en tot morgen.'

April zwaaide en trok de deur open. Op dat moment kwamen er een man en een vrouw de winkel in. Het was alsof Maura een stomp in haar maag kreeg.

Het was de man die ze een halfuurtje geleden bij het café had zien lopen. Ze zag het aan zijn golvende donkere haar, zijn onpraktische leren jack en zijn geruite sjaal. In het licht van haar winkel herkende ze nu ook zijn gezicht.

Deze man leek niet zomaar op Jackson Lange.

Het wás Jackson Lange.

Eén kort waanzinnig moment werd haar brein een verwarde

kluwen van herinneringen aan de tijd dat ze jong, impulsief en smoorverliefd was geweest. Ze dacht aan de eerste keer dat Jack in de donkere bioscoop haar hand had vastgehouden, vertrouwelijke gesprekken op zonverwarmde rotsen hoog in de canyon, hartstochtelijke kussen, verstrengelde ledematen en de rust die ze alleen bij hem had gevonden. En daarna het grote verdriet en de scherpe, bijtende angst toen hij was weggegaan.

Iemand zei iets tegen haar. Ruth, dacht ze vaag, maar ze was zo geschokt dat de woorden niet tot haar doordrongen.

Jack had gezworen nooit meer voet in Hope's Crossing te zetten. Het waren de felle, vastberaden woorden van een achttienjarige jongen geweest.

Toch zag ze hem nu staan.

Lieve help, en deze kerst wás al zo ellendig. Dit was de slagroom op de taart. Jackson Lange kwam met zijn ongetwijfeld beeldschone vrouw naar haar winkel om een kop cappuccino te drinken en misschien tussen de boeken te snuffelen. Non-fictie, waarschijnlijk, of de reisboeken. Of anders zocht hij misschien iets in haar kleine maar mooie assortiment architectuurboeken. En hij kwam ook nog eens nu haar boekenclub net was gearriveerd.

Ze zou hem natuurlijk gewoon kunnen negeren. Als ze wegdook achter een boekenkast, zag hij haar misschien niet eens. Waarschijnlijk had hij geen idee dat ze de eigenares van Dog-Eared Books & Brew was. Hoe zou hij dat moeten weten? Ze kon een van haar werknemers opdragen hem mee te nemen naar de andere kant van de winkel. Of misschien kon Josh hem met zijn gespierde snowboarderslijf de winkel uit zetten. Ze had nog nooit van een boekwinkel met een uitsmijter gehoord, maar het klonk als een goed idee.

Te laat. Precies op dat moment draaide hij zich om, en zijn blauwe ogen bleven op haar rusten. Ze zag dat hij haar ook herkende. Vreemd genoeg leek het hem niet te verbazen dat hij haar hier zag. Het was bijna alsof hij naar haar op zoek was. Dat was natuurlijk onzin, want de afgelopen twintig jaar had hij geen enkele poging gedaan contact op te nemen. Hij had haar zó kunnen vinden, want zij was altijd in dezelfde plaats blijven wonen.

Ze zag dat hij door de jaren heen alleen maar aantrekkelijker was geworden. De sombere, wrokkige tienerjongen die destijds al een onweerstaanbare aantrekkingskracht op de meisjes had uitgeoefend, was uitgegroeid tot een grote sexy man met helderblauwe ogen, een krachtige mond en een resolute kaaklijn. Dat laatste was waarschijnlijk het enige uiterlijke kenmerk dat hij met zijn vader deelde.

'Gaat het?'

Met moeite scheurde ze haar blik los. Toen ze opzij keek, zag ze dat haar moeder haar bezorgd bestudeerde. 'Wat is er?' vroeg ze.

'Je ziet krijtwit, schat. En ik heb je al drie keer gevraagd of je die verrukkelijke truffels zelf hebt gemaakt. Wat is er aan de hand?'

'Ik...' Ze wist niet wat ze moest zeggen. Het was alsof al haar hersencellen het werk tijdelijk hadden neergelegd.

Jack kwam naar haar toe. Ze zag hem een stap zetten, en daarna nog een. Haar handpalmen werden vochtig en ze voelde het bloed uit haar gezicht wegtrekken. Dat hielp niet bij haar pogingen samenhangende gedachten te vormen.

In paniek draaide ze zich om, alsof ze de laatste twee minuten daarmee kon uitwissen en kon doen alsof dit alleen maar een nachtmerrie was. 'Ja, ik heb de truffels zelf gemaakt. Dat is niet moeilijk, hoor. Je moet alleen zorgen dat je de room heel geleidelijk toevoegt en dat de extracten van goede kwaliteit zijn.' Ze begon aan een hele verhandeling over haar zelfgemaakte chocoladetruffels, maar haar woorden stierven weg toen ze besefte dat niemand naar haar luisterde. De hele boekenclub staarde naar een punt boven haar schouder.

'Wat leuk dat je er bent!' riep Mary Ella opeens. 'O, lieverd, wat fijn om je te zien. Ik dacht dat je pas dit weekend zou komen.' Met uitgestrekte armen liep haar moeder langs haar heen.

Oké, dit was dus echt een nachtmerrie. Maura dacht dat Mary Ella niet eens iets over haar relatie met Jack wíst, want ze hadden hun liefde die zomer geheimgehouden voor hun families. Die hadden namelijk al genoeg aan hun hoofd gehad.

Terwijl ze zich afvroeg of ze wellicht in een parallel universum was beland, dwong ze zichzelf om te kijken. Mary Ella was Jáck niet om de hals gevlogen, maar iemand achter hem. Toen Mary Ella opzij stapte, zag Maura eindelijk wie het was. Haar ingewanden leken in dun, broos ijs te veranderen.

Haar negentienjarige dochter, Sage, stond een halve meter achter Jackson Lange. Ze ging bijna volledig schuil achter zijn brede schouders. Maura's verdoofde brein begon eindelijk weer te werken en berichten uit te zenden. Het waren allemaal waarschuwingssignalen.

Sage. Samen met Jackson Lange.

Met hun tweeën in hetzelfde vertrek. Sterker nog, met hun tweeën op dezelfde vierkante meter.

Maura had nog nooit een paniekaanval gehad, ondanks de hel die ze de afgelopen acht maanden had meegemaakt, maar nu voelde ze er eentje opkomen. Haar hart ging als een razende tekeer en ze voelde het bloed in haar borstkas, haar nek en haar gezicht bonken. 'S-Sage.'

Haar dochter keek haar een paar tellen aan, maar voor het eerst stond er een behoedzame blik in haar expressieve ogen.

Ze wist het.

Maura wist niet eens waarom dat besef tot haar doordrong, want haar dochters blik was afstandelijk en gesloten, maar op de een of andere manier werd het haar duidelijk dat Sage de waarheid kende. Eindelijk. Na twee decennia.

'Wie heb je meegenomen, schat?' vroeg Mary Ella, haar oudste kleinkind loslatend. 'Een vriend van je?' Ze keek vragend naar Jack, alsof ze hem probeerde te plaatsen. Het was alsof ze hem vaag herkende, maar niet meer wist wie hij was.

'Dit is Jackson Lange. Je hebt vast wel eens van hem gehoord. Hij is een beroemde architect.'

Maura voelde het enthousiasme van haar vriendinnen. Iedereen wist dat Hope's Crossing een architect had voortgebracht die als de nieuwe Frank Gehry werd gezien.

Mary Ella's blik werd koeler en ze zette een stap achteruit. 'Nu zie ik het. De zoon van Harry.'

'Zo ben ik heel lang niet genoemd.' Dat waren zijn eerste woorden, en eigenlijk had het Maura niet moeten verbazen dat zijn stem nog lager en aantrekkelijker klonk dan vroeger. Het was alsof ze het geluid in haar ruggengraat voelde.

'Ja. De zoon van Harry Lange.' Sage keek weer koeltjes naar haar moeder. 'En hij is niet mijn vriend, maar mijn vader.'

Maura zoog lucht naar binnen. Oké. Nu kon ze er niet meer omheen.

Deze kerst moest echt de ergste van haar leven zijn.

Hoofdstuk 2

Misschien was dit toch niet zo'n goed idee geweest.

Jack stond naast zijn dochter – zijn dóchter! Hij kon het zelf nog niet geloven – en keek naar het groepje vrouwen dat hem aanstaarde alsof hij in zijn blote billen was binnengekomen.

Toen Sage had voorgesteld om bij de boekhandel te stoppen en even met haar moeder te praten voordat hij haar thuis afzette en een hotel zocht waar hij een paar dagen kon blijven, had hij nooit kunnen vermoeden dat Maura toevallig net een kerstfeestje gaf. Hij zag de feestelijke pakjes klaarliggen en had de persoonlijke glazen kerstversieringen in de boom opgemerkt. Iemand had deze bijeenkomst met zorg voorbereid, en nu was hij onverwachts binnengekomen en had hij de pret bedorven.

'Je vader?' herhaalde een oudere vrouw zwakjes.

Ook al was hij al twintig jaar weg uit het plaatsje, hij herkende Mary Ella McKnight, die haar groene ogen aan al haar kinderen had doorgegeven, meteen. Ze keek hem door haar trendy hoornen brilletje gespannen aan. Op de middelbare school had hij Engels van haar gehad, en hij herinnerde zich met warmte hun discussies over Milton en Wilkie Collins. Ze was nog steeds heel mooi, met een zachte leeftijdloze schoonheid.

'Wist jij dat ook niet?' Met opgetrokken wenkbrauwen keek Sage naar haar grootmoeders geschokte gezicht. 'Dan was het dus tóch een groot geheim. Ik dacht dat ik de enige was in Hope's Crossing die het niet wist.'

Jack kende Sage pas een paar dagen, maar haar bitse toon leek helemaal niet te passen bij de lieve, serieuze jonge vrouw die hij had leren kennen. Het kwam hem nogal wreed voor dat ze onaangekondigd binnenviel en Maura op deze manier verraste. Hij wist dat hij iets zou moeten zeggen om de spanning te verlichten, maar hij kon niets bedenken. In plaats van een beleefde, onschuldige opmerking kwam er een vraag bij hem op die hij moeilijk kon stellen: hoe kon je dit in godsnaam al die jaren voor me verbergen?

Een vrouw met kastanjebruin haar, die hem vaag bekend voorkwam, kwam naar voren en legde een hand op Maura's arm. 'Gaat het, lieverd?' vroeg ze.

Maura schudde haar hoofd en slikte. Haar gezicht was bleek geworden. Opeens herinnerde Jack zich dat ze nog om haar andere dochter rouwde. Dat had Sage hem verteld, en bij dat besef voelde hij zich nog schuldiger.

'Misschien kunnen jullie dit gesprek beter in Maura's kantoortje voeren,' stelde de vrouw vriendelijk voor. 'Dan hebben jullie wat privacy.'

Maura staarde haar een paar tellen wezenloos aan en leek zich toen met haar laatste krachten te vermannen. 'S-Sorry. Ik was niet... Dit is nogal een schok voor me. Ja. Ja, we kunnen maar beter naar mijn kantoortje gaan. Dank je wel, Claire. Wil jij mijn moeder helpen de discussie over het boek te leiden? Als Alex er is, hebben jullie er wat lekkers bij.'

Hij had moeten zorgen dat Sage dit alles met haar moeder had besproken voordat hij zijn neus liet zien, maar de afgelopen drie dagen had hij niet goed kunnen nadenken. Zijn zorgvuldig uitgestippelde leven was helemaal op zijn kop komen te staan.

Drie dagen eerder was alles nog gewoon zijn gangetje gegaan. Hij was bezig Lange & Associates op te bouwen en bereidde een lezing voor die hij aan de University of Colorado College of Architecture and Planning zou geven. Het was de eerste keer dat hij terugkwam in Colorado sinds hij er twintig jaar geleden als wrokkige, verbitterde jongeman was vertrokken.

De lezing was prima verlopen, vooral omdat hij zich had gericht op een van zijn passies: duurzaam design. Hij was er vrij zeker van dat hij niet als een pompeuze iconoclast op zijn gehoor was overgekomen. Onder de studenten die na afloop naar hem toe waren gekomen, was een jonge vrouw met donker golvend haar en groene ogen. Ze vertelde dat ze zijn werk had bestudeerd en altijd een band met hem had gevoeld omdat hij uit Hope's Crossing kwam, net als zij. Ze wist dat hij daar was opgegroeid en zag zijn vader vaak in het stadje, ook al kende ze hem niet persoonlijk.

Terwijl ze met hem over haar dromen en hun gedeelde passie voor architectuur sprak, bestudeerde hij haar gezicht. Ze kwam hem vreemd genoeg bekend voor, alsof hij door een vervormende spiegel naar een vertrouwde persoon keek.

Toen ze vertelde dat ze Sage McKnight heette, had hij haar een halve minuut aangestaard voordat hij vroeg: 'Wie zijn je ouders?'

'Ik ken mijn vader niet. Hij heeft voor mijn geboorte de benen genomen, maar mijn moeder heet Maura McKnight. Ik denk dat ze ongeveer even oud is als jij, misschien iets jonger.'

Klopt, dacht Jack, die zijn hart voelde bevriezen. Ze is een jaar jonger dan ik.

'Ze is inmiddels zevenendertig. Misschien helpt je dat om haar te plaatsen,' zei Sage behulpzaam. 'Ze heeft negentien jaar geleden eindexamen gedaan. Een maand voor mijn geboorte.'

Het kostte hem geen enkele moeite om de data naast elkaar te leggen, en hij wist meteen dat hij haar vader was. Daar had hij geen DNA-test voor nodig. Bovendien kon hij zelf ook wel zien dat ze zijn dochter was. Ze hadden dezelfde neus, hetzelfde donkere golvende haar en hetzelfde kuiltje in hun kin.

Zijn dochter. Na drie dagen kon hij het zelf nog nauwelijks geloven.

Al die vrouwen die hem met open mond aanstaarden kennelijk ook niet. Had Maura niemand verteld wie de vader van haar baby was?

Hij liep achter Maura aan door de boekwinkel. Bijna onbewust nam hij de architectonische details van het historische gebouw op. Op de muren was het oude, originele metselwerk te zien en de bogen van de ramen deden gotisch aan. Aan het plafond hingen lampen in de kleuren van edelstenen, en overal in de winkel zag hij gezellige hoekjes met comfortabele stoelen. Maura had een knusse, warme winkel, die mensen uitnodigde om even tot rust te komen, een kop koffie te drinken, een boek te pakken en iets nieuws te ontdekken.

Onder normale omstandigheden zou hij het een uiterst plezierige plek hebben gevonden, maar nu kon hij zich alleen nog maar concentreren op losse details. Hij liep achter haar aan door een langgerekte kale voorraadkamer naar een propvol kantoortje met een breed eikenhouten bureau. Het kleine raam keek uit over Main Street.

In haar kantoortje keek Maura van de een naar de ander. 'Mijn eerste vraag: Sage, wat doe jij hier? Je hebt morgen toch nog een examen biologie?'

Haar dochter – hún dochter – haalde haar schouders op. 'Ik heb mijn docent zover gekregen dat ik vanochtend examen mocht doen. Ze deed er niet moeilijk over, vooral niet toen ik had uitgelegd dat er bijzondere omstandigheden waren.'

Maura's ogen flitsten even naar Jack voordat ze haar blik weer afwendde. 'Ging het goed? Had je na je scheikunde-examen nog wel tijd om te studeren? Je had een negen of een tien nodig om een voldoende gemiddeld te krijgen.'

'Mam, wil je het op dit moment echt over mijn cijfers hebben?'

Maura's wangen werden lichtrood, en ze perste haar lippen op elkaar alsof ze andere vragen over school moest onderdrukken. Zelfs met die zure blik was ze mooi. Nu Jack naar haar keek, kon hij er bijna niet bij dat ze een dochter had die studeerde, maar ze moest nauwelijks achttien zijn geweest toen Sage werd geboren. Ze was zeventien geweest toen hij wegging, een halfjaar voor haar achttiende verjaardag.

Een diepe zucht slakend, ging Maura op de rand van haar bureau zitten. Daardoor zat ze iets hoger dan Sage en hij, want zij waren in de twee fauteuils in het kantoortje gaan zitten. 'Je hebt gelijk. We kunnen het later wel over school hebben. Ik... Dit is allemaal nogal onverwacht. Ik dacht dat je morgen pas thuis zou komen, en ik had nooit verwacht dat je zou komen in het gezelschap van...'

'Mijn vader?'

Hoewel Maura spottend snoof, zag hij haar vingers verstrakken. 'Ik heb geen idee waar je dat rare idee vandaan hebt,' begon ze, maar Sage liet haar niet uitpraten.

'Lieg alsjeblieft niet tegen me. Je liegt nu al twintig jaar. Zullen we daar nu maar mee ophouden?' Het waren nijdige woorden, maar haar toon was zacht en bijna vriendelijk. 'Je hebt al die jaren geweten wie hij was en waar hij woonde. Waarom heb je me nooit iets verteld?'

Maura keek weer even vlug naar Jack en draaide haar hoofd weg. Ze leek hem niet langer dan een paar tellen aan te willen kijken, alsof ze daardoor kon doen alsof hij er niet was. 'Doet dat er iets toe?'

'Ja, natuurlijk! Ik had al die jaren een vader kunnen hebben.'

'Je hebt een stiefvader gehad. Chris is altijd ontzettend lief voor je geweest.'

'Klopt. Dat is hij nog steeds. Zelfs na de scheiding behandelde hij me nooit anders dan L-Layla.' De stem van Sage dreigde te breken toen ze de naam uitsprak. Jack wist dat Layla de zus was die ze eerder dit jaar had verloren. Weer nam hij het zichzelf kwalijk dat hij Maura zomaar had overvallen en het verleden had opgerakeld. Wat zou er gebeuren als hij het stadje nu verliet, terugging naar zijn echte leven in de Bay Area en net deed of dit nooit was gebeurd?

Ook al leek de optie opeens nog zo aantrekkelijk, hij wist dat hij dat niet zou kunnen. Voor een man die al sinds zijn achttiende orde in zijn werk en zijn privéleven probeerde te scheppen, was dit allemaal heel onoverzichtelijk en gecompliceerd. Maar Sage was zijn dochter. Hij was nu in Hope's Crossing en had na al die jaren de kans gekregen om deze jonge vrouw te leren kennen, die voor de helft zijn DNA had en die hem op een bijna pijnlijke manier herinnerde aan een onschuldig deel van zichzelf dat hij lang geleden had achtergelaten.

'Een kind kan nooit te veel liefde krijgen, mam. Dat heb jij me verteld. Waarom heb je mijn vader dan al die jaren op een afstand gehouden? Hij wist niet eens dat ik bestond. Als hij geen lezing had gegeven op de universiteit, zouden we nog niet van elkaars bestaan weten.'

'Een lezing?'

'Ja. Over duurzaam design, een van mijn passies. Het was een fantastisch, inspirerend verhaal. Na afloop ben ik naar Jack toe gegaan en vertelde ik dat ik uit Hope's Crossing kwam. Binnen een minuut hadden we de waarheid boven tafel.'

Maura fronste haar wenkbrauwen. 'Welke waarheid? Dat Jack en ik verkering hadden toen ik nauwelijks zeventien was? Waarom trekken jullie daaruit de conclusie dat hij de spermadonor was?'

Die term ergerde hem vreselijk. 'Omdat we geen van beiden op ons achterhoofd zijn gevallen, Maura. Ze vertelde me wie haar moeder was. Toen ik vroeg hoe oud ze was, was het sommetje snel gemaakt. Ik weet precies met wie jij negen maanden voor haar geboorte verkering had.'

En de maanden daarvóór. Maura herinnerde zich maar al te goed dat ze die zomer niet van elkaar af hadden kunnen blijven. 'Dat bewijst helemaal niets,' zei ze. 'Je ging weg. Je was er niet, Jack. Misschien ben ik na je vertrek wel met het hele basketbalteam naar bed geweest.' Ze keek hem uitdagend aan, maar er leek ook angst in haar ogen op te vlammen.

Ze hadden als tieners samen de liefde ontdekt. In het begin waren hun vrijpartijen een beetje verlegen en onhandig geweest, maar ze waren smoorverliefd op elkaar. Hij geloofde nog geen seconde dat het slimme, leuke meisje op wie hij destijds verliefd was geweest zomaar met iedereen in bed was gestapt. Bovendien kon hij zien dat Sage zijn dochter was.

'Kijk nou eens goed naar haar,' zei hij. Zijn stem werd een beetje zachter. 'Ze heeft mijn moeders neus en míjn mond en kin. We kunnen een DNA-test laten uitvoeren, maar dat lijkt me niet nodig. Sage is mijn dochter. Ik vraag me alleen al drie dagen af waarom je me dat nooit hebt verteld.'

Voor het eerst keek ze hem langer dan een paar tellen aan. 'Dat begrijp je toch wel, Jack?' zei ze uiteindelijk. 'Zou het iets hebben uitgemaakt? Was je teruggekomen als je het had geweten?'

Hij kon niet liegen, niet tegen haar en niet tegen zichzelf. 'Nee. Maar je had wel bij mij kunnen komen wonen.'

'In een of ander armzalig appartementje? En was jij dan gestopt met je studie en had je drie baantjes genomen om ons te onderhouden? Je zou binnen de kortste keren van je leven hebben gebaald. Dat is niet bepaald de droomtoekomst die een jong meisje voor ogen heeft.'

'Toch had ik het recht om het te weten.'

Opeens zag ze er moe en verslagen uit. In haar ogen zag hij donkere schaduwen, waarvan hij intuïtief wist dat ze niets met hem te maken hadden. 'Nou, dan weet je het nu. Ja. Ze is je dochter. Ik had geen ander vriendje in die tijd. Dat is de waarheid, en nu kunnen we samen dus een gelukkig, gezellig gezinnetje vormen met de feestdagen,' zei ze sarcastisch.

'Mam.' Sage kwam naar voren en stak haar hand uit, maar ze bedacht zich en ging weer op haar stoel zitten.

Er gleed een intens verdrietige blik over Maura's gezicht, maar ze wist zich te beheersen. 'Je hebt gelijk, ik had het je moeten vertellen,' zei ze. 'Maar ik hoop dat je begrip hebt voor mijn besluit. Ik was een bang meisje dat niet wist wat ze moest doen. Je ging weg zonder een adres achter te laten, Jack. Je hebt niet één keer contact met me opgenomen, ondanks al je beloftes. Wat had ik dan moeten doen? Vier maanden na je vertrek kreeg ik eindelijk je telefoonnummer op Berkeley te pakken, en ik heb geprobeerd je te bellen. Drie keer binnen één week. De eerste keer was je naar de bibliotheek, de andere keren was je volgens je kamergenoot uit met een meisje. Ik heb mijn telefoonnummer achtergelaten, maar je hebt me nooit teruggebeld. Voor mij was de boodschap dus wel duidelijk: je hoefde me niet meer. Wat had ik verder nog moeten doen?'

Hij herinnerde zich die eerste maanden van zijn studie en die laatste, vreselijke ruzie met zijn vader. Hij had ervoor gekozen alles achter zich te laten, ook het enige mooie en warme dat hem na zijn moeders dood in Hope's Crossing was overkomen. Hij herinnerde zich dat zijn kamergenoot hem het berichtje van Maura had doorgegeven, en hij had het slordig opgeschreven telefoonnummer inderdaad ontvangen. Hij had er uren naar gestaard en het zelfs een paar keer ingetoetst, maar elke keer had hij snel weer opgehangen.

Maura was een link naar een plaats en een verleden waar hij niets meer mee te maken had willen hebben, en uiteindelijk was hij tot de conclusie gekomen dat het voor hen allebei beter was als hij een nieuw leven begon en haar de gelegenheid gaf dat ook te doen. De gedachte dat ze zwanger en eenzaam kon zijn, was nooit bij hem opgekomen. Wat was hij een sufferd geweest.

Alles was nu zo gecompliceerd dat hij niet wist wat hij moest doen. Dat was de reden waarom hij had besloten Sage naar Hope's Crossing te brengen voordat hij terugging naar San Francisco.

'We reageren vanavond allemaal een beetje emotioneel,' zei hij. 'Ik dacht dat je had gehoord dat ik Sage thuis zou brengen.'

Die opmerking was kennelijk ook al nieuws voor Maura. 'Ben je met hem meegereden?' vroeg ze. 'Is er iets mis met je auto?'

'Hij heeft al een week startproblemen. Ik denk dat ik een nieuwe accu nodig heb, maar ik dacht dat ik hier thuis wel in de pick-up kon rijden en na de vakantie met een van mijn vriendinnen terug naar school kon gaan. Ik kan mijn auto laten repareren voordat de lessen weer beginnen.'

'Je had me moeten bellen. Ik had je in Boulder kunnen ophalen.'

'Sorry, mam. De problemen met mijn auto leken niet zo belangrijk vergeleken met... de rest.'

'Dat begrijp ik.' Maura forceerde een glimlachje, maar Jack zag de diepe vermoeidheid in haar ogen. Waar was dat bruisende, vrolijke meisje gebleven dat hem altijd aan het lachen had gemaakt, ook al hadden ze allebei te maken gehad met verdriet en familieproblemen? 'Hoe gaan we nu verder?' vroeg ze. Ze keek naar haar dochter, maar Jack begreep dat de vraag indirect aan hem was gesteld. Er was ook een vraag die ze niet uitsprak: wat ga je nu verder doen om mijn leven overhoop te gooien?

'Ik denk dat je terug moet gaan naar je gasten. Het spijt me dat we je kerstfeestje hebben verstoord,' zei Sage.

'Ruth, Claire en oma hebben waarschijnlijk alles in de hand,' suste Maura.

Tot Jacks grote schrik en verbazing vulden de ogen van Sage zich met tranen. 'Maar ik weet dat je altijd erg uitkijkt naar je kerstfeest en er altijd veel plezier aan beleeft. Voor jou is deze avond het hoogtepunt van de feestdagen. Dit jaar had je echt een fijne avond nodig, en nu heb ik alles bedorven.'

Maura keek even vernietigend naar Jack, alsof deze emotionele uitbarsting zijn schuld was, maar toen sloeg ze haar armen om haar dochter heen. 'Het is maar een feestje,' zei ze. 'Het is echt geen ramp. Ze vermaken zich prima zonder mij. En eerlijk gezegd had ik het feest dit jaar bijna afgeblazen. Ik ben niet echt in de stemming voor Kerstmis.'

Bij die laatste zin begon Sage daadwerkelijk te huilen, en Jack keek hulpeloos toe terwijl Maura haar troostte. Als hij de stemmingswisselingen en de emotionele uitbarstingen van Sage zo bekeek, moest hij nog heel wat leren over negentienjarige dochters.

'Je bent doodmoe, schat. Je hebt vast hard gewerkt voor je examens.'

'Ik heb sinds die lezing inderdaad nog niet veel geslapen,' erkende Sage. Ze liet haar hoofd op haar moeders schouder rusten.

Jack kreeg het gevoel dat hun band de teleurstelling over het verzwegen geheim wel zou overleven. Toen hij moeder en dochter zo samen zag, voelde hij opeens een scherpe pijn in zijn hart. Van het ene op het andere moment had hij een bijna volwassen dochter voor wie hij zich verantwoordelijk voelde, maar hij had geen idee wat hij nu moest doen.

'Neem mijn auto maar mee, dan kun je thuis lekker uitrusten,' zei Maura. 'Ik rij straks wel mee met oma of Claire. We praten morgenochtend verder. Dan zijn we allebei uitgerust en... wat kalmer.'

'Ik breng haar wel naar huis,' zei hij zacht.

'Dat is aardig, maar je hebt al genoeg voor haar gedaan. Je hebt haar helemaal naar Hope's Crossing gebracht. Je moet vast weer weg.'

Wilde ze hem nu zo snel mogelijk weg hebben? 'Nou, ik was van plan een paar dagen hier te blijven,' vertelde hij.

Ze sperde haar groene ogen verbaasd open. 'Waarom? Je hebt toch een hekel aan deze plaats?'

'Ik ben er net achter gekomen dat ik een dochter heb. Ik heb echt geen haast om weer uit haar leven te verdwijnen.'

De verbaasde blik ging over in hevige schrik, alsof Maura nooit had verwacht dat hij voortaan deel van hun dochters leven wilde uitmaken.

Sage tilde echter haar hoofd op en glimlachte door haar tranen heen. 'Dat is fijn. Daar ben ik echt blij mee,' zei ze.

'Zullen we morgenochtend ergens samen gaan ontbijten? Of moet je al vroeg naar de boekwinkel?' vroeg Jack. Misschien zou een nachtje slapen hun allemaal goeddoen. Hij zou in elk geval de kans krijgen om tot rust te komen voordat er gesprekken over het verleden en de toekomst werden gevoerd.

'De boekwinkel is van mij. Ik hoef niet op tijd te komen,' antwoordde Maura.

'En dat betekent meestal dat je er van acht uur 's ochtends tot tien uur 's avonds bent.' Met een plagerig lachje keek Sage haar moeder aan.

'Ja, ik kan wel met jullie gaan ontbijten,' zei Maura. 'Ik hoef morgen pas halverwege de ochtend in de winkel te zijn.'

'Prima. Zullen we om halfnegen afspreken in het Center of Hope Café? Daar hebben Sage en ik snel wat gegeten voordat we hierheen kwamen, en tot mijn genoegen is het eten er nog net zo goed als vroeger.'

'Weet je wel zeker dat je daar wilt ontbijten? Misschien zien we dan...' Ze maakte haar zin niet af. 'Nee, nu ik er wat langer over nadenk, vind ik het prima. Halfnegen in het Center of Hope Café.'

'Goed. Tot morgen. Ga je mee, Sage?'

'Ja.' Het meisje drukte haar wang tegen die van haar moeder. 'Ik neem het je nog steeds kwalijk dat je me niets over mijn vader hebt verteld. Ik zal nog wel een poosje boos blijven, maar ik hou van je en dat zal ik altijd blijven doen.'

'Ik hou ook van jou.' Maura's stem dreigde even te breken, maar ze schraapte vlug haar keel.

'Kunnen we haar nu zomaar achterlaten?' vroeg Sage aan Jack toen ze door de boekwinkel naar buiten liepen.

In de lichte sneeuw wandelden ze naar zijn auto. Die had hij vóór de lezing op de luchthaven van Denver gehuurd, maar dat leek nu wel een eeuwigheid geleden.

'Dat weet jij beter dan ik.'

'Ik dacht dat ik mijn moeder een beetje kende. We zijn vriendinnen. Ik vind het ongelooflijk dat ze me dit enorme geheim nooit heeft verteld.'

Jack vroeg zich ook af waarom ze de waarheid nooit aan haar dochter had verteld. Hij vond ook dat Maura in de loop der jaren best contact met hem had kunnen zoeken om te vertellen dat hij een kind had. Hij moest alles nog verwerken. 'Je zult me moeten wijzen waar jullie wonen,' zei hij nadat ze haar riem had vastgemaakt.

'O ja, natuurlijk. We wonen aan Mountain Laurel Road. Weet je nog waar dat is?'

'Ik denk het wel.' Als hij zich niet vergiste, was dat net iets verder dan Sweet Laurel Falls, zijn favoriete plekje in Hope's Crossing. Maura en hij hadden vaak afgesproken bij die watervallen. Het was een van hun geheime ontmoetingsplaatsen geweest. Hij wist zelf niet waarom hij daar nu aan terugdacht. 'Ik weet in elk geval welke kant ik op moet. Als ik verkeerd dreig te rijden, moet je het maar zeggen.'

Het verkeer was drukker dan hij had gedacht. Omdat het sneeuwde, reed hij met de ruitenwissers aan door het plaatsje, waarvan hij het centrum nauwelijks herkende. In de tijd dat hij hier had gewoond, waren er veel lege etalages geweest en hadden de bestaande winkels grote moeite gehad het hoofd boven water te houden. Nu zag hij trendy restaurants en levendige bars die druk werden bezocht door toeristen, en overal waar hij keek, zag hij mooie winkels met feestelijke kerstetalages.

Sommige historische gebouwen stonden er nog, maar er waren ook nieuwe gebouwen. Ondanks de nieuwe ontwikkelingen constateerde hij tot zijn verbazing dat een plaatselijk comité er kennelijk voor had gezorgd dat de historische sfeer van het plaatsje bewaard bleef. Er was geen sprake van een hutspot van moderne architectuur, die lelijk zou hebben afgestoken tegen de prachtige bergen rond het stadje. Er waren duidelijk regels geweest waaraan de nieuwe gebouwen hadden moeten voldoen. Zelfs in de kleine winkelcentra met pizzarestaurants, ijssalons en fastfoodketens hadden de daken cederhouten dakspanen en waren opzichtige reclameborden weggelaten.

Toen hij de heuvel naar Mountain Laurel Road op reed, werd het landschap weer wat vertrouwder voor hem, zelfs na twintig jaar. In zijn jeugd had dit deel van het plaatsje Old Hope geheten. Het was een buurt met niet al te grote houten huizen, waarvan sommige nog stamden uit de tijd dat Hope's Crossing een ruig mijnstadje was geweest. Een paar huizen waren gesloopt om plaats te maken voor lage appartementengebouwen of modernere huizen, maar andere huizen waren gerenoveerd.

Hij kon meteen zien welke gebouwen vakantiehuizen waren. Ze hadden allemaal kitscherige versieringen op de buitenkant, zoals een paar gekruiste oude ski's of een paar oude sneeuwschoenen. Hij zag een aantal uit hout uitgesneden beren en zelfs een houten elandkop aan een garage.

'Je moet hier afslaan,' zei Sage. 'We wonen in het kleine bakstenen huis aan de rechterkant, bijna aan het einde van de straat.'

Jack had de indruk gekregen dat Maura een goedlopende boekwinkel runde. En uit de verhalen die Sage hem de afgelopen dagen had verteld, had hij begrepen dat ze vijf jaar getrouwd was geweest met Chris Parker, de voorman van Pendragon, een band waarvan zelfs hij wel eens had gehoord. Waarschijnlijk had ze bij de scheiding een royaal alimentatiebedrag gekregen en had Parker ook nog meebetaald aan de opvoeding van hun dochter. Waarom woonde ze dan in zo'n klein huis met maar één verdieping?

Hoewel het huis niet groot was, leek het erg knus en warm tegen de berg aan te liggen. Sneeuw dwarrelde op de brede, diepe veranda, en achter de twee grote ramen aan de voorkant zag hij de lichtjes van een kerstboom. Het huis stond op een flink stuk grond, waardoor ze ruimte had gehad voor een garage, die eruitzag alsof hij later was bijgebouwd.

Aan de zijkant van het huis zag hij iets bewegen. Het bleken een paar verkleumde, hongerige muildierherten te zijn, die aan de struiken probeerden te knabbelen. Zo te zien, waren de struiken juist ingepakt om dat te voorkomen. De herten keken op toen ze Jacks koplampen zagen aankomen en sprongen haastig over het hek naar de tuin van de buren. Even later waren alleen hun vluchtende witte spiegels nog te zien. De aanblik bracht allerlei herinneringen naar boven. Toen Jack als jongetje in Silver Strike Canyon had gewoond, gingen zijn moeder en hij vaak wandelen om naar de herten te kijken. Als er een grote hertenbok door hun tuin liep, maakte zijn moeder hem wel eens wakker.

'Bedankt voor de lift,' zei Sage. 'Ik zie je morgenochtend.'

'Ik help je wel even met je spullen. Je koffer en de mand met was.'

'Dat hoeft niet.'

Hij had al bijna twintig jaar niets voor zijn dochter kunnen doen. Haar tassen dragen stelde niets voor, maar het was in elk geval een gebaar. Hij ging niet eens met haar in discussie, maar stapte uit en pakte de grote rieten mand die ze in Boulder achterin had gezet. Nadat hij de mand onder zijn arm had genomen, haalde hij haar koffer uit de achterbak.

Sage zuchtte gefrustreerd, maar liep achter hem aan naar het huis. Nadat ze het trappetje van de veranda op was gelopen, maakte ze de voordeur open met een sleutelbos die ze uit haar rugzak had gehaald.

Er kwam Jack een aangename warmte tegemoet. Binnen rook het naar kaneel en kruidnagel en het kerstgroen van de guirlandes die Maura had opgehangen. Hij merkte dat hij belangstelling had voor Maura's huis, misschien wel méér belangstelling dan goed voor hem was. Hij keek naar de ingebouwde boekenkasten, de dakbalken en het vele houtwerk. Het geheel werd verzacht door kleurrijke stoffen en mooie glazen lampen.

'Mam heeft zich uitgesloofd. Kerstversieringen én een boom.'

Hij keek opzij naar zijn dochter. Zijn dochter... Zou hij ooit aan die woorden gewend raken? 'Verbaast je dat?'

'Ik had gedacht dat ze dit jaar niet in de stemming zou zijn voor Kerstmis. Doorgaans vindt ze dit de fijnste tijd van het jaar, maar ja, nu is alles anders geworden.'

Hij wilde geen medelijden met Maura hebben. De afgelopen drie dagen was hij boos geweest dat ze zoiets belangrijks voor hem had verzwegen. Nu hij hier in Hope's Crossing was en met eigen ogen kon zien hoeveel verdriet ze had en hoe moeilijk het voor haar moest zijn geweest om als zeventienjarige zwanger te zijn, leek alles echter anders. Het was alsof alle woede van hem afgleed, en hij wist niet goed wat hij nu moest doen.

Sage speelde met een kerstversiering, die eruitzag alsof ze van ijslollystokjes was gemaakt. Er hingen allemaal handgemaakte versieringen in de boom, en hij vroeg zich af welke door Sage waren gemaakt en welke door haar jongere zus.

'Ik hoop dat oma en mama's vriendinnen haar hebben geholpen. Ik zou het vervelend vinden als ze alles in haar eentje heeft gedaan,' zei Sage met gefronste wenkbrauwen. 'Ik moet er niet aan denken dat ze al die oude versieringen tevoorschijn heeft gehaald op een moment dat er niemand bij haar was.'

Jack werd geraakt door haar diepe medeleven met haar moeder. Ondanks alles wat er de afgelopen dagen was gebeurd, hadden moeder en dochter een hechte band. Was dat altijd zo geweest, of had hun verlies hen nog dichter tot elkaar gebracht?

Aan de muur hingen ingelijste foto's. De grootste was van Maura en Sage op een bergpad, beschenen door perfect avondlicht dat tussen de spookachtige stammen van een bosje ratelpopulieren door piepte. Ze hadden hun armen om elkaar heen geslagen en omarmden samen een jonger meisje met paarse plukjes in haar haar en drie rijen oorbellen.

'Dat is zeker Layla?'

Sage kwam naast hem staan en stak haar hand uit naar de foto. 'Ja. Mooi was ze, hè?'

'Beeldschoon,' mompelde hij. Ze waren alle drie mooi. Ze zagen eruit als een warm gezin, en hij kon meteen zien dat ze dol op elkaar waren geweest.

Maura was al tien jaar gescheiden en had de meisjes in haar eentje grootgebracht. Hoe had ze dat allemaal voor elkaar gekregen? Terwijl hij zich dat afvroeg, wist hij dat het zijn zaken niet waren. Hij was hier alleen maar om een band op te bouwen met zijn dochter, niet om herinneringen op te halen met Maura McKnight, het meisje dat ooit zo verschrikkelijk veel voor hem had betekend.

'Kijk nou eens. Cadeautjes.' Sage zette grote ogen op toen ze de feestelijk ingepakte cadeaus onder de kerstboom zag liggen. Opeens leek ze wel een klein meisje. Hoe had ze eruitgezien als kleuter die naar de komst van de kerstman uitkeek?

Daar zou hij nooit achter komen. Hij had al die kerstfeesten gemist. Hij had nooit borden met koekjes voor de kerstman buiten gezet en had zijn kleine meisje nooit naar bed gebracht. 'Ik kan maar beter een hotel gaan zoeken. Red jij het verder zo?' Hij zag geen spoor meer van haar tranen, maar je wist maar nooit. Als man vond hij het moeilijk om zulke dingen in te schatten.

'Ja hoor. Ik ga de wasmachine aanzetten, even op Facebook en dan naar bed.'

'Goed, dan zie ik je morgenochtend.'

'Ja. Welterusten.'

Hij was al bijna bij de deur toen ze hem tegenhield.

'Wacht!'

Hij draaide zich om en was helemaal van slag toen ze op haar tenen ging staan en hem een kus op zijn wang gaf. 'Ik ben heel blij dat we elkaar gevonden hebben, Jack.'

Onderweg hadden ze het onhandige gesprek al gevoerd over de vraag hoe ze hem moest noemen. Ze vond het raar om hem nu ineens 'pap' te gaan noemen, en daarom had hij gezegd dat ze gewoon Jack mocht zeggen.

'Ik ook,' zei hij schor.

Terwijl hij onder de sterrenhemel en in het licht van de kerstversiering van Maura's buren terugliep naar zijn auto, merkte hij dat hij het meende. Ondanks alles was het besef dat hij een dochter had een verrassing en een cadeautje voor hem. Hij was er blij mee, ook al moest hij er na al die jaren voor terugkeren naar Hope's Crossing en een verleden onder ogen zien dat hij achter zich dacht te hebben gelaten.

Hoofdstuk 3

Nog lang nadat Sage en Jack het kantoortje hadden verlaten, bleef Maura met haar handen op haar schoot achter haar bureau zitten. Met een wezenloze blik staarde ze in de verte.

Jackson Lange was in Hope's Crossing.

Ze had nooit gedacht dat ze die woorden nog eens met elkaar zou combineren. Misschien was dat dom of kortzichtig. Dit was zijn geboorteplaats, en ook al had hij gezegd dat hij een hekel had aan het stadje, ze had kunnen verwachten dat hij ooit terug zou komen.

Hij had hier de eerste achttien jaar van zijn leven doorgebracht. Waarschijnlijk had hij diep in zijn hart toch een zwak plekje voor Hope's Crossing. Dat zou alleen maar normaal zijn. Zalmen gingen aan het einde van hun leven terug naar de plaats waar ze waren geboren. Waarom zou het dan raar zijn als Jackson na twintig jaar eens terugkwam naar de plek waar hij zijn jeugd had doorgebracht?

Nou ja, hij had natuurlijk wel een hekel aan zijn vader. Ze had gedacht dat die haat hem voorlopig nog even uit de buurt zou houden.

In de jaren na de geboorte van Sage had ze allerlei vreemde, gecompliceerde scenario's bedacht voor het geval hij ineens voor haar neus zou staan. Ze had al precies bedacht wat ze moest zeggen, en in haar hoofd had ze ook al vastgesteld hoe hij zou reageren. Het had haar heerlijk geleken om hem onder zijn neus te kunnen wrijven dat hij haar weliswaar in de steek had gelaten, maar dat ze het in haar eentje prima had gered.

In de perfecte fantasie zou hij natuurlijk vol berouw bij haar terugkomen. Hij zou op zijn knieën zinken en zeggen dat hij ontzettend dom was geweest. Hij zou haar om vergiffenis smeken en beloven dat hij haar nooit meer alleen zou laten. Tegen de tijd dat ze Christian leerde kennen, had ze geweten dat die fantasieën slechts irreële dromen waren. Ze liet alle gedachten aan Jack varen en richtte zich op haar nieuwe relatie. Ze hield zichzelf voor dat ze van Chris hield en dat ze in hun relatie moest investeren.

Natuurlijk kon ze Jack nooit helemaal vergeten, want haar mooie, slimme dochter had voor de helft zijn DNA. Sage was altijd een herinnering aan Jack. Als het meisje haar hoofd op een bepaalde manier schuin hield, herinnerde Maura zich dat Jack ook zo naar haar had gekeken. Tijdens discussies kon Sage opeens met verrassende, logische redeneringen aankomen die Maura nooit had kunnen bedenken, en op die momenten herinnerde ze zich dat Jack daar ook zo goed in was geweest.

In die eerste door fantasieën gevoede periode en alle jaren daarna had ze nooit kunnen denken dat Sage haar vader in haar eentje zou vinden en hem mee zou nemen naar het stadje waaruit hij overhaast was vertrokken. In haar kantoortje slaakte ze een diepe zucht. Het geluid klonk pathetisch en ze schudde haar hoofd. Ze kon nu niets meer aan de situatie veranderen. Tegen alle verwachtingen in had Sage haar vader gevonden, en nu moest Maura eraan wennen dat hij bij hun leven zou horen. Een slimme vrouw zou een manier vinden om er het beste van te maken, maar op dit moment had ze geen idee hoe ze dat moest doen.

'Zware avond?'

Toen ze haar hoofd draaide, zag ze haar moeder in de deuropening staan. Mary Ella was inmiddels zestig, maar met haar gladde huid en haar kastanjebruine haar leek ze nooit ouder te worden – al had haar haarkleur inmiddels wel wat hulp van de kapper nodig. Bij het zien van de meelevende blik in Mary Ella's ogen, kreeg Maura opeens zin om haar hoofd op haar moeders schouder te leggen en eens flink uit te huilen – precies wat Sage eerder die avond bij háár had gedaan.

Haar moeder en haar zussen waren haar beste vriendinnen. Zonder hen zou ze de afgelopen acht maanden nooit hebben overleefd, en ze waren ook een onontbeerlijke steun geweest toen ze twintig jaar eerder als zeventienjarig meisje had ontdekt dat ze zwanger was. Ze was doodsbang geweest, want de mensen in hun woonplaats konden erg hard en bekrompen reageren als iemand van de norm afweek.

Ze slaagde erin haar tranen weg te slikken en te glimlachen. 'Ja, dat kun je wel zeggen.'

'Lieverd toch, waarom heb je het me nooit verteld?'

'Het leek me niet belangrijk. Hij was vertrokken, en hij had gezegd dat hij nooit meer terug zou komen. Ik schoot er niets mee op om hem in Hope's Crossing zwart te maken. Dan zouden de mensen alleen maar zeggen dat hij de benen had genomen omdat hij me zwanger had gemaakt.'

Mary Ella kwam binnen en sloeg haar armen om haar heen. Op dat moment zaten de tranen Maura weer heel hoog. 'Ik moet bekennen dat ik het wel vermoed heb,' zei Mary Ella. 'Ik wist dat jullie veel met elkaar omgingen. Ik hoorde van andere mensen dat ze jullie samen hadden gezien, en ik dacht al dat je verliefd op hem was. Ik had me alleen niet gerealiseerd dat jullie relatie zo ver was gegaan. Achteraf begrijp ik niet dat ik het niet eerder heb gezien. Sage lijkt een beetje op hem, vind je niet?'

'Ja, vind je?'

'Ze heeft dezelfde mond en kin.'

'Het kan best zijn dat ze op hem lijkt, maar ze heeft een heel eigen persoonlijkheid.'

'O, zeker.' Mary Ella leunde naar achteren en veegde een lok haar van Maura's voorhoofd. 'Ik denk dat ze het allemaal zullen begrijpen als je nu liever naar huis gaat. Ga maar naar Sage. Wij redden het wel zonder jou.'

Dat aanbod klonk bijzonder verleidelijk. Maura had zin om naar huis te gaan, maar ze keek niet uit naar de confrontatie met Sage. Op dit moment wilde ze niets liever dan haar huis binnen sluipen, in bed kruipen en haar speciale doorgestikte deken pakken. Die had ze met haar zussen na haar scheiding gemaakt, en ze wilde de deken over haar hoofd trekken en er pas na de feestdagen onder vandaan komen.

Maar ja, die stemming beheerste haar nu al acht maanden. Sinds het voorjaar wilde ze eigenlijk elke dag in bed kruipen en de wereld buitensluiten. Ze was echter een McKnight. De vrouwen in haar familie gingen altijd door, hoe zwaar ze het ook hadden. Ze was er al die maanden in geslaagd zich staande te houden. Dit zou ze dus ook overleven.

'Ik wil niet dat Jackson Lange het kerstfeest van onze boekenclub voor me verpest.' Ze stond op, al merkte ze dat haar knieën knikten. Ze hield zichzelf voor dat ze een lage bloedsuikerspiegel had. Als ze een truffel nam, zou dat gevoel wel zakken. 'Kom, we gaan gezellig naar de anderen. Ik vind dit echt een avond voor Alex' beroemde cider met een scheutje sterke drank. Ik hoop dat ze een grote kan heeft meegenomen.'

'Als ik jouw zusje een beetje ken, heeft ze dat zeker gedaan.' Mary Ella gaf haar een arm en liep samen met haar terug naar de andere gasten.

Maura had de reacties van haar familieleden en vriendinnen

wel kunnen voorspellen. Angie, haar oudste zus, keek haar bezorgd en meelevend aan. Angie was altijd al een tweede moeder voor de zes kinderen McKnight geweest. Alex, die een paar jaar jonger dan Maura was, keek haar aan met een blik die zei dat ze samen een front tegen alle mannen op aarde zouden vormen. Claire probeerde natuurlijk weer goed voor haar te zorgen. Ze bracht haar een grote mok met een geurige warme drank erin. Claire was Alex' beste vriendin en had eigenlijk altijd bij de familie gehoord. Een paar weken eerder was ze met Maura's jongere broer getrouwd en was ze officieel een lid van de familie geworden.

In de mok bleek thee te zitten in plaats van Alex' cider. Het was ceylonthee met kaneel, kruidnagel en sinaasappelschilletjes, maar Maura besloot dat ze nog wel even op de cider kon wachten. Misschien was het wel lekker om eerst thee te drinken.

Ze zag dat het groepje bijna toe was aan het jaarlijkse spelletje waarbij cadeautjes werden uitgewisseld. Iedereen koos een pakje uit en gaf dat door aan de persoon die links of rechts van haar zat. Ondertussen las iemand – in dit geval Janie Hamilton – een passage voor uit een boek met een kerstverhaal.

'We hebben een plaatsje voor je vrijgehouden,' zei Claire. 'Je moet je pakje naar links doorgeven bij het woord "de", en naar rechts bij het woord "en". Welk boek lezen we, Janie?'

Janie hield een bekend kinderboek van Dr. Seuss omhoog. 'Sorry, jongens. Alle kerstboeken liggen in de slaapkamers van mijn kinderen, en die moet ik eerst nodig uitmesten. Het enige boek dat ik kon vinden, was How the Grinch Stole Christmas.'

'Mijn favoriete boek,' zei Alex, haar benen uitstrekkend op een poef.

Maura ging op de lege stoel zitten en speelde de minuten erna de rol van iemand die zich kostelijk amuseerde. Het was een prestatie die een Oscar waard was geweest, en de groep schoof lachend cadeautjes heen en weer tot Janie de passage eindigde met de Grinch die het geroosterde beest aansneed. Alle aanwezigen mochten het cadeautje uitpakken dat ze op dat moment in hun handen hadden.

Met een brede glimlach maakte Maura het cadeautje van Charlotte Gaine open, prachtig verpakte noga uit Charlottes winkel Sugar Rush, die verderop in de straat te vinden was. 'Dank je wel, Charley. Precies wat ik nodig had!' Ze lachte naar haar vriendin. Ondanks het feit dat Charlotte iets te zwaar was, zag ze er beeldschoon uit met haar witte zijden blouse en robijnen oorbellen.

Door het spelletje met de cadeautjes kreeg Maura tijd om zich te vermannen, dus ze was bijna klaar voor de confrontatie toen Ruth eindelijk zei wat iedereen dacht.

'Het is dus waar,' zei ze. 'De vader van Sage is Harry Langes zoon.' Zoals gewoonlijk draaide ze er niet omheen.

Maura zou het graag ontkennen, maar wat schoot ze daarmee op? Iedereen kende de waarheid nu, dus die geest zou ze nooit meer in de fles kunnen stoppen. Het was echt iets voor Ruth om het onderwerp aan te snijden dat iedereen vermeed. 'Ja,' antwoordde ze zo kalm mogelijk.

'Ik heb altijd geweten dat die jongen een lastpak was,' zei Ruth.

'Dat was hij niet.' Jack was verteerd geweest door verdriet om zijn moeder en de woede en de bitterheid die hij jegens zijn vader voelde, maar die gevoelens hadden in stilte aan hem geknaagd. Voor de buitenwereld was hij een betrouwbare, ijverige jongen geweest. Een goede leerling op school en een harde werker bij het bouwbedrijf dat hem een zomerbaantje had gegeven.

'Een fatsoenlijke man loopt niet weg voor zijn verantwoordelijkheden,' hield Ruth koppig vol.

'Hij wist niet dat hij hier verantwoordelijkheden had, Ruth.' Maura vroeg zich af of haar stem werkelijk zo vermoeid klonk als in haar eigen oren. 'Ik heb hem nooit verteld dat ik zwanger was.'

'Lieve help, wat dom.'

Er welde een enigszins hysterische lach in Maura op. 'Ja, dat was dom,' bevestigde ze.

'Wat was dom?' vroeg Angie, die aan Ruths andere kant zat en het gesprek niet had gehoord.

'Dat ze die jongen van Lange nooit heeft verteld dat ze zwanger was,' zei Ruth. 'Dat had ze niet moeten verzwijgen, want dan had hij geweten wat hem te doen stond.'

Had hij dan met haar moeten trouwen? Dat zou een nachtmerrie zijn geweest. Daar was Maura destijds van overtuigd geweest, en door de jaren heen was haar mening niet veranderd. Ze had met heel haar hart van Jackson Lange gehouden, maar kennelijk waren zijn gevoelens voor haar niet zo hevig geweest. Als hij wél van haar had gehouden, was hij nooit weggegaan.

Pas toen hij weg was, was het tot haar doorgedrongen dat ze op een bepaalde, vreemde manier haar eigen jeugd in hun relatie had herhaald. Haar vader had zijn gezin verlaten voor het vak en de studie waarvan hij droomde. Toen Maura een paar maanden later smoorverliefd was geworden op Jack – een wrokkige jongeman die al met één been buiten Hope's Crossing stond – had ze misschien onbewust geprobeerd het vertrek van haar vader te compenseren. Haar vader was vertrokken, maar misschien had ze wel gehoopt dat Jack het verdriet kon verzachten door bij haar te blijven.

Ondanks haar liefde was Jack niet in Hope's Crossing gebleven. Ze had hem niet kunnen tegenhouden, net zomin als dat ze haar vader had kunnen tegenhouden.

Het drong tot haar door dat iedereen nu naar haar keek. De aanwezigen deden of ze met elkaar praatten, maar ondertussen hielden ze haar in de gaten. Daarom leek het haar beter om het onderwerp openlijk te bespreken en er niet meer omheen te draaien. 'Luister, jullie zijn mijn liefste vriendinnen,' zei ze. 'Ik wil het feestje niet verpesten, maar ik weet dat jullie je allemaal afvragen wat er gaande is. Jullie zijn alleen te beleefd om ernaar te informeren.'

Met uitzondering van Ruth, maar dat wisten de anderen ook wel.

'Ik zal jullie precies vertellen hoe het zit, en dan kunnen we daarna verdergaan met ons feestje,' zei ze. 'Jack en ik hadden op de middelbare school verkering. We praatten er met niemand over, omdat we het op dat moment thuis niet makkelijk hadden. De timing leek niet zo best te zijn.'

Mary Ella perste haar lippen op elkaar, en Maura stak haar hand uit om zachtjes over haar moeders arm te wrijven. Ze wilde haar laten weten dat het vertrek van James McKnight en de ontreddering daarna niet de enige reden voor de geheimhouding waren geweest. Na jarenlange psychische problemen had Jacks moeder zelfmoord gepleegd. Af en toe vroeg Maura zich af of Jack zich tot haar had gewend om het verdriet om zijn moeder te verdrijven.

'Na Jacks vertrek ontdekte ik dat ik zwanger was. Op dat moment had ik goede redenen om mijn zwangerschap voor hem te verzwijgen en Sage in mijn eentje groot te brengen.' Ze stak haar kin in de lucht. 'Persoonlijk denk ik dat mijn dochter daar niet onder heeft geleden. Ze is een mooi, intelligent, volkomen normaal meisje. Chris is een geweldige stiefvader voor haar geweest, en ik weet zeker dat hij haar zou hebben geadopteerd als ons huwelijk stand had gehouden.'

Goed, dat was misschien iets te veel informatie. Ze besloot te stoppen voordat ze nog meer zou zeggen en wilde een ander onderwerp aansnijden. Anderzijds bevond ze zich in het gezelschap van haar dierbaarste vrienden. Misschien was het beter om nu gewoon open over Jack en Sage te zijn. Anders zouden ze toch allemaal hun hoofd schudden en zich achter haar rug zorgen om haar maken. Dat had ze al genoeg gezien sinds Layla was overleden.

'Hoe hebben ze elkaar eigenlijk gevonden?' wilde Alex weten.

'Jullie weten waarschijnlijk allemaal wel dat Jack architect is. Een paar dagen geleden was Sage aanwezig bij een lezing die hij gaf. Ze wist dat hij uit Hope's Crossing kwam en knoopte een praatje met hem aan. Tijdens het gesprek viel bij hen allebei het kwartje. Vandaar.'

Er viel een stilte in de groep, omdat iedereen dat nieuws wilde verwerken.

Claire was de eerste die de stilte verbrak. 'Kun jij het allemaal aan?'

'Natuurlijk. Waarom zou ik er moeite mee hebben? Het gaat allemaal heel beschaafd.' Afgezien van het moment waarop ze zin had gehad hem een klap in zijn gezicht te geven en te zeggen dat hij haar hart had gebroken. 'Het lijkt me heel interessant om te zien hoe de zaken zich verder ontwikkelen. Ik hoop dat er een vriendschap tussen Jack en Sage ontstaat. Per slot van rekening delen ze hun liefde voor architectuur. Misschien kan Jack ook wel een soort mentor voor haar zijn en haar helpen bij haar studie.'

'Dat zou fantastisch zijn,' zei Angie. 'Denk je dat hij daarvoor in Hope's Crossing blijft?'

Maura hoopte van niet. Bij de gedachte kreeg ze al pijn in haar buik. 'Ik denk het niet,' antwoordde ze. 'Jack is niet zo dol op dit plaatsje. En hij heeft een hekel aan zijn vader.'

'Dat vind ik niet vreemd,' mompelde Mary Ella. Ze had al jaren ruzie met Harry Lange, de rijkste man in Hope's Crossing. Hij leek te denken dat alles en iedereen in het plaatsje zijn eigendom was – niet alleen het skioord dat hij had ontwikkeld, maar ook de mensen die inkomsten hadden dankzij de toeristen die hij naar het stadje haalde.

'Kunnen wij iets voor je doen?' vroeg Claire.

Een glas cider met een flinke scheut sterkedrank erin leek een goed begin. 'Ja. Jullie kunnen het vanavond gezellig maken. Jullie hebben het deze maand allemaal druk, maar jullie hebben deze avond vrijgehouden om een feestje te vieren met onze boekenclub. Ik denk dat we wel genoeg drama hebben gehad voor één avond. Zullen we Jackson Lange voorlopig even uit ons hoofd zetten?'

Tot haar grote opluchting stemde iedereen met dat voorstel in. Kathleen Thorne vroeg Janie naar haar zoon, die zijn arm had gebroken toen hij met de slee van een heuvel bij Miner's Park af sjeesde. Daarna kwam het normale gesprek weer op gang.

Maura was dol op deze vrouwen. Soms werd ze gek van al hun eigenaardigheden en hun verstikkende bezorgdheid, maar ze wist dat ze het nooit zonder hen zou hebben gered. Ze had het gevoel dat ze zwaarder dan ooit op hen zou moeten leunen nu haar leven weer zo'n verrassende wending had gekregen.

Het was stil in huis toen Maura na het feest eindelijk thuiskwam. Sinds Sage die zomer weer naar Boulder was vertrokken, was ze aan de stilte gewend geraakt. Nu ze de deur opendeed en alleen het geluid van haar verwarmingsketel hoorde, erkende ze eindelijk tegenover zichzelf dat ze op een bepaalde manier had uitgekeken naar de thuiskomst van Sage. Het was gezellig om haar dochter eindeloos te horen kletsen over cijfers, vakken, actualiteiten, de televisie en haar vriendinnen in Hope's Crossing. De meeste vriendinnen waren naar andere scholen gegaan of waren in het plaatsje gebleven om een baan te zoeken. Als Sage thuis was, kwamen ze altijd even langs.

Nu besefte Maura dat het weer een rustige avond zou worden. 'Sage? Schat?' riep ze, maar er kwam geen antwoord. Ze wist dat haar dochter thuis was. Haar tas hing aan het haakje bij de deur en haar mobieltje lag op het kleine wandtafeltje. Ze liep door het huis naar Sage' slaapkamer. De deur stond op een kiertje. Nadat ze zachtjes had geklopt, ging ze naar binnen.

Sage lag in bed, helemaal verpakt in een cocon van dekens. Alleen haar gezicht was zichtbaar. De lampjes van een van de kerstboompjes die Maura altijd in de slaapkamers van haar dochters neerzette, twinkelden vrolijk. Het licht weerkaatste felgekleurd op het gezicht van Sage. Maura wreef over haar borstkas, die opeens pijnlijk stak. Vanaf het moment waarop ze had ontdekt dat ze in verwachting was, had ze met heel haar hart van haar kind gehouden. Natuurlijk was ze ook bang geweest. Welk zeventienjarig meisje zou dat niet zijn geweest? Ze had echter ook uitgekeken naar dit onverwachte avontuur.

De weken en de maanden van haar zwangerschap stonden haar nog helder voor de geest. Verstandelijk had ze geweten dat ze haar kind het beste kon afstaan aan twee getrouwde mensen die hun leven al op orde hadden en heel veel van elkaar hielden, maar daar had ze niet voor gekozen. Misschien was dat egoïstisch, maar ze had het een onverdraaglijke gedachte gevonden om een deel van Jack te verliezen dat al zoveel voor haar betekende.

Inmiddels wilde ze ook wel aan zichzelf toegeven dat ze destijds vreselijk boos op haar vader en op Jack was geweest. Ze nam het haar vader kwalijk dat hij was vertrokken, en ze nam het Jack kwalijk dat hij dat voorbeeld had gevolgd. Ze had zichzelf wijsgemaakt dat haar kind helemaal geen vader nodig had. Sage had Jacks genen, maar verder hoefde hij geen rol in haar leven te spelen. Ze kon haar kind ook wel zonder zijn hulp grootbrengen. Natuurlijk was dat een onvolwassen, kortzichtige redenering geweest, maar ze was destijds pas zeventien. Jonger dan haar dochter nu was.

Sage had altijd al onrustig geslapen, zelfs als baby, maar nu was ze waarschijnlijk zo moe van haar examens dat ze als een blok in slaap was gevallen. Ze verroerde zich niet toen haar moeder de lichtjes van de kerstboom uitdeed en haar nog eens extra lekker instopte.

Maura liep de kamer uit en bleef in de gang bij de volgende slaapkamer staan. De verleiding was groot om door te lopen, maar uiteindelijk dwong ze zichzelf naar binnen te gaan. Ze knipte de lampjes van het kerstboompje naast het lege bed aan en keek naar de kleurige reflectie op de muren, die in een zachte lavendeltint waren geschilderd. De gele, rode, blauwe en groene lampjes knipperden vrolijk.

Angie, Mary Ella en Alex hadden erop gestaan om het weekend na Thanksgiving langs te komen en haar te helpen het huis te versieren voor de kerst. Maura had het boompje zelf in deze kamer gezet, en ook een kerstboompje met zonnecellen op Layla's graf. Ze had de kamer verder versierd met al Layla's favoriete kerstversieringen: sneeuwvlokken met kraaltjes, die Layla bij

String Fever had gemaakt, een glazen sneeuwpop, die ze van een van haar beste vriendinnen had gekregen, en een paar kerstballen met een parelmoerglans, die in het licht van de kerstboom leken te glimmen.

Maura had nog niets aan deze kamer veranderd. Hij zag er nog steeds uit als de slaapkamer van een vijftienjarig meisje, compleet met een paar lavalampen en een grote paarse zitzak waarop Layla graag haar huiswerk had gemaakt. Aan de muur hingen posters van popbands, en dan vooral van Pendragon, haar vaders akoestische rockband. Layla was een beetje verkikkerd geweest op de drummer van de band, ook al was die ruim twee keer zo oud als zij.

Natuurlijk zou de kamer ooit een andere bestemming moeten krijgen. Maura kon er een kantoortje van maken, omdat ze alle administratie van de winkel nu uitspreidde op een bureau in haar slaapkamer. Daarvoor was het echter nog te vroeg. Ze kon zichzelf er nog niet toe zetten de kamer te veranderen, dus ze liet alles zoals het was en kwam er alleen af en toe om schoon te maken.

Nadat ze een paar minuten naar de lichtjes had gekeken, schraapte ze haar keel en deed de kerstboom uit. Daarna liep ze terug naar de stille gang.

Ook al had ze nog zoveel verdriet om Layla en het jonge leven dat abrupt was afgebroken toen een stel tieners domme beslissingen had genomen, haar eigen leven ging gewoon door. En ze had nóg een dochter, een kind dat haar nu harder nodig had dan ooit.

Hoofdstuk 4

Het stadje was behoorlijk veranderd, maar het Center of Hope Café zag er in Jacks ogen nog net zo uit als twintig jaar geleden.

Goed, er zat nieuw behang op de muren en de oude houten lambrisering was vervangen door iets vrolijkers, maar de bankjes waren nog steeds bekleed met rood vinyl en aan het plafond hingen nog steeds dezelfde ouderwetse bewerkte platen die aan het begin van de twintigste eeuw populair waren geweest.

Zelfs de eigenaar was nog dezelfde man. Dermot Caine stond achter de U-vormige bar. Hij moest inmiddels halverwege de zestig zijn, maar Jack had hem nooit anders gekend dan met een dikke bos wit haar. Hij had ook nog steeds dezelfde indringende blauwe ogen, die dwars door iedereen heen leken te kijken. Ondanks de calorierijke vertrouwde gerechten op de kaart was hij nog steeds slank. Hij had jarenlang achter de grill gewerkt, en het resultaat was dat hij eruitzag alsof hij met iedereen armpje kon drukken.

Toen Jack binnenkwam, stond Dermot te praten met een paar mannen die stetsons droegen. Jack keek om zich heen of hij Maura en Sage zag, maar hij kon hen niet ontdekken. Hij zag überhaupt geen bekende gezichten. Hij kreeg de indruk dat het Center of Hope Café zowel de plaatselijke bevolking als de toeristen aansprak, want hij zag werkkleren van ranchers, maar ook dure skikleding. Hij bleef even staan wachten tot Dermot naar hem toe kwam om hem naar een tafeltje te begeleiden. Het verbaasde hem niet dat hij geen herkenning in Dermots blik zag. Hij was twintig jaar weg geweest en was waarschijnlijk aanzienlijk veranderd. Hij leek totaal niet meer op de jongen die in het café zijn huiswerk kwam maken nadat de bibliotheek was dichtgegaan.

Dat was altijd aanzienlijk prettiger geweest dan naar huis gaan.

'Goedemorgen, en welkom in het Center of Hope Café.' Ook na al die jaren had Dermot nog een licht Iers accent. Jack kon zich hem heel goed voorstellen in een pub in County Galway, omringd door mosgroene velden en stenen muurtjes. 'We hebben vandaag een paar lekkere dingen op het menu staan. Als je wilt, kun je aan de bar gaan zitten, maar je kunt ook een tafeltje kiezen. Zeg het maar.'

'Ik wacht nog op twee andere mensen, dus ik wil graag een tafeltje.'

'Ik heb een mooi plekje hier bij het raam. Is dat naar je zin?'

'Ja, dat is prima.' Jack deed zijn jas uit en hing die aan een kapstokje naast het tafeltje. De kapstok was gemaakt van een elandengewei.

Terwijl hij aan tafel ging zitten, legde Dermot drie menukaarten voor hem neer. Eén daarvan sloeg hij open. 'Je kunt alvast een blik op de menukaart werpen terwijl je wacht op de anderen. Je kunt ook een omelet naar eigen smaak bestellen. Onze ontbijtspecial van vandaag is eggs benedict, een gerecht dat in de hele omgeving beroemd is. Kan ik misschien al wat koffie of vruchtensap voor je inschenken?'

Normaal gesproken zou Jack ook al wat bestellen voor de dames, zodat er iets te drinken voor hen stond wanneer ze binnenkwamen, maar omdat hij niet wist wat ze lekker vonden, besloot hij alleen voor zichzelf te bestellen. 'Allebei, graag. Een kop koffie, níét cafeïnevrij, en een klein glas grapefruitsap, alsjeblieft.'

Dermot knikte. 'Komt eraan.' Hij bleef nog even staan en

kneep zijn blauwe ogen een beetje samen. 'Ben je hier al eens eerder geweest? Meestal kan ik de gezichten van mijn gasten goed onthouden. Ik heb steeds het gevoel dat ik je ergens van ken, maar mijn geheugen is niet meer wat het geweest is. Ik kan je niet plaatsen, sorry.'

'Verontschuldig je maar niet. Het zou me eerder hebben verbaasd als je me wél had herkend. Ik ben twintig jaar weg geweest. Je gaf me vroeger altijd bekers chocolademelk met wat extra slagroom als ik hier in de hoek mijn huiswerk zat te maken.' Het was een verbazend aangename herinnering, vooral omdat hij had gedacht dat hij nauwelijks plezierige herinneringen aan het stadje had. Maura was in de loop der jaren de enige geweest aan wie hij met warmte had teruggedacht.

'Jackson Lange!' riep Dermot uit. 'Mijn hemel, dat is lang geleden. Hoe gaat het met je, jongen?'

Hoe moest je twee decennia in een paar zinnen samenvatten? Hard werken, ambitie, veel geluk en succes in zijn werk, en minder geluk en succes in zijn pijnlijk korte huwelijk. 'Ik mag niet klagen. Hoe is het met jou? En met je vrouw?'

De vriendelijke glimlach verdween even van Dermots gezicht. 'Ik heb haar vijftien jaar geleden verloren aan kanker.'

'Wat erg voor je.'

'Ja, ik mis haar elke dag. Maar we hadden samen zeven mooie kinderen, en ze leeft voort in hen en in onze acht kleinkinderen.' Hij gebaarde naar de tafel. 'Heb jij een gezin? Wacht je op je familie?'

Jack dacht aan Sage, de dochter die hij een paar dagen eerder nog niet kende. 'Dat zou je wel kunnen zeggen, ja.'

'Ik zal jullie wel verwennen, hoor. Maak je maar geen zorgen. Onze wentelteefjes zijn nog steeds vermaard in deze stad. We doen er nog steeds geroosterde amandelen en poedersuiker op.'

Doorgaans ontbeet Jack alleen met koffie en wat geroosterd brood, maar hij had goede herinneringen aan de wentelteefjes van het café. Het kon vast geen kwaad om af en toe eens te zondigen. 'Bedankt, dat zal ik onthouden.'

Dermot glimlachte naar hem en liep naar de keuken om zijn bestelling te halen. Door het raam zag Jack dat het buiten steeds drukker werd. De vrouw die de luifel van het kleine, twee zalen tellende bioscoopje verderop naar beneden draaide, moest haar werk wel vijf keer onderbreken om naar een voorbijganger te zwaaien. Een paar vrouwen in winterse sportkleding lieten honden uit en stonden bij elke etalage stil om met iemand een praatje te maken. De tafereeltjes deden hem denken aan een dorpje vlak bij Milaan, waar hij tijdens de bouw van een hotel annex conferentiecentrum twee maanden lang een appartement had gehuurd. Hij had het heerlijk gevonden om met een kop cappuccino en een schetsboek op het pleintje te gaan zitten en te kijken naar het ontwakende plaatsje om hem heen.

In zijn carrière had hij over de hele wereld aan projecten gewerkt, van Riyad tot Rio de Janeiro. Hij was dol op de bruisende energie van een grote stad. De straten in de buurt van zijn loft in San Francisco waren altijd druk en gezellig, en hij vond het heerlijk om op zijn balkon te gaan zitten en ervan te genieten. Hij vond het echter ook fijn om naar het lagere tempo in een klein plaatsje te kijken, waar mensen de tijd namen om even stil te staan en een praatje met bekenden te maken. Het was leuk om te zien dat ze om elkaar gaven.

Dermot kwam met een glas grapefruitsap en een koffiepot naar hem toe. 'Zijn ze er nog niet?' vroeg hij terwijl hij behendig een koffiekopje omkeerde en volschonk.

'Ze zullen zo wel komen.'

'Ik hou jullie tafel wel in de gaten, tenzij je nu al wilt bestellen.'

'Nee, ik wacht wel.'

Even later zag hij dat de vrouwen met de honden een sneeuwschuiver overnamen van een oude man bij een juwelierszaak. IJverig begonnen ze de sneeuw voor zijn winkel op te ruimen. Terwijl Jack naar hen zat te kijken, kwamen Maura en Sage binnen. Hun wangen waren rood van de kou, maar hij zag nu pas hoeveel ze eigenlijk op elkaar leken. Sage was een interessante mengeling van Maura en hem, maar in het ochtendlicht en met een mutsje op haar donkere krullende haar leek ze opeens erg veel op haar moeder.

Ze zagen hem onmiddellijk zitten en haastten zich naar zijn tafeltje.

'Sorry dat we een beetje laat zijn,' zei Maura. Ze gaf hem geen reden, maar Sage slaakte een diepe zucht.

'Het komt door mij,' zei ze. 'Ik was zo moe dat ik vanochtend maar moeilijk op gang kwam.'

'Dat maakt niet uit. Jullie zijn er nu, en daar gaat het om.' Hij stond op om hun jassen aan te nemen.

Sage droeg een dikke rode trui en Maura een lichtblauwe coltrui. Daarop droeg ze een lange ketting met zilveren en blauwe kralen, die hem aan een waterval deed denken. Hij schrok ervan hoe mager ze was. De mouwen hingen los om haar polsen, en hij vroeg zich af of ze sinds de dood van haar dochter veel was afgevallen. 'Ik geniet van de omgeving,' zei hij nadat ze aan het tafeltje hadden plaatsgenomen. Sage ging bij het raam zitten. 'Er is hier niet veel veranderd in twintig jaar.'

'Ze serveren nog steeds lekkere dingen,' zei Maura. 'Helaas hebben de toeristen dat ook ontdekt.'

'Dat zag ik, ja. Het was al druk voordat ik binnenkwam.'

Even leken ze te zoeken naar een gespreksonderwerp. Om pijnlijke stiltes te voorkomen, pakte hij hun menukaarten en gaf ze geopend aan hen. Tijdens zijn studie had hij niet voor niets achter een bar in de buurt van Gourmet Ghetto gestaan. 'Dermot heeft me de wentelteefjes aanbevolen.'

'Die neem ik altijd als we hier komen ontbijten,' zei Sage. 'Die zijn ontzettend lekker. Het is alsof je ontbijt met een toetje. Mama neemt meestal een gepocheerd ei en volkoren toast. Dat is alsof je helemaal naar Disneyland rijdt en dan niet in Space Mountain wilt!'

'Misschien neem ik vandaag wel wentelteefjes.' Er klonk een enigszins rebelse toon in Maura's stem door. Ze leek een beetje prikkelbaar te zijn. Misschien vond ze het niet leuk om een tafeltje met hem te moeten delen en samen met hem te ontbijten.

'Het spijt me dat ik nog geen koffie voor jullie heb besteld, maar ik wist niet of jullie daar zin in hadden.'

'Ik drink 's ochtends meestal koffie, maar ik weet niet of mijn maag daar vandaag tegen kan,' zei Sage. 'Ik neem liever thee.'

Alsof het afgesproken was, kwam Dermot Caine op dat moment naar hun tafeltje toe. Er verscheen een bijna komische geschokte blik op zijn gezicht toen hij Maura en Sage bij Jack zag zitten. Jack vroeg zich af waarom, tot hij zich herinnerde dat hij had toegegeven dat hij op familieleden wachtte. Tja, als Hope's Crossing na de confrontatie in de boekwinkel nog niet wist dat hij de vader van Sage was, zou het na dit ontbijt niet lang meer duren voordat het nieuws overal bekend was.

'Sage, schoonheid. Ben je thuis voor de feestdagen?'

'Dat is wel de bedoeling, Mr. C.' Sage keek met een stralende glimlach naar de oudere man, die overduidelijk dol op haar was.

'Hoe gaat het op school?'

Sage trok een lelijk gezicht. 'Gaat wel. Ik had dit semester scheikunde én biologie. Ik weet niet wat me heeft bezield.'

'Ach, je bent een slimme meid. Ik heb alle vertrouwen in je.' Dermot wendde zich tot Maura, en op de een of andere manier was Jack niet verbaasd toen de café-eigenaar kort een hand op de hare legde. 'En hoe gaat het met jou, lieverd?'

'Goed hoor.' Maura glimlachte naar hem, maar Jack zag dat zodra Dermot zijn hand weer had opgetild, ze de hare vlug terugtrok en op haar schoot legde, alsof ze het vreselijk vond om medelijden van haar plaatsgenoten te krijgen.

'Jij wilt zeker thee?'

'Graag.'

'Ik ook,' zei Sage.

'Prima. En verder? Hebben jullie al tijd gehad om de kaart te bestuderen?'

Ze besloten alle drie wentelteefjes te nemen, tot groot genoegen van Dermot. 'Dan doe ik er voor jullie wat extra verse room bij. Cadeautje van mij,' zei hij.

Toen hij was weggelopen, viel er weer een ongemakkelijke stilte aan het tafeltje. Jack was zich bewust van de vreemde situatie. Twintig jaar daarvoor was Maura zijn beste vriendin geweest. Ze raakten nooit uitgepraat en hadden urenlange gesprekken gevoerd over politiek, religie en al hun toekomstdromen. De afgelopen dagen had hij Sage een paar keer uitgebreid gesproken, en ook met haar had hij lange interessante gesprekken gehad. Hij moest jaren van haar leven inhalen, en zij leek gefascineerd te zijn door zijn carrière. Ze had hem vele vragen gesteld over zijn leven na Hope's Crossing en over gebouwen die hij had ontworpen. Maura en Sage leken een goede band te hebben, en hij had verwacht dat ze samen ook heel wat te bespreken hadden.

Waarom vielen er dan stiltes nu ze met zijn drieën aan tafel zaten?

'Je hebt dus een hotelkamer gevonden,' zei Sage toen Dermot twee bekers met kokend water en theezakjes had gebracht.

'Dat viel nog niet mee,' bekende Jack. 'Ik ben bij een paar hotels geweest en vond uiteindelijk een kamer in de Blue Columbine.'

'Dat is een leuke B&B,' zei Sage. 'Het is van mijn moeders vriendin Lucy.'

Dat was goed om te weten. Dan moest hij het mandje muffins dat die ochtend bij zijn deur was neergezet nog maar eens extra goed bekijken, om er zeker van te zijn dat niemand er rattengif in had gedaan. 'Ik heb een erg lekker bed,' zei hij. 'Doorgaans vind ik dat het belangrijkst in een hotelkamer.'

'Was je niet liever naar het Silver Strike Hotel gegaan?' informeerde Maura. Op haar gezicht stond een vinnig lachje, dat niet bij haar mooie gezicht leek te passen. 'Ik heb de kamers daar nooit gezien, maar ik heb gehoord dat ze spectaculair zijn. De reisgidsen van Fodor's schrijven lovend over dat hotel.'

Zijn mond verstrakte. Vond ze na alles wat er was gebeurd nu werkelijk dat ze hem mocht treiteren met dat ellendige skioord? Begreep ze niet dat ze de sfeer daarmee volledig kon verpesten? Hij wist niet of hij het haar ooit kon vergeven dat ze hem nooit iets over Sage had verteld. Hij had geen zin in haar prikkelbare bui, en ook niet in steken onder water over zijn vaders akelige skioord. 'Nee hoor. Een kleine B&B in het centrum is voorlopig prima.'

'Voorlopig? Hoelang wil je hier blijven?' vroeg ze botweg.

Sage leunde op de tafel en keek hem aandachtig aan terwijl ze op zijn antwoord wachtte.

Hij koos zijn woorden met zorg. 'Dat weet ik niet. Ik denk erover om een week of twee te blijven, tot na de feestdagen.'

Al leken de vrouwen nog zo op elkaar, hun reacties waren totaal verschillend. Sage grijnsde van oor tot oor, maar Maura zag eruit alsof Dermot azijn in haar thee had gedaan.

'Dat is geweldig!' riep Sage uit. 'Ik was al bang dat je vandaag weer zou vertrekken.'

'Heb je daar wel tijd voor?' vroeg Maura ijzig. 'Per slot van rekening ben je een beroemde architect. Dat wilde je destijds al worden.'

'In deze tijd van het jaar heb ik het nooit zo druk. Daarom kon ik de uitnodiging voor die lezing ook aannemen. Na de feestdagen wordt het weer drukker. Toevallig heb ik een paar projecten binnen Amerika, een in Denver en een in Montana. Daarna moet ik naar Singapore, maar de komende maand zit nog niet vol.'

Maura roerde in haar thee en nam een slokje voordat ze hem nog een vraag stelde. Haar toon was beleefd, maar in haar ogen zag hij ontzetting. 'Ben je echt van plan om zo lang in Hope's Crossing te blijven?' informeerde ze.

Hij haalde zijn schouders op. Waarschijnlijk was ze bang dat zijn aanwezigheid haar feestdagen zou verknoeien, maar dat kon hem niet schelen. Hij had al negentien kerstfeesten zonder zijn dochter gevierd, dus hij had geen zin om nu rekening met haar te houden. 'Het leek me leuk om een paar dagen met Sage naar Denver te gaan. Dan kunnen we samen een paar interessante bouwstijlen bestuderen.'

'Echt?' Sage begon te stralen alsof hij haar zojuist de sleutels van een splinternieuwe auto had gegeven. 'Dat lijkt me geweldig!'

Maura keek hem niet aan, maar staarde naar buiten. Haar weerzin was bijna te proeven, dik en bitter als oude koffie. Toen ze eindelijk naar hem en naar haar dochter keek, slaagde ze erin een gespannen glimlachje op haar gezicht te toveren. 'Het is inderdaad leuk als jullie samen wat tijd kunnen doorbrengen,' zei ze. 'Als je hier blijft, is er trouwens ook genoeg te doen. Er zijn kunstgalerieën, restaurants en vele langlaufpistes. Je weet vast nog wel hoe prachtig de canyon is als er verse poedersneeuw is gevallen. Maar ja, dat vinden de toeristen natuurlijk ook. Daarom komen ze in groten getale hierheen.'

Weer een steek onder water, een tweede herinnering aan de reden waarom hij uit Hope's Crossing was vertrokken. Ze verwees naar zijn vaders laatste gemene verraad en het schandelijke misbruik van het land dat zijn moeder aan hem had willen nalaten. Uiteindelijk zou hij wel naar het skioord toe moeten rijden om met eigen ogen te aanschouwen wat hebzucht met zijn moeders erfenis had gedaan, maar vandaag had hij daar nog geen zin in.

'We kunnen op kerstavond gaan skiën,' zei Sage enthousiast. 'Dan zijn de pistes feestelijk verlicht. Dat hebben we al een paar jaar niet meer gedaan, hè, mam? Het is prachtig om al die dansende vlammetjes op de helling te zien.'

'Ja, dat zou leuk zijn,' zei Maura.

Jack was minder enthousiast. De laatste plek waar hij op kerstavond wilde zijn, was het skioord. Hij wilde net beleefd weigeren toen hij iemand zag binnenkomen. Hij kon het gezicht van de man die Dermot aansprak niet zien, maar intuïtief verstijfde hij. Hij hoefde hem niet goed te zien om te weten wie het was. Hij wist meteen wie daar zo arrogant tegen Dermot deed, al was de Ier wel de laatste die zich zou laten intimideren.

Zijn vader.

De grootste ellendeling op aarde.

Dermot wierp een haastige blik op hun tafel en pakte Harry bij de arm, overduidelijk om hem de andere kant op te leiden.

'Ho ho, een beetje rustig, Caine. Laat me eerst eens mijn jas uittrekken. Kennen ze soms geen manieren in Ierland?'

Het waren de eerste woorden die hij zijn vader sinds twee decennia hoorde uiten. Jack werd compleet overdonderd door een complexe mengeling van emoties. Het was alsof er opeens een stortvloed door een gortdroge canyon stroomde.

Bij het horen van de harde stem draaide Maura haar hoofd naar de spreker. Toen ze weer naar Jack keek, zag hij geen verbaasde blik in haar ogen. Kwam zijn vader soms vaak in dit café? Waarschijnlijk wel. Opeens herinnerde hij zich Maura's reactie toen hij had voorgesteld om hier te gaan ontbijten. Eerst had ze geaarzeld, maar toen had ze gezegd dat het haar wel een goed idee leek. Ze had dus verwacht dat hij Harry hier zou treffen.

Het was een val. Hij had het kunnen weten.

Wat was er in de loop der jaren met haar gebeurd? Toen ze nog jong en verliefd waren, was Maura zijn rots in de branding geweest, het enige lichtpuntje in een wereld die nooit mooi was geweest maar die ronduit ondraaglijk was geworden nadat zijn moeder zelfmoord had gepleegd. Nu werd het hem duidelijk dat dat lieve meisje twintig jaar geleden was verdwenen.

'Dat was gemeen van je,' mompelde hij.

Ze nam nog een slokje van haar thee en keek hem onschuldig aan. Het was een blik die hem geen seconde overtuigde. 'Ik heb geen idee waar je het over hebt,' zei ze.

'Lieg je tegenwoordig ook al?'

Sage keek van de een naar de ander. Ze probeerde te begrijpen waarom de sfeer opeens zo gespannen was, maar Maura leidde haar vlug af.

'Het is inderdaad leuk om op kerstavond te gaan skiën. Wat wil je dit jaar nog meer doen?'

'Ik vind het ook altijd leuk om naar Snowflake Canyon te gaan. Ik wil graag met zo'n arrenslee mee als ze naar de lichtjes gaan kijken.'

'Prima, dan zetten we dat ook op het programma,' zei Maura.

Ze bespraken nog wat kersttradities, waardoor Jack zwijgend werd overgelaten aan zijn frustraties. Hij had geweten dat hij zijn vader uiteindelijk onder ogen zou moeten komen, maar hij had niet verwacht dat hij hem al binnen twaalf uur zou zien.

Waarschijnlijk had Dermot zich de vreselijke ruzie tussen vader en zoon Lange herinnerd. Tot Jacks opluchting had hij Harry een tafeltje in een ander deel van het café gegeven, waar Harry hun tafeltje niet kon zien. Het hoefde dus niet meteen tot een confrontatie te komen. Toch had hij opeens geen zin meer in de beroemde wentelteefjes van het café.

Een geblondeerde jongen van rond de twintig kwam aanlopen met hun bestelling. Hij zag er echt uit als een van die vele jongeren die in ruil voor skikleding en skipassen in het hoogseizoen laagbetaalde baantjes aannamen. Op de drie borden die hij bij zich had, lagen goudbruine knapperige wentelteefjes, die waren bestrooid met poedersuiker en amandelschaafsel. 'Hallo Sage, Maura. Dag onbekende meneer,' zei hij. 'Dermot is even bezig in de keuken, dus hij heeft gevraagd of ik jullie tafel wilde overnemen. Als jullie iets nodig hebben, roep je maar.'

'Bedankt, Logan.'

'Hoe gaat het op school?' vroeg Sage.

'Goed. Ik denk dat ik dit jaar op het lijstje van beste studenten kom. Statistiek ging niet zo best, maar volgens mij zit ik toch nog gebeiteld. En jij?'

'Ik behoor niet tot de besten, maar ik ben tevreden. Had jij Lee voor statistiek? Ik krijg volgend semester les van hem.'

'Maak je borst dan maar nat, want hij is ontzettend streng.'

'Logan, ik heb na de feestdagen een lift naar Boulder nodig. Wanneer ga jij weg?'

'Dat weet ik nog niet. Op de maandag na de vakantie heb ik pas om halfelf les, dus misschien ga ik die ochtend nog wel even skiën voordat ik terugrij.'

'Zal ik je na de jaarwisseling sms'en om te kijken of we iets kunnen afspreken?'

'Ja, dat is goed. Zoals ik al zei, moeten jullie me maar roepen als jullie iets nodig hebben.'

Door het gesprek tussen de twee jonge mensen kreeg Jack nog even de tijd om over de situatie na te denken. Maura kon er niets aan doen dat Harry in het café kwam ontbijten. Hij had haar aarzeling gezien toen hij dit café voorstelde, en hij had moeten vragen waarom ze niet meteen ja zei. Daarnaast was hij volwassen. Hij kon best een paar minuten in hetzelfde vertrek doorbrengen als de man die hij verachtte. Goed, het was niet aardig van Maura geweest om hem niet te waarschuwen, maar ze had wel ergere dingen gedaan. Het bestaan van zijn kind geheimhouden, bijvoorbeeld. Als hij eerlijk was, was Harry's aanwezigheid geen reden om een heerlijk ontbijt te laten bederven.

'Goed, we moeten dus gaan langlaufen, skiën en op kerstavond naar de lichtjes gaan kijken. Wat moet ik nog meer doen nu ik in Hope's Crossing ben?' vroeg hij aan Sage.

Ze begon alles op te sommen wat ze leuk vond in het stadje. Tegen de tijd dat ze haar lijst had afgewerkt, zou hij bijna gaan geloven dat het leuk wonen was in Hope's Crossing.

'Nou, dan hebben jullie meer dan genoeg te doen in de vakantie,' zei Maura. Ze had maar een paar happen van haar wentelteefjes genomen en nog maar één stukje van de knapperige bacon op het bord afgebroken.

Geschrokken keek Sage haar moeder aan. Het was alsof ze zich opeens herinnerde dat Maura misschien ook wel wat tijd met haar wilde doorbrengen. 'We kunnen ook met zijn drieën op pad gaan,' stelde ze voor.

Dat leek Maura geen goed idee. Jack en zij waren gewoon twee mensen die ooit van elkaar hadden gehouden en samen een kind op de wereld had gezet. 'Nee hoor, gaan jullie maar samen op pad.' Haar glimlach zag er niet eens zo geforceerd uit. 'Je weet dat ik het tot aan de kerst erg druk heb, en in de week vóór de jaarwisseling heb ik ook altijd veel klanten. Ik ben blij dat jij je niet hoeft te vervelen als ik in de winkel ben.' Ze keek op haar horloge en legde haar servetje neer. 'Over drukte gesproken: ik moet terug naar de winkel. De ochtenden zijn altijd hectisch in december. Het lijkt wel of iedereen op hetzelfde moment koffiepauze neemt en een paar boodschappen gaat doen.'

Jack had dit gezamenlijke ontbijt voorgesteld omdat hij met haar wilde overleggen. Ze moesten bedenken hoe ze deze gecompliceerde relatie vanaf nu konden voortzetten. Hij kon zich niet herinneren dat ze iets hadden bereikt, maar het leek wel of ze ondanks Harry's onverwachte aanwezigheid een soort afspraak hadden gemaakt.

'Heb je hulp nodig?' vroeg Sage.

'Nee, je hoeft me niet te komen helpen,' antwoordde Maura. 'Breng jij de dag maar gezellig door met je... met Jack, nu je de kans hebt.'

'Graag, maar ik heb nog geen cadeautjes gekocht voor de kerst en ik kan wel wat extra geld gebruiken. Ik kom liever niet aan mijn studiegeld om cadeautjes te kopen.'

'Maak je maar geen zorgen om mij,' zei Jack. 'Ik heb nog wat werk te doen. Misschien kunnen we elkaar vanavond treffen.'

'Vind je dat echt niet erg?' vroeg Sage.

'Nee hoor.' Ze hoefden echt niet vierentwintig uur per dag bij elkaar te zijn. Waarschijnlijk was het zelfs beter om elkaar af en toe kort te zien. Per slot van rekening moest hij nog wennen aan het idee dat hij een dochter had. Daarnaast wilde hij Maura niet de indruk geven dat hij volledig beslag op haar dochters vakantie legde.

'In dat geval is het wel fijn als je me vandaag komt helpen,' zei Maura. Ze leek opgelucht te zijn dat Sage mee naar de winkel kon. 'De afgelopen dagen is het vreselijk druk geweest, en ik weet zeker dat Ruth een extra paar handen kan gebruiken als ze de nieuwe boeken op de planken gaat zetten.'

Toen de dagindeling vastlag, richtten ze hun aandacht weer op hun bord. Het deed Jack goed dat Maura nog een paar happen nam, en ze at alle stukjes citrusfruit op waarmee het bord was gegarneerd. Na het ontbijt ontstond er een korte discussie over de rekening, die hij beëindigde door zijn creditcard en de rekening bij de kassa neer te leggen. Daarna deed hij zijn best om haar frons te negeren.

'Ik loop met jullie mee naar de winkel,' zei hij nadat hij het creditcardbonnetje had ondertekend dat Logan hem had gegeven. 'De enige parkeerplaats die ik kon vinden, lag in het steegje achter de boekwinkel.'

'Er is een flink tekort aan parkeerplaatsen in het centrum, maar dat had je dus al gemerkt. De winkeliersvereniging wil een parkeergarage aan de westkant van het stadje bouwen, maar dan moet het wel een mooi gebouw worden, dat niet uit de toon valt bij de rest.'

Buiten wandelden ze naar het dichtstbijzijnde voetgangersverkeerslicht, zodat ze konden oversteken. Toen Jack naar de hoofdstraat van het stadje keek, werd hij weer getroffen door de charme van Hope's Crossing. Overal stonden replica's van oude gaslantaarns, en de trottoirs waren niet van beton maar keurig gelegd door stratenmakers. Het stadsbestuur leek echt zijn best te doen om het stadje mooi te houden. Veel plaatsen gooiden allerlei bouwstijlen en materialen door elkaar, maar hier waren ze heel zorgvuldig te werk gegaan.

Onder het houten uithangbord van de boekwinkel hield hij de deur open voor Maura en zijn dochter. Daarna liep hij zelf naar binnen om afscheid te nemen van Sage. 'Zullen we vanavond uit eten gaan? Hoe laat ben je klaar met werken?'

'Dat weet ik nog niet, maar kunnen we dat zo meteen afspreken? Ik moet al naar de wc vanaf het moment waarop Logan onze wentelteefjes bracht. Vind je het goed als ik eerst even ga plassen?'

'Eh... ja, natuurlijk.'

Ze glimlachte dankbaar en haastte zich door de winkel weg. Verbluft keek hij haar na.

Maura schoot in de lach. 'Typisch Sage. Sorry, Jack. Toen ze klein was, moest ik haar er al aan herinneren dat ze op tijd naar de wc moest gaan. Ze hield het altijd tot op het allerlaatst op, omdat ze het zonde van haar tijd vond om te gaan plassen. Ze was altijd bezig om met blokjes een fantastische wolkenkrabber te bouwen, of het huis van haar Barbie praktischer in te delen.'

Jack zag het bijna voor zich: een klein meisje met dansende donkere krullen, ernstige groene ogen en een vastberaden kin.

Zíjn kin. Weer voelde hij de pijn in zijn borstkas. Hij had heel veel gemist. Nee, hij had álles gemist. Balletuitvoeringen, verhaaltjes voor het slapengaan en voetbalwedstrijden.

De afgelopen dagen waren ronduit surrealistisch geweest. Hij had zichzelf altijd voorgehouden dat hij geen behoefte had aan een gezin. Zijn eigen jeugd was zeer turbulent geweest, beheerst door zijn moeders geestelijke problemen en zijn vaders groeiende ongeduld, frustratie en afstandelijkheid. In zijn hoofd was een gezin synoniem aan chaos en pijn. Hij had altijd gedacht dat hij niet naar een gezin verlangde, en dat hij het ook niet in zich had om een echte vader te zijn. Daarom had een gezin nooit onderdeel uitgemaakt van zijn toekomstplannen. Dat was een van de redenen geweest waarom hij zich zo tot Kari aangetrokken had gevoeld. Ze had altijd gezegd dat ze haar carrière veel belangrijker vond dan een kind.

Ze waren pas een paar maanden getrouwd toen Kari honderdtachtig graden was omgeslagen. Ze begon tijdschriften over baby's te kopen en vergeleek prijslijsten van wiegjes. Zelfs vóór die omslag had hij al geweten dat hij niet met haar had moeten trouwen. Ze baalde ervan dat hij veel reisde en dat hij lange werkdagen maakte. Ze had een hekel aan zijn vrienden en begon steeds meer te drinken. Zo had hij haar tijdens hun afspraakjes nooit meegemaakt.

Het zou een ramp zijn geweest om in die situatie aan een kind te beginnen. Ze gingen in relatietherapie, maar toen hij erachter kwam dat ze stiekem met de pil was gestopt, ging hij op de bank in zijn kantoor slapen. Twee weken later vroeg ze een echtscheiding aan, en een maand nadat ze officieel van elkaar waren gescheiden, trouwde ze met een collega van haar advocatenkantoor. Hij had dus altijd gedacht dat kinderen niet in zijn leven thuishoorden. Maar hoe meer hij over de jeugd van Sage hoorde, hoe meer het hem speet dat hij het allemaal had gemist.

Daar viel nu niets meer aan te doen. Hij merkte dat Maura hem gespannen aankeek en dwong zichzelf te glimlachen. 'Ik vind dat je een mooie winkel hebt.'

Ze hield haar hoofd schuin en bestudeerde hem, alsof ze wilde peilen of hij het werkelijk meende. Weer werd hij getroffen door haar broze schoonheid. Door het verdriet in haar ogen kreeg hij zin om zijn armen om haar heen te slaan en haar dicht tegen zich aan te trekken. Hij kreeg zelfs zin om haar te beloven dat hij altijd voor haar zou zorgen.

Dat was natuurlijk onzin. De fase waarin hij de prins op het witte paard had willen zijn, lag allang achter hem.

'Dank je,' zei ze uiteindelijk. 'Ik vind het ook een fijne winkel. Ik heb er vijf of zes jaar over gedaan om het er gezellig te maken, maar nu staat alles wel naar mijn zin.' Ze haalde haar gestreepte paarse sjaal van haar hals en trok haar jas uit voordat hij haar ermee had kunnen helpen. Ze hing de jas en de sjaal aan een kapstok tussen twee boekenplanken.

'Een boekwinkel en een koffietentje. Dat is heel wat anders dan je droom om een mijlpaal in de Amerikaanse literatuurgeschiedenis te schrijven.'

Het leek haar te verbazen dat hij zich die droom herinnerde. 'Dat valt wel mee. Ik schrijf nog steeds graag, maar ik doe het eigenlijk vooral voor mezelf. Ik heb gemerkt dat ik het heerlijk vind om me te omringen met boeken die door andere mensen zijn geschreven. En met de mensen die die boeken graag lezen.'

'Het gaat slecht in de boekenbranche, hè?'

Ze fronste haar wenkbrauwen en stak haar hand uit om een paar detectiveboeken recht te zetten. 'Ik denk niet dat het papieren boek ooit definitief zal verdwijnen. Er zullen altijd mensen blijven die graag een echt boek in hun handen hebben. We hebben een heel grote kinderboekenafdeling, en die wordt steeds populairder. Ouders komen tot de ontdekking dat kinderen ook af en toe een bladzijde moeten omslaan en niet alleen met een vinger over een scherm moeten strijken. Onze reisboeken zijn ook populair, net als de boeken voor tieners.'

Ze haalde haar schouders op. 'Hoe dan ook, ik heb gezorgd dat de klanten niet alleen voor de boeken naar mijn winkel komen, al is het nog steeds het beste adresje om bijzondere boeken te vinden. Dit is een plek geworden waar boekenliefhebbers graag komen. We hebben leesclubs, er komen schrijvers langs om boeken te signeren, er worden lezingen gehouden en een paar keer per maand hebben we avonden voor singles waarop ze gelijkgestemden kunnen ontmoeten.'

'Wauw. Je hebt iets indrukwekkends opgebouwd.'

Blozend zweeg ze. 'Sorry. Als ik eenmaal over mijn passie begin, hou ik niet meer op met praten.'

'Dat geeft niet. Ik hou van passie in een vrouw.'

Passie in ménsen. Dat had hij willen zeggen. Passie in het algemeen. Het was nu echter te laat om de zin terug te nemen. Ze keek hem geschrokken aan, en opeens leek hij het warm te krijgen. Zonder dat hij het wilde, zag hij hen verstrengeld op een deken bij Silver Lake liggen. De ratelpopulieren fluisterden om hen heen en de wind waaide zuchtend tussen de naaldbomen door.

Ze schraapte haar keel, en hij dacht dat hij haar nog roder zag worden. Waarschijnlijk had hij het zich verbeeld, want haar toon was een beetje scherper. 'Waarom blijf je in vredesnaam een paar weken hier, Jack? Je wilt hier helemaal niet zijn. Je hebt een hekel aan Hope's Crossing.'

Die discussie wilde hij nu niet met haar aangaan. Het zou het beste zijn om beleefd te glimlachen, iets neutraals te zeggen en in de boekenkasten te gaan snuffelen, maar op de een of andere manier kon hij dat niet. 'Als ik mijn dochter wil zien – de dochter over wie jij me niets hebt verteld – zal ik toch in de buurt moeten blijven,' zei hij zachtjes.

'Dat hoeft niet. Je kunt haar ook bezoeken als ze na de vakantie teruggaat naar Boulder. Of haar uitnodigen in San Francisco. Je hoeft niet hier te zijn.'

'Ik ga niet weg. In elk geval niet vóór de kerst.'

'Je bent vastbesloten om mijn kerst te bederven, hè?'

Ondanks zijn voornemen kalm te blijven, merkte hij dat hij geïrriteerd raakte. 'O, natuurlijk. Ik heb de hele nacht manieren liggen bedenken om jou terug te pakken voor het feit dat je me mijn dochter hebt onthouden. Je kerst bederven leek me de perfecte wraak voor twintig jaar doodse stilte. Zo'n rancuneuze rotzak ben ik wel, dat weet je toch?'

'Nee, dat weet ik helemaal niet,' riposteerde ze. 'Hoe moet ik nu weten wat voor een rotzak je tegenwoordig bent?'

'Daarmee insinueer je dat ik twintig jaar geleden al een rotzak was toen ik jou hier zwanger achterliet.'

'Dat heb ik niet gezegd.'

'Door de jaren heen heb je het waarschijnlijk vaak gedacht.' Dat was de kern van de woede die hij al sinds zijn lezing had voelen smeulen: de gedachte dat zij een hekel aan hem moest hebben gehad. Waarschijnlijk had ze hem zo gehaat dat ze hem niet wilde vertellen dat hij een kind had.

Door de jaren heen had hij vaak aan haar gedacht. Ze was zijn eerste liefde geweest, het zonnetje in zijn leven. Hun liefde was iets moois en positiefs geweest voor een jongeman die daar vreselijk veel behoefte aan had gehad. De gedachte dat zij zijn naam waarschijnlijk vervloekte omdat hij haar met een zware last had achtergelaten, was onverdraaglijk.

'Je hebt het me nooit verteld, Maura. Wat had ik dan moeten doen?'

'Je had aan me kunnen denken. In plaats daarvan vergat je me, alsof je blij was dat je alles wat wij hadden gedeeld achter je kon laten. Het was alsof ik niets voor je had betekend!' Zodra ze de woorden had uitgesproken, sloeg ze geschrokken een hand voor haar mond.

'Ik hield van je,' mompelde hij. 'Wat je ook verder van me denkt, je moet weten dat ik van je hield, Maura.'

'Maar je haat jegens je vader en Hope's Crossing ging dieper dan je liefde.'

'Maura...' begon hij, maar hij wist niet hoe hij die zin moest afmaken. Hij kon niets ter verdediging aanvoeren. Hij kon alleen maar zeggen dat hij jong en dwaas was geweest en dat hij ver van dit stadje iets van zijn leven had willen maken. Maar voordat hij de juiste woorden kon vinden, kwam er een nieuwe klant binnen.

Hij zag de man in een flits uit zijn ooghoek en draaide zijn hoofd om hem beter te kunnen zien. Meteen had hij daar spijt van. Had zijn vader soms een apparaatje waarmee hij hem steeds kon opsporen?

Hoofdstuk 5

'Heb je dat boek over speleologie al binnen?' De vraag rolde al chagrijnig uit Harry Langes mond voordat hij goed en wel binnen was, alsof alle medewerkers alleen maar op hem hadden staan wachten. 'Als ik het via internet had besteld, had ik het een week geleden al binnen kunnen hebben.'

Jack begreep meteen dat de woorden tegen Maura waren gericht. Waarschijnlijk had Harry haar zien staan toen hij binnenkwam. Het duurde nog twee tellen voordat zijn vader hém herkende, maar Jack zag precies wanneer dat gebeurde. Harry's mond zakte open en alle kleur gleed weg uit zijn gezicht, alsof iemand hem een stomp in zijn maag had gegeven.

Maura keek van Harry naar Jack en zette haastig een stap naar voren. 'Ik weet het niet, Mr. Lange. Dat moet ik even aan Ruth vragen. Zij doet de speciale bestellingen. Als u een momentje heeft, dan ga ik haar even halen.'

Harry leek haar niet eens te hebben gehoord. Hij bleef zijn zoon met open mond aanstaren, en in zijn ogen waren tientallen verwarrende emoties te lezen die Jack helemaal niet wilde zien. Hij kon dus geen bezoek aan het plaatsje brengen zonder zijn vader tegen te komen. Dit was al de tweede keer binnen een uur, dus het leek wel of het lot een grapje met hem uithaalde.

In zijn binnenste voelde hij de vertrouwde woede jegens zijn vader opwellen, maar nu hij met de man van vlees en bloed te maken had in plaats van met herinneringen, leek de woede minder fel te worden. Het was alsof de kleur ook uit zijn razernij was weggegleden.

'J-Jackson?' Harry's stem klonk gesmoord, alsof hij zich had verslikt in een van de pepermuntjes bij de kassa van Dermot Caines café.

'Harry.' Het woord kwam kil en afgemeten uit Jacks mond.

'Ik wist helemaal niet dat je terug was.'

'Ik ben in een opwelling gekomen.' En daar heb ik nu spijt van, voegde Jack er in gedachten aan toe.

'O. Hoelang blijf je...' Harry maakte zijn zin niet af, en even bedacht Jack dat zijn vaders vale kleur misschien niet alleen met zijn schrik te maken had.

'Dat weet ik nog niet.' Het zou beleefd zijn geweest als hij dichter bij zijn vader was gaan staan, want dan hoefden ze niet zo hard te praten. Hij kon zich er echter niet toe zetten naar Harry toe te lopen.

En Harry kwam natuurlijk ook niet van zijn plaats. In dat opzicht was hij niet veranderd.

Maura doorbrak de spanning. Ze kwam naar voren en zei: 'Mr. Lange, voelt u zich wel goed?'

'Nee,' zei Harry. 'Nee, ik voel me helemaal niet goed.' Hij viel naar voren alsof iemand hem een duw in zijn rug had gegeven. Hij stootte zijn heup tegen een tafel vol nieuwe boeken en stak zijn hand uit om zijn evenwicht te hervinden. Er vielen tientallen boeken op de grond, maar hij slaagde er niet in overeind te blijven.

Jack zag hem vallen, maar was te ver weg om hem op te vangen. Maura was dichterbij, maar zelfs zij slaagde er niet in de val te voorkomen. Er klonk een hard onaangenaam geluid toen de zijkant van Harry's hoofd tegen de rand van de tafel sloeg. Het geluid kwam zelfs boven het geroezemoes van de koffiebar uit, en het volgende moment viel Harry op de grond.

'Mr. Lange!' Maura knielde bij hem neer.

'Heeft hij zich erg bezeerd?'

'Geen idee. Mr. Lange!'

Maura draaide Jacks vader op zijn rug. Harry's gezicht was asgrauw en hij bewoog niet. Was hij dood? Had Jack zijn leven beëindigd door in Hope's Crossing te verschijnen? Jack bleef even stokstijf staan, verrast door zijn eigen emoties. Hij was geschokt en ontzet, maar ook aangedaan. Dat laatste verbaasde hem zeer.

'Hij heeft het bewustzijn verloren,' zei Maura. 'Word wakker, Mr. Lange!'

'Hij viel heel hard tegen die tafel.'

'Geef me je jas.'

'Waarom?'

'Geef me je jas, Jack!'

Met tegenzin gaf hij haar zijn jas, een op maat gemaakt leren jack dat hij in Italië had gekocht. Ze frommelde de jas op en legde hem onder Harry's hoofd. Zelfs daarvan werd zijn vader niet wakker.

'Harry, dit is belachelijk. Word wakker.'

Harry's oogleden knipperden even bij het geluid van zijn zoons stem, maar zijn ogen bleven dicht. Jack had zich nooit een voorstelling gemaakt van een hereniging met zijn vader, maar deze gebeurtenissen waren op zijn zachtst gezegd verbijsterend. Zijn vader lag bleek en doodstil op de grond.

'Harry!' blafte hij.

Dat leek te werken. Harry knipperde een paar keer en deed zijn ogen open. Het duurde een paar tellen voordat hij zijn omgeving scherp in beeld had, maar toen staarde hij Jack weer geschokt en ongelovig aan. 'Wat is er gebeurd?'

Jack stond met zijn mond vol tanden. Hij was verlamd door de jaren waarin hij alleen maar met bitterheid en haat aan deze man had gedacht.

'U bent gevallen,' zei Maura. Ze legde de jas nog wat beter onder zijn hoofd en leek niet van haar stuk te worden gebracht toen hij haar handen wegsloeg.

'Laat me met rust,' snauwde Harry. 'Ik hoef alleen maar even op adem te komen.'

Ze ging op haar hielen zitten en haalde een mobieltje uit haar zak. 'Oké. U moet alleen wel weten dat we kosten in rekening brengen voor slapen midden in de winkel.'

'Ha ha, heel grappig.'

Ze keek hem streng aan en begon toetsen in te drukken.

'Wat doe je? Leg dat ding weg! Wil je soms een foto van me maken, om me belachelijk te kunnen maken bij je vriendinnen?' Het baarde Jack zorgen dat Harry's stem ondanks de bijtende woorden zwak en krachteloos klonk. Daarnaast was zijn gezicht nog steeds krijtwit.

'Ik was niet van plan een foto te maken, maar ik vind het een leuk idee,' zei Maura.

'Wat ben je dan aan het doen?'

'Ik bel het alarmnummer. Ik vind dat ze u moeten nakijken in het ziekenhuis.'

Bij die opmerking leek Harry nog bleker te worden. 'Nergens voor nodig. Ik heb gewoon mijn evenwicht verloren, dat is alles.' Hij probeerde overeind te krabbelen, en nu moest Jack wel naar voren komen om Maura te helpen hem op de grond te houden. Toen Jack zijn arm pakte, haalde Harry scherp adem en keek zijn zoon aan met een blik die Jack niet kon peilen.

'U bent in mijn winkel onderuitgegaan,' zei Maura ferm. 'Ik wil niet dat u me kunt aanklagen wegens nalatigheid. Ik bel om een ambulance. Vertelt u de verpleegkundigen maar dat u dat onzin vindt.'

Harry scheurde zijn blik los van Jacks gezicht en probeerde narrig naar haar te kijken, maar koos er toen toch voor om zijn hoofd op de jas te laten rusten. Dat verbaasde Jack hevig. Harry Lange die zich gewonnen gaf? Dan moest er echt iets mis zijn met zijn vaders gezondheid. 'Heb je nu je zin?' vroeg Harry bitter. Het duurde een paar tellen voordat Jack begreep dat de woorden tegen hem gericht waren. 'Je zult het wel geweldig vinden dat je na al die jaren terugkomt en een zwakke, meelijwekkende oude man op de grond ziet liggen.'

Tot dat moment was Jack bezorgd geweest om zijn vader, maar nu droogde alle sympathie even snel op als een plasje water in de woestijn. 'Je bent niet oud,' zei hij.

Harry keek hem dreigend aan en richtte zijn blik daarna korzelig op Maura. 'Help me eens overeind. Er is niets met me aan de hand. Ik hoef hier niet op die stomme vloer te blijven liggen. Zet me dan tenminste in een van die makkelijke stoelen.'

Maura leek te aarzelen en keek naar het groepje nieuwsgierige klanten dat zich om hen heen had verzameld. 'Goed, maar in dat geval wil ik dat u blijft zitten tot de ambulance is gearriveerd. U mag de gelegenheid niet aangrijpen om de benen te nemen.'

'Heel geestig. Ik loop heus niet weg. Help me eens overeind.'

Met een zucht pakte ze een van Harry's armen, en ze gebaarde dat Jack de andere arm moest pakken.

Het liefst zou Jack haar negeren. Sterker nog, hij had zin om zijn achthonderd dollar kostende leren jas onder zijn vaders hoofd vandaan te trekken en de winkel uit te lopen. Uit fatsoen – en een belachelijk verlangen om niet voor aap te staan – deed hij echter wat ze had gevraagd. Hij kwam dichterbij en pakte Harry bij de arm.

Zijn vader was nog geen zeventig, en zonder die grauwe kleur zou hij er waarschijnlijk goed hebben uitgezien. Nu voelde Harry echter broos en zwak aan. Samen met Maura bracht Jack hem naar een van de fauteuils bij de afdeling reisboeken.

'Wat is er aan de hand?'

Jack keek op en zag Sage met een bezorgde frons naar hen kijken.

'Mr. Lange voelt zich niet zo lekker,' antwoordde Maura. 'Hij is flauwgevallen.'

'Helemaal niet,' grauwde Harry. 'Ik heb gewoon mijn evenwicht verloren. Als de wandelgangen in jouw winkel niet zo krap waren geweest, was er niets gebeurd.'

'Ziet u, u begint me nu al de schuld te geven. Moet ik soms mijn advocaat bellen?' zei Maura.

'Ik klaag je heus niet aan,' bromde Harry.

Je moet hem niet zomaar geloven, wilde Jack tegen Maura zeggen. Als Harry ergens een slaatje uit kon slaan, zou hij dat niet nalaten.

'O god!'

Maura knipperde met haar ogen bij het horen van haar dochters uitroep. 'Wat is er aan de hand?'

'Als Jack mijn vader is, is Mr. Lange dus mijn opa!' riep Sage.

Jack onderdrukte een hartgrondige verwensing. Wat had Sage een beroerd moment uitgekozen om dat hardop te zeggen!

Harry sperde zijn ogen open en keek van de een naar de ander. Nu trok alle kleur uit Maura's gezicht weg. Ze zag eruit alsof ze het liefst achter een boekenkast wilde wegkruipen, en Jack had zin om zich bij haar te voegen. Het was niet goed als Harry wist dat hij een kleinkind had. Hij zou het nieuws ongetwijfeld gebruiken om hen te manipuleren en er zelf beter van te worden.

'Wát?' vroeg Harry.

'Niets,' mompelde Maura. 'Probeert u maar een beetje te rusten.'

'Wie ben jij?' vroeg Harry aan Sage. Zijn dikke wenkbrauwen, die op harige rupsen leken, gingen omhoog.

'Dat is mijn dochter,' zei Maura vlug.

Harry kneep zijn ogen tot spleetjes. 'Jouw dochter is afgelopen lente omgekomen bij dat auto-ongeluk bij Silver Strike Reservoir. Ik was erbij. Ik heb het zien gebeuren.'

Dat was nieuws voor Jack. Wat had zijn vader met de dood van Layla Parker te maken?

'Dit is mijn oudste dochter, Sage.'

Jack wist dat hij zijn mond zou moeten houden. Het was onverstandig om Harry over Sage te vertellen, maar hij kende zijn vader goed genoeg om te weten dat de oude man net zo lang zou blijven zeuren tot iemand hem het verhaal vertelde. 'En mijn dochter,' zei hij uiteindelijk.

Maura keek hem verbaasd aan, alsof ze had verwacht dat hij dat zou ontkennen.

Harry staarde hem secondenlang aan. 'Is er een DNA-test uitgevoerd?' wilde hij weten.

Dat gaat je geen bal aan, wilde Jack zeggen. Hij wilde niet dat zijn vader bij deze complexe zaak betrokken werd, maar hij begon te beseffen dat hij het niet allemaal in de hand had. Harry zou Sage vaker kunnen zien dan hij, want híj woonde in Hope's Crossing. Straks zou Jack weer in San Francisco zijn, maar Harry kon Sage gewoon bellen als ze thuis was en met haar afspreken in het café, in zijn skioord of waar dan ook. 'Ze is mijn dochter. Daar ben ik van overtuigd, en daar draait het om.'

Harry deed zijn mond open om iets te zeggen, maar voordat hij iets had kunnen uitbrengen, vloog de deur van de boekwinkel open. Een paar stevige verpleegkundigen met koffers en een vastberaden blik renden naar binnen.

'Hier!' riep Maura. Ze zwaaide naar hen.

De twee mannen kwamen onmiddellijk naar hen toe.

'Ik hoef helemaal geen medische zorg,' bromde Harry.

'Nou, die krijgt u toch,' zei Maura. 'Hallo, Dougie.'

Een van de verpleegkundigen, een man die eruitzag alsof hij de halve boekwinkel kon optillen, grijnsde breeduit naar haar. 'Hoi, Maur. Wat is er gebeurd?'

'Misschien valt het mee, maar we weten het niet zeker. Het leek me beter om hem door jullie te laten nakijken.'

'Daar zijn we voor. Wat is er gebeurd?'

'Mr. Lange voelt zich niet goed. Hij is onderuitgegaan. We stonden te praten, en toen viel hij opeens. Ik denk dat hij tussen de dertig en zestig seconden buiten westen is geweest.'

'Ik ben helemaal niet flauwgevallen,' zei Harry. 'Ik had gewoon mijn evenwicht verloren.'

'En toen ging je een minuutje naar de Bahama's,' zei Jack.

'Het lijkt me hoe dan ook een goed idee om u even te onderzoeken,' zei de andere verpleegkundige.

'Dat vind ik ook,' zei Maura. 'Hij viel heel hard met zijn hoofd tegen een tafel aan.' Ze stapte opzij, zodat de mannen naar hun patiënt konden kijken.

'Komt het goed met hem?' vroeg Sage zachtjes.

Jack vermoedde dat zijn vader het de verpleegkundigen in de

ambulance erg lastig zou maken. Waarschijnlijk zou hij moppe-ren op hun rijkunst en op de brancard, die vast niet comfortabel genoeg was. 'Het is gewoon voor de zekerheid. Het komt vast goed met hem.'

Voor het eerst viel het hem op dat Sage ook een beetje wit om haar neus was. Het moest een rare situatie voor haar zijn. Opeens was tot haar doorgedrongen dat ze een kleinkind van de oude mopperpot was.

'Die brancard is nergens voor nodig.'

'Het spijt me, Mr. Lange, maar regels zijn regels.'

'Dat is belachelijk.'

'U mág de behandeling weigeren,' zei Dougie, Maura's vriend.

Jack verwachtte dat zijn vader dat onmiddellijk zou doen, maar na een korte stilte haalde Harry zijn schouders op. 'Nee, ik ga wel mee,' zei hij. 'Maar ik heb geen behoefte aan die idioten van de Spoedeisende Hulp. Bel dokter Osaka maar, en zeg hem dat hij naar het ziekenhuis moet komen.'

'Wat u wilt, *sir*.'

Even later slaagden de verpleegkundigen er eindelijk in om Harry op de brancard te krijgen. Met hun patiënt reden ze de winkel uit.

'Rij jij achter de ambulance aan?' vroeg Maura aan Jack.

'Hij heeft mij niet nodig. Dat heeft hij me wel duidelijk gemaakt.' Hij wendde zich tot Sage. 'Wij gaan dus vanavond uit eten. Hoe laat zal ik je halen?'

Ze leek nog steeds een beetje van slag te zijn, en hij kon zich voorstellen dat ze nu niet aan eten dacht. 'Ik ben van plan om tot een uur of vier te werken. Daarna ben ik vrij.'

'Wat dacht je van halfzeven? Ik haal je thuis wel op.'

'Goed, tot straks.'

Hij raapte zijn jas op en klopte hem af. Nadat hij hem had aangetrokken, knikte hij stijfjes naar Maura en liep de besneeuwde straten van Hope's Crossing op.

De ontmoeting met Harry was een ontnuchterende herinnering aan alle gedachten die door zijn hoofd waren gegaan. Wat wist hij nu van het vaderschap? Zijn eigen vader was afstandelijk geweest en had zich begraven in zijn werk. In Jacks tienertijd was Harry alleen maar harder geworden en had hij zijn zoon bijna wreed behandeld. Tegen de tijd dat Jacks moeder uit wanhoop, eenzaamheid en psychische verwardheid zelfmoord had gepleegd, had Harry helemaal geen moeite meer gedaan om een relatie met zijn zoon te krijgen. Eigenlijk had hij Jack alleen maar minachting getoond.

Misschien was het beter voor Sage als Jack nu uit haar leven verdween. Ze had zich immers nog niet aan hem gehecht, en ze had een moeder, een grootmoeder en een warme sociale kring hier in Hope's Crossing. Ze had hem toch helemaal niet nodig?

Hij dwong zichzelf die gedachten weg te stoppen. Hij had haar nog maar net gevonden, en het idee om nu weg te gaan, was onverdraaglijk. Hij wilde haar vader zijn, hoe beperkt zijn rol ook zou worden. Als dat betekende dat hij een soort wapenstilstand moest tekenen met Maura, dan zou hij dat doen. Ergens in die prikkelbare, verdrietige vrouw moest nog een spoor zitten van het grappige, intelligente, tedere meisje dat ze ooit was geweest.

Hij was bereid om naar dat meisje te zoeken.

Na alle consternatie rond de ambulance, de verpleegkundigen en een wankelende Harry Lange verliep Maura's dag deprimerend saai. Het was druk in de winkel, en ze moest zelfs een paar tieners aan de politie overdragen omdat ze hen op winkeldiefstal had betrapt, maar desondanks leken alle dagen hetzelfde. Morgen zou ze waarschijnlijk precies dezelfde problemen moeten oplossen.

Af en toe had ze veel zin om iets heel onverwachts te doen. De winkel sluiten en de hele dag gaan langlaufen, bijvoorbeeld, of een dag lekker winkelen in Denver. Soms had ze ook zin om de winkel een poosje dicht te laten en naar een afgelegen strand in Mexico te vertrekken. Natuurlijk was ze blij met haar baan en haar winkel, en ook de vaste indeling van haar dagen was prettig. Toch wilde ze er soms aan ontsnappen, ook in de drukste maand van het jaar.

Ze keek om zich heen. Het was bijna halfzeven en de meeste klanten gingen naar huis of naar een van de restaurantjes in Hope's Crossing. Over een uurtje zou het waarschijnlijk wel weer wat drukker worden, maar niet zo druk meer als die middag.

'Sierra, kunnen jij en Joe vanavond de kassa's bemannen?'

'Natuurlijk, Maur.' Haar werkneemster veegde een lok steil blond haar uit haar ogen. 'Op dit moment is er helemaal niets te doen. Ga jij maar lekker naar huis, dan kun je op je gemak eten en naar een of ander flutprogramma op tv kijken.'

Dat aanbod klonk heel verleidelijk, maar Maura wist dat ze nog minstens vier uur aan haar administratie zou moeten werken. Anderzijds had ze het altijd fijn gevonden dat ze als kleine ondernemer haar administratie thuis kon doen, desnoods met haar voeten op de salontafel. 'Dat lijkt me een heel goed idee. Bedankt voor je inzet vandaag.'

'Niets te danken. Tot morgen.'

Maura liep terug naar haar kantoortje om haar laptop te halen. In een opwelling ging ze zitten en pakte ze haar telefoon om het nummer van het plaatselijke ziekenhuis in te toetsen. Het was een kleine instelling die hooguit veertig patiënten kon verzorgen, maar het was een fijne voorziening voor Hope's Crossing en de omliggende dorpen. 'Ik wilde informeren hoe het met een van jullie patiënten gaat. Harry Lange,' zei ze tegen degene die de telefoon opnam.

'Bent u familie?'

Telde het mee dat ze de moeder van Harry's kleindochter was? Waarschijnlijk niet. 'Nee,' antwoordde ze.

'In dat geval mag ik u helaas geen informatie geven.'

'Dat begrijp ik. Kunt u me dan doorverbinden met zijn kamer?' Dat was een manier om erachter te komen of hij was opgenomen.

'Jazeker. Een ogenblikje, alstublieft.'

Hij was dus nog in het ziekenhuis. Ze wist niet waarom ze bezorgd om hem was, want hij was veeleisend, arrogant en onaardig. Tot haar ergernis merkte ze echter dat ze medelijden met hem had. In veel opzichten had hij van zijn leven een groot succes gemaakt, maar het was wel duidelijk dat hij diep ongelukkig was. Door zijn eigen keuzes was hij verzuurd, aanmatigend en erg eenzaam geworden.

Blijkbaar had hij ook geen zin om zijn telefoon op te nemen, want het toestel ging acht keer over voordat ze de receptioniste weer aan de lijn kreeg. 'Het spijt me, maar er wordt in de kamer niet opgenomen.'

'Dan probeer ik het wel een andere keer,' zei Maura. 'Dank u wel.' Ze legde de telefoon weg. Misschien kon ze hem een bezoekje brengen. Bij die gedachte verscheen er een frons op haar gezicht. Waarom zou ze dat doen? Hij was weliswaar in haar winkel onwel geworden, maar toch... Ze had helemaal niets met Harry Lange te maken. Ze zou hem moeten verachten, want hij was de reden geweest dat Jack was gevlucht voor de toekomst die ze samen hadden kunnen hebben.

'Problemen met een leverancier?'

Ze draaide haar hoofd toen ze haar moeders stem hoorde.

Mary Ella stond in de deuropening en zag er fris en aantrekkelijk uit. Ze droeg een coltrui en had haar leesbril aan een fleurige ketting om haar hals hangen. Maura had de ketting nog nooit eerder gezien, en ze besefte weer dat ze een gezegend mens zou zijn als ze er op Mary Ella's leeftijd nog zo goed en leuk uitzag.

'Nee, ik had het ziekenhuis aan de lijn. Ik wilde weten hoe het met Harry Lange was.'

Mary Ella's mooi gevormde wenkbrauwen verdwenen bijna in haar haarlijn. 'Dat is een uiterst verrassende mededeling. Wat is er met die koppige oude, eh… die oude man gebeurd? En waarom moet jij dan in vredesnaam bellen om te vragen hoe het met hem is?'

'Heb je het nog niet gehoord? Ik had gedacht dat het hele stadje al gonsde van de geruchten.'

'Ik heb thuis zitten werken aan de quilt die ik aan het maken ben voor de oudste van Rose. Ze komen volgende week, dus ik heb het ook druk gehad met schoonmaken. Ik heb vandaag nog niemand gesproken. Wat is er gebeurd?'

'Schiet je al op met je quilt?'

'Ja, maar wat is er met Harry gebeurd?'

Maura knipperde met haar ogen. Waarom wilde Mary Ella dat zo graag weten? Ze had een hartgrondige hekel aan Harry. Ze hadden al jaren ruzie, en als ze elkaar eens tegenkwamen, konden ze het nauwelijks verdragen om in hetzelfde vertrek te zijn. 'Vanochtend kwam hij in de boekwinkel om een besteld boek op te halen. Stomtoevallig liep hij binnen op het moment dat Jack wilde vertrekken. Misschien was het te veel voor hem om ineens tegenover zijn zoon te staan. Ik weet niet of het door de schrik of de afkeer kwam, maar hij struikelde en stootte zijn hoofd aan een van de boekentafels. Omdat hij even buiten bewustzijn is geweest, heb ik een ambulance gebeld.'

Mary Ella liet zich in een van de stoelen zakken. 'Gaat het weer met hem?'

'Dat willen ze alleen aan familieleden vertellen. Het ging wel weer toen de ambulance kwam. Hij zat rechtop en snauwde iedereen af voordat ze hem meenamen naar het ziekenhuis.'

'Waarom verbaast me dat niet?'

'Omdat Harry een nare man is. Jij zou de eerste moeten zijn die dat beaamt.'

'Ja, dat is waar,' mompelde Mary Ella.

'Het komt vast goed met hem. Voordat we het weten, banjert hij weer kribbig door Hope's Crossing.' Maura besloot een ander onderwerp aan te snijden. Ze had vandaag al genoeg gepiekerd over Harry Lange en zijn zoon. 'Wat brengt jou hierheen? Er is vanavond toch een kralenbeurs bij String Fever?'

Claires jaarlijkse kralenbeurs trok mensen uit de wijde omtrek. Op die avond verlaagde Claire heel veel prijzen en had ze spectaculaire aanbiedingen. Doorgaans was het een perfecte avond om even aan de stress van de feestmaand te ontsnappen. Daarnaast konden mensen in haar winkel nog wat laatste kerstcadeautjes kopen.

'Precies. Claire heeft me hierheen gestuurd om te vragen of je zin had om te komen.'

Maura weigerde zich schuldig te voelen dat ze dit jaar een keertje wilde overslaan. De avond ervoor had ze ook al haar boekenclub gehad, dus nu vond ze het wel weer even mooi geweest.

Ze speelde met de gedachte een smoesje te verzinnen, maar uiteindelijk besloot ze haar moeder de waarheid te vertellen. 'Mam, ik kan het even niet aan om iedereen weer onder ogen te komen. Dat komt door die hele geschiedenis met Jack. Daarnaast is het al een rotjaar sinds Layla... Nou ja, ik vind het niet makkelijk. En ik vind het vreselijk als er vanavond alleen maar over de relatie tussen Jack en mij wordt gepraat. Ik sla een keertje over. Doe heel veel liefs aan Claire. Volgend jaar ben ik er vast weer bij.' Dat hoopte ze echt.

'O, lieverd toch.' Mary Ella's lip trilde, en Maura hoopte dat haar moeder niet in tranen zou uitbarsten. Dan zou ze haar eigen tranen ook niet meer kunnen inhouden.

De spanning werd gelukkig doorbroken door een vreemd piepend geluid bij de deur. Het gezicht van Sage verscheen in de deuropening. 'O, gelukkig, je bent er nog. Ga je zo naar huis? Zo ja, mag ik dan meerijden?'

Maura keek verbaasd naar haar. Sage droeg haar korte rode jopper, maar die leek wel strakker te zitten dan anders. Had ze misschien een kerstcadeautje onder haar jas verstopt? Maura had een hekel aan geheimen, maar ze besloot er niet naar te vragen. 'Ik dacht dat je uit eten ging met je, eh... met Jack.'

'De plannen zijn gewijzigd. Hij belde vanmiddag om te zeggen dat zijn secretaresse een paar videovergaderingen had belegd. Daar kon hij echt niet onderuit. Hij voelde zich erg schuldig, maar ik neem hem niets kwalijk. We gaan morgenochtend samen ontbijten. Kort na het gesprek met hem belde Josie. Ze is voor de kerst naar huis gekomen, en ik ben de rest van de middag bij haar geweest.'

'Hoe gaat het met Josie? Vindt ze het leuk op Stanford?'

'Ja, heel leuk, maar ze kon eigenlijk alleen maar over haar nieuwe vriendje praten. Hij heet James. Niet Jamie of Jim of Jimmy, maar James. Hij studeert geneeskunde en hij klinkt verschrikkelijk saai.'

Maura zag dat Mary Ella op haar lip moest bijten om niet te lachen. Het lag op haar lippen om te zeggen dat haar dochter niet zo onaardig moest zijn, maar eigenlijk vond ze dat ze geen recht van spreken had. Zelf liet ze zich ook wel eens zulke dingen ontvallen.

'Heb jij geen saaie vriendjes over wie je het kon hebben?' vroeg Mary Ella.

De ogen van Sage kregen een gereserveerde uitdrukking. Die blik zag Maura ook altijd als ze Sage naar haar vriendjes vroeg. 'O, ik heb niet veel tijd voor gezelligheid. Ik moet mijn examens halen, want anders kan ik niet door met mijn lessen milieukunde.'

Er klonk weer een raar geluid. Het kwam zeer zeker uit de richting van Sage. Was het een oprisping? Bevreemd keek ze naar haar dochter, maar Sage had haar armen over elkaar geslagen en glimlachte naar hen.

'Josie is van plan haar afstudeerrichting te veranderen. Dat is toch niet te geloven? Dat is al de vierde keer.'

'Wees jij maar blij dat je altijd hebt geweten dat je architect wilt worden,' zei Mary Ella.

De bult onder de jas van Sage leek te bewegen, en ze reageerde alsof iemand haar had gekieteld.

'Voor de draad ermee, Sage. Wat is er aan de hand?'

Sage zette een onschuldige blik op. Zo had ze vroeger ook altijd gekeken wanneer Maura haar kamer binnen kwam en ontdekte dat ze op de muur had getekend. 'Waarom denk je dat er iets aan de hand is?'

'Vanwege die rare geluiden. Heb je last van spijsverteringsproblemen of zit er een buitenaards wezen onder je jas?'

Met een zucht maakte Sage haar jas open. Een harig bruin snuitje keek brutaal naar buiten. 'Josie heeft een jong hondje meegenomen uit Los Angeles. Het is een Shih Tzu. Ze wilde hem op haar studentenkamer houden, maar daardoor raakte ze in de problemen. Ze dacht dat ze haar ouders wel kon overhalen om hem te houden, maar zij hebben al drie honden en ze willen geen vierde.'

'O nee,' zei Maura. 'Geen sprake van.'

'Toe nou, mam. Kijk nou eens hoe lief hij is. Hoe kun je hier nu nee tegen zeggen?' Sage hield het jonge hondje vlak voor Maura's gezicht.

Het beestje leek wel een Ewok, schattig en lief. Toen Maura hem in de ogen keek, hield de pup zijn kopje schuin. Er leek wel een grijns op zijn snuit te verschijnen. In haar binnenste kwam iets kouds en hards los. Ze schrok er vreselijk van.

'Hij heet Puck. Vind je hem niet lief?'

'Sage, ik kan op dit moment echt geen jonge hond gebruiken. Ik heb er geen tijd voor! Ik werk twaalf uur per dag in de winkel.'

'Zolang ik thuis ben, zorg ik wel voor hem. Je hebt echt niet veel werk meer aan hem. Hij is al bijna zindelijk.'

Maura en Mary Ella kreunden tegelijkertijd. 'Bijna zindelijk' was vaak nog erger dan helemaal niet zindelijk.

'Ik dacht dat je hem wel kon meenemen naar je werk. Het is toch leuk als er in de winkel een hondje rondloopt?'

'Nee, helemaal niet.'

'Waarom niet? Claire neemt Chester mee naar de kralenwinkel, en Evie gebruikt Jacques zelfs voor therapie.'

Die twee honden waren niet jong meer en behoorden ook niet

tot een hyperactief ras van blaffertjes. 'Nee, Sage, dit is echt geen goed moment. Je gaat over een paar weken terug naar school en ik wil nog geen huisdier.'

Sage trok een pruillip en legde haar wang tegen het hondje aan. Ze was er echter het meisje niet naar om een wrok te koesteren. 'Mag hij dan tenminste tijdens de feestdagen bij ons blijven? Josie zei dat ze het ook nog wel aan een vriend in Californië kon vragen. Ze had hem eigenlijk willen meenemen, maar het huis van haar ouders puilt al uit van de logés. Haar vaders hele familie komt skiën, en haar moeder zei dat ze daar echt geen jonge hond bij kan gebruiken.'

Maura wist niet wat ze moest zeggen. Ze vond het vervelend om haar dochter teleur te stellen, maar hun leven was op dit moment al gecompliceerd genoeg. Jack was immers na al die jaren opeens komen opdagen.

'Het zal een mooie afleiding voor ons zijn, mam. Dan missen we Layla niet zo vreselijk met de kerst.'

Inwendig slaakte Maura een diepe zucht. Het was echt iets voor Sage om met het enige argument te komen waarvoor Maura door de knieën zou gaan. Het was lief dat haar dochter een manier probeerde te bedenken om het verdriet om Layla te verzachten. 'Vind je je vader niet genoeg afleiding?'

'Voor mij wel, maar niet voor jou.'

O, Maura was wel degelijk afgeleid door Jacks aanwezigheid in Hope's Crossing. Ze had de hele dag haar hoofd nauwelijks bij haar werk kunnen houden. Aandachtig bekeek ze het hondje. Oké, het was inderdaad een erg schattig beestje. Het kon geen kwaad om een paar weekjes op hem te passen. Er was geen hond meer in huis geweest sinds hun geliefde stokoude golden retriever naar de grote hondenmand in de hemel was gegaan. Dat was gebeurd toen Sage in de hoogste klas van de middelbare school zat. 'Alleen maar tot Josie weer naar Los Angeles gaat,' zei ze streng. 'En jij moet voor hem zorgen, ook als je in de winkel hebt gewerkt. Je moet zorgen dat hij eten en drinken heeft en je moet alle rommel achter hem opruimen. Ik meen het.'

'Je kunt op me rekenen, mam. Bedankt.' Sage gaf haar een kus op de wang. Dat uitgekookte hondje stak zijn kop naar voren en gaf haar ook een lik.

Twee dagen eerder had Maura's leven nog heel overzichtelijk geleken. Het was leeg en vol verdriet geweest, maar zonder al deze complicaties. Nu had ze te maken met Jack, de geheimen en het verdriet van haar dochter, en een hondje met een guitige snuit. 'Dat laatste is het allerbelangrijkste. Je moet alle rommel achter hem opruimen,' zei ze nog eens voor de duidelijkheid.

'Ik weet het, ik weet het. Ik zal het niet vergeten. Ik ga hem even aan Sierra en Joe laten zien. Roep je me als je naar huis gaat?' Sage gaf haar oma een kus en hield het hondje omhoog om hem te laten likken. Daarna was ze als een wervelwind verdwenen.

'Je gaat wel erg makkelijk overstag, schat,' plaagde Mary Ella.

'Ik weet het. Ik ben een doetje. Dat heb ik van jou, de vrouw die zich door haar kinderen drie honden, vier katten, een paar woestijnratten, een aquarium vol vissen en een flauwvallende geit liet aanpraten.'

'Ik mis die geit. Mijn tuin zag er veel netter uit toen hij nog het gras voor me bijhield. Misschien moet ik er weer eentje nemen.'

'Ik weet nog wel een hondje dat een nieuwe baas nodig heeft. Ik kan je alleen niet beloven dat hij gras eet.'

Glimlachend stond Mary Ella op. 'Ik moet gaan, al vraag ik me af of mijn oude vingers nog veel kralen aankunnen na de hele dag quilten.'

'Je gaat toch voor de gezelligheid? En voor het plezier en de roddels?'

'Dat is waar.' Mary Ella streelde haar dochters wang. 'Ik kijk uit naar de dag dat jij daar ook weer zin in hebt.'

'Die dag komt heus wel.' Vreemd genoeg had Maura zin om tegen haar moeders hand aan te leunen en haar tranen de vrije loop te laten, maar ze dwong zichzelf haar schouders te rechten. 'Als je nieuws over Harry hoort, wil je dat dan aan me doorgeven? Ik kan maar beter voorbereid zijn als hij me een proces aandoet. Mijn winkel is zo'n beetje het enige in dit stadje wat nog niet van hem is.'

Mary Ella glimlachte weer, maar Maura had durven zweren dat ze bezorgdheid in haar groene ogen zag.

Hoofdstuk 6

Een kleindochter.

Al die tijd had hij een kleindochter gehad, gewoon hier in Hope's Crossing.

Harry Lange verschoof onrustig in zijn ziekenhuisbed, zoekend naar een comfortabele houding. Hij had een hekel aan het ziekenhuis, ook al had hij het in de loop der jaren zoveel geld gegeven dat ze eigenlijk wel een vleugel naar hem hadden kunnen vernoemen. De overdreven vriendelijke artsen, de bemoeizuchtige verpleegsters en de onderdanige bestuursleden van het ziekenhuis waren allemaal al bij hem langs geweest om te informeren of hij goede zorg kreeg.

Dit was al de derde keer binnen een jaar dat hij naar het ziekenhuis had gemoeten om behandeld te worden. Bij elk bezoek nam hij zich voor om nooit meer voet over de drempel te zetten. Hij wilde hier alleen nog maar komen als hij naar het mortuarium in de kelder werd gebracht.

De meeste mensen in het plaatsje beschouwden hem als een rotzak, die pakte wat hij wilde hebben. Iedereen dacht dat Harry alleen maar deed waar hij zin in had. Dat was niet helemaal waar. Als dat zo was, zou hij nu het infuus uit zijn arm rukken, de hartmonitor opzijschuiven en vertrekken. Hij was dan wel een koppige man, maar hij was niet dom. Hij had een slecht hart. Dat was de harde, akelige waarheid. De artsen hadden er allemaal dure woorden voor, maar het kwam erop neer dat hij een waardeloze tikker had. Daarom lag hij nu hulpeloos in een bed, verzorgd door een stelletje idioten, terwijl zijn zoon voor het eerst in twintig jaar in Hope's Crossing was.

Jackson.

Het moment waarop hij de boekhandel in was gelopen en zijn zoon had zien staan, zou hij niet snel vergeten. Jackson had er sterk, knap en gezond uitgezien. Door de jaren heen had Harry Jack een aantal keren vanaf een afstandje bekeken. Zijn zoon had daar geen idee van gehad, want Harry kwam vermomd naar openingen van gebouwen die Jack had ontworpen of naar avonden waarop Jack prijzen kreeg uitgereikt. Harry zorgde dan altijd dat zijn zoon hem niet herkende. Die korte blikken op zijn kind waren tegelijkertijd heel fijn en uiterst pijnlijk geweest. Elke keer had hij ernaar verlangd om Jackson te spreken en langer te zien.

Hij stak zijn hand uit naar het flesje water naast zijn bed, de stomme slangetjes verwensend waarmee hij aan allerlei apparaten was vastgemaakt. Ja hoor, die suffe verpleegkundige had het flesje net buiten zijn bereik neergezet. Hij strekte zijn arm uit en probeerde het te pakken zonder uit bed te vallen. Op dat moment hoorde hij de deur opengaan.

'Kun je me misschien even een handje helpen, domoor die je bent?' blafte hij zonder zijn blik van het onbereikbare flesje af te wenden.

Er viel een lange stilte, tot een stem uiteindelijk zei: 'Nog altijd even charmant, hoor ik.'

Harry dreigde zijn evenwicht te verliezen en zou uit bed zijn gevallen als hij zich niet snel aan een buis had vastgegrepen. Zijn hart roffelde in zijn borstkas, en even was hij bang dat hij weer een angina pectoris-aanval kreeg – hij had nu al een jaar hartritmestoornissen – maar het volgende moment besefte hij dat het geroffel werd veroorzaakt door het feit dat hij zijn zoon in de deuropening zag staan. 'Mijn jongen.'

Jacks mond werd een dunne streep toen hij de woorden hoorde, maar hij liep naar het bed en pakte het flesje water waarnaar Harry had gegraaid. 'Wil je dit hebben?' vroeg hij.

Harry pakte het flesje aan. Hij voelde zich een enorme dwaas. 'Ja. Die domme verpleegsters zetten het altijd nét buiten mijn bereik neer. Waarom zet je water bij een patiënt als hij er niet bij kan?'

Jack zei niets, maar trok zijn wenkbrauw op.

Ook Harry had zich al afgevraagd of de verpleegkundigen het expres deden om hem terug te pakken voor zijn gedrag. Hij nam een slokje, wensend dat hij zijn zoon onder andere omstandigheden kon spreken. Hij voelde zich erg opgelaten in zijn rare ziekenhuishemd. 'Ik had nooit verwacht dat ik jou hier zou zien,' zei hij.

Jack haalde zijn schouders op. 'Noem het maar een rare opwelling. Misschien wilde ik wel kijken of je al bijna de pijp uit ging.'

Harry reageerde niet op die opmerking. Het was zijn eigen schuld dat zijn zoon zoiets kouds zei. 'Ik kan nog wel even mee. Volgens de artsen heb ik hartritmestoornissen. Ik krijg medicijnen, maar die werken niet zo goed als we hadden gedacht.'

Even liet Jack dat nieuws op zich inwerken. 'Moet je lang blijven?' informeerde hij.

'Een nachtje. Ze willen wat onderzoeken doen.' Als ze er niet achter konden komen wat de juiste medicatie voor hem was, moest hij naar Denver voor een behandeling met een defibrillator, maar dat besloot hij niet aan Jack te vertellen. In plaats daarvan sneed hij een ander onderwerp aan. 'Waarom heb jij in vredesnaam een dochter? Je bent altijd een slimme jongen geweest.

Had je er niet aan kunnen denken om voorzorgsmaatregelen te nemen?'

Jack slaakte een zucht. 'Het was voor mij ook een verrassing,' vertelde hij. 'Ik heb Maura twintig jaar niet meer gesproken. Ze heeft me nooit verteld dat ze zwanger was. Als ik het had geweten, had ik heus wel voor haar en de baby gezorgd. Elk kind verdient een vader die het voor hem of haar opneemt en bij de opvoeding betrokken is.' Die opmerking leek te impliceren dat Harry daarin had gefaald. Dat was ook zo, maar dat was niet het hele verhaal. Dat had Jack twintig jaar geleden nog niet begrepen.

'Dat meisje is een slim kind. Ik heb begrepen dat ze op de middelbare school de beste van de klas was en dat ze met een beurs naar Boulder is gegaan. Ze lijkt dus op je.'

Nu fronste Jack zijn wenkbrauwen. 'Hoe weet jij dat? Een paar uur geleden wist je nog niet eens wie Sage was.'

Harry had zo zijn bronnen. De hele middag waren ze bezig geweest om zo veel mogelijk informatie over zijn kleindochter te verzamelen. Op dit moment wist hij waarschijnlijk meer over Sage McKnight dan haar eigen moeder, en het deed hem goed dat zijn kleindochter zo'n veelbelovende toekomst voor zich had, ondanks haar jeugd bij dat rare mens van de boekhandel. 'Die moeder van haar, Maura, is een fraai portret. Een paar jaar na jouw vertrek kreeg ze een relatie met een rockster. Het schijnt dat hun huwelijk maar vijf jaar heeft geduurd. Dat was lang genoeg voor haar om nog een kind te krijgen. Dat meisje is begin dit jaar overleden.'

Er verscheen een geërgerde trek rond Jacks mond, waardoor hij ineens vreselijk op zijn moeder leek. Jacks dochter, Sage, had precies dezelfde mond. Harry had zijn bronnen ook om foto's van haar gevraagd. Toen hij die zag, was hij stomverbaasd geweest dat de gelijkenis met zijn zoon hem nooit eerder was opgevallen. Door de jaren heen had hij haar regelmatig in Hope's Crossing gezien. Ongelooflijk, dat je zulke voor de hand liggende dingen over het hoofd kon zien als je er niet op verdacht was.

'Dat ongeluk met dat meisje was een vreselijke tragedie,' vervolgde hij. 'Het gebeurde in april, en Hope's Crossing is de schok nog niet te boven. Mensen geven elkaar de schuld en proberen erachter te komen wat er nu precies misging. Ik kan je het verhaal wel vertellen. Niets nieuws onder de zon. Een paar dwarse tieners drinken wat alcohol, roken een paar joints en denken vervolgens dat ze onsterfelijk zijn en dat niets hen kan raken.' Dit verhaal wilde hij eigenlijk helemaal niet aan Jack vertellen. Harry had twintig jaar op de terugkeer van zijn zoon gewacht en had zich hun hereniging heel anders voorgesteld. Hij verschoof weer in zijn bed en streek de dekens glad. 'Maar goed, je bent hier niet gekomen om over een ongeluk te praten. Het gebeurde in een plaats waar je een hekel aan hebt, met mensen die je niet eens kent.'

Jack keek hem recht in de ogen. 'Eerlijk gezegd weet ik zelf niet waarom ik terug ben gekomen. Misschien had ik het beter niet kunnen doen. Ik kan maar beter gaan. Het spijt me dat ik je lastig heb gevallen.'

Nee, wilde Harry roepen. Nog niet weggaan!

Terwijl Jackson zich omdraaide, dacht Harry koortsachtig na hoe hij hem hier kon houden. Uiteindelijk zei hij het eerste wat in hem opkwam. 'Ik dacht dat je misschien in aanmerking wilde komen om het nieuwe sportcomplex van Hope's Crossing te ontwerpen.'

Jack lachte. Het was een kort blaffend geluid, dat allesbehalve geamuseerd klonk. 'Ik zit niet om werk verlegen, Harry. Het gaat heel goed met mijn bedrijf.'

Beter dan goed, dacht Harry trots. Hij wist dat zijn zoon een van de meest gerespecteerde architectenbureaus aan de westkust runde en dat hij de zaak met zijn eigen handen had opgebouwd. Natuurlijk kon hij niet hardop zeggen dat hij Jacks carrière nieuwsgierig had gevolgd. Vanaf de dag waarop zijn zoon was afgestudeerd, had hij hem nauwlettend in de gaten gehouden. 'Misschien dacht je dat je een streepje voor had omdat je familie van mij bent, maar dat is niet zo. Het is maar dat je het weet.'

Jack leek niet te weten of hij moest lachen of kwaad moest worden. 'Ik heb geen idee waar je het over hebt, maar zoiets zou ik nooit denken.'

'De plannen bevinden zich nog in de beginfase, maar ik kan je verzekeren dat het een heel groot project wordt. Het wordt een van de meest innovatieve complexen van het hele land, met mogelijkheden voor binnensporten en buitensporten. Als je wilt, kan ik je wel een prospectus geven, maar meer ook niet. Je moet niet denken dat je me op mijn sterfbed allerlei belangrijke informatie kunt ontfutselen.'

'Schei toch uit. Nu lig je opeens op je sterfbed.'

Harry haalde zijn schouders op. Nu hij al een jaar hartproblemen had, begon hij het gevoel te krijgen dat hij de dood in de ogen keek. Spijt was een nare metgezel voor een man van zijn leeftijd, vooral omdat hij altijd had gedacht dat hij onoverwinnelijk was. En hij had nergens zoveel spijt van als van zijn relatie met de man die nu naast zijn bed stond. Jack was een levende herinnering aan al zijn tekortkomingen. 'Als je informatie over het sportcomplex wilt, kun je contact opnemen met mijn secretaresse. Waarschijnlijk ben je zulke grote projecten niet gewend en is deze opdracht eigenlijk te zwaar voor je.'

'O, vast,' mompelde Jack.

Voordat Harry nog een opmerking kon bedenken, ging de deur open en kwam er een verpleegkundige binnen. In haar handen had ze een dienblad met zijn avondeten.

'Tijd om te eten en uw medicijnen in te nemen.' Ze knipperde verrast met haar ogen toen ze Jack zag staan. 'O, neemt u me niet kwalijk. Ik wist niet dat u bezoek had.' Ze keek zijn zoon lang en waarderend aan.

Ja, Jack was altijd al een knappe man geweest. Zelf had Harry er in zijn jeugd ook niet beroerd uitgezien.

'Dit is mijn zoon. Hij komt me bezoeken op mijn sterfbed,' zei Harry.

'Uw zoon? O.' De verpleegkundige keek stomverbaasd. Het was alsof Harry had gezegd dat Jack zijn huisdier was. Ze was zo jong dat ze waarschijnlijk niet eens wist dat hij een zoon had. In de tijd dat Jack was weggegaan, moest ze nog een kind zijn geweest.

Harry had twee decennia in zijn eentje in dat grote huis in de canyon gewoond. Twintig jaar. Veel te lang.

Een poosje had hij zichzelf wijsgemaakt dat hij het niet beter had kunnen treffen. Hij was ervan overtuigd geweest dat Jack een koppige, arrogante knul was, die niet in de gaten had hoe de wereld in elkaar stak. Jack wilde hem niet in zijn leven, en dat had Harry prima gevonden. Ongelooflijk, hoe een hartaanval je denkbeelden kon veranderen.

'Wat gezellig.' Ze glimlachte. 'Het spijt me dat u zo lang op uw eten hebt moeten wachten, maar ze waren in de keuken nog niet klaar. Maar goed, beter laat dan nooit.'

'Vind je? Ik begrijp nog steeds niet waarom ik niet naar huis mag bellen en mijn eigen kok iets lekkers mag laten brengen.'

'Die discussie hebben we tijdens uw vorige verblijf hier al gevoerd. U weet dat we bij uw eten goed moeten letten op zout, kalium en magnesium. Wat zou er gebeuren als we u lieten eten wat u wilde?'

'Dan zou het me misschien smaken,' mompelde Harry.

'Wat kunt u toch mopperen.' Ze verstelde wat aan zijn infuus en verving een paar zakjes.

'Ik zal je rustig laten eten,' zegt Jack.

Harry wilde zeggen dat hij het fijn vond als Jack bleef, maar hij wilde tegenover de verpleegkundige en zijn zoon niet zwak lijken. 'Bel mijn kantoor maar als je de prospectus wilt zien,' bromde hij.

Jack fronste, alsof hij wilde laten zien dat hij dat een lachwekkende opmerking vond, en daarna ging hij weg.

Harry was woedend op zichzelf. Wat mankeerde hem toch? Twintig jaar lang hadden ze elkaar niet gesproken, en nu ze elkaar eindelijk zagen, kon hij alleen maar een onzinnig gesprek voeren. Zou hij Jack ooit nog terugzien? Of was dit hun laatste ontmoeting geweest?

Hij lag in het ziekenhuisbed en liet zich verzorgen door de verpleegkundige, ondertussen wensend dat hij iets kon doen aan de pijn in zijn borst, die niets met zijn hartproblemen te maken had.

'Ziet alles er goed uit?'

Maura deed haar best om geruststellend naar haar dochter te glimlachen. 'Maak je maar niet zo druk, meisje. Die varkenslende ruikt verrukkelijk en smaakt waarschijnlijk nog beter. Ik ben ervan overtuigd dat het een heerlijke maaltijd wordt.'

'Ik begrijp niet waarom ik zo nerveus ben. Het is maar een etentje. Maar ja, het gaat wél om mijn vader.'

Ja, dat was Maura nog niet vergeten. Weer dwong ze zichzelf te glimlachen. 'Dat weet ik, maar het loopt vast allemaal prima.'

Het was drie dagen na de kerst en haar eetkamer zag er nog steeds heel feestelijk uit. Er was een guirlande in de kroonluchter gehangen en op de schouw rond de oude haard hingen nog meer guirlandes, die waren versierd met glanzende linten. Op de schouw stonden dikke, grote kaarsen. De tafel was gedekt met haar mooiste porselein, witte borden met subtiele blauwe randjes. Het was een oud chic servies, een huwelijkscadeau van de ouders van Chris. Het had ooit behoord aan Chris' oma van moederskant, die een van de oorspronkelijke zilverkoninginnen van Colorado was geweest. Na de scheiding had ze het servies terug willen geven aan Jennie Parker, maar haar voormalige schoonmoeder had gezegd dat ze het mocht houden en ooit moest doorgeven aan Layla.

Ze voelde een pijnlijke steek in haar hart bij die herinnering. Bijtend op haar lip weigerde ze toe te geven aan de emoties die in haar borstkas brandden. Ze wist dat de pijn nooit volledig zou verdwijnen, maar de afgelopen week had het verdriet weer rauw en vers geleken. Layla was altijd dol geweest op de feestdagen aan het einde van het jaar. Zij was degene geweest die na Thanksgiving al een kerstboom wilde optuigen, die met het kerkkoor langs de deuren ging om kerstliedjes te zingen en op kerstochtend voor dag en dauw wakker werd om naar beneden te rennen en naar de stapel cadeautjes te kijken. Zonder haar leken de feestdagen geen periode van hoop en vernieuwing, maar van intens verdriet.

Vooral kerstochtend was schrijnend geweest. Maura en Sage hadden hun best gedaan vrolijk te zijn toen ze elkaars cadeautjes openmaakten, maar Maura had gevoeld dat haar dochter net zo verdrietig was als zij. 's Avonds waren ze naar het grote rumoerige kerstfeest bij Mary Ella gegaan, waar al Maura's broers en zussen en hun kinderen zich hadden verzameld. Claire en Riley waren er met Owen en Macy, Angie en Jim met hun kinderen en Alex was er natuurlijk ook. Zelfs haar zus Rose was ondanks een sneeuwstorm vanuit Utah gekomen om met Kerstmis in Hope's Crossing en in Mary Ella's knusse huis te zijn. Maura vermoedde dat Rose en Michael speciaal voor haar waren gekomen, om haar tijdens haar eerste kerst zonder Layla bij te staan. Maura was ontroerd en vond het fijn om haar oudere zus te zien, maar soms vroeg ze zich af hoeveel medeleven ze nog kon verdragen.

Ze raakte de rand van een placemat aan en legde wat bestek recht. In gedachten ging ze terug naar het moment waarop Sage en zij van het lawaaierige feest waren thuisgekomen. Ze hadden in de woonkamer bij het vuur gezeten en naar de twinkelende lichtjes in de kerstboom gekeken. Buiten sneeuwde het zachtjes en binnen speelde de jonge Shih Tzu met een stukje kerstlint. Maura had zich kunnen beheersen, tot ze naar haar dochter keek en tranen over de wangen van Sage zag lopen.

'Ik mis haar zo,' had Sage zachtjes gezegd. 'Soms mis ik haar zo vreselijk dat ik het bijna niet kan verdragen.'

'Ik weet precies wat je bedoelt,' had Maura gezegd. Wat had ze anders moeten zeggen? Uit ervaring wist ze dat er geen troost voor dit verdriet bestond, dus ze had haar armen om haar dochter heen geslagen. Samen hadden ze gehuild om de wetenschap dat ze nooit meer een kerstfeest met Layla zouden vieren.

Vandaag had Sage geen tijd gehad om om haar zus te rouwen, want ze had het te druk gehad met boodschappen doen, schoonmaken en koken. Maura was blij dat ze afleiding had, ook al deed Sage al dat werk voor haar vader. Jack zou over een halfuurtje komen voor voorlopig de laatste avond met zijn dochter, omdat hij de volgende dag weer naar de westkust moest om aan het werk te gaan.

Nog één dag, dan was hij weer weg. Ze had hem nauwelijks gesproken sinds die ochtend dat ze samen waren gaan ontbijten. Tijdens zijn verblijf had hij Sage regelmatig opgehaald en thuisgebracht, maar hij was nooit lang blijven praten. Vanavond zou Maura voor het eerst sinds dat mislukte ontbijt in het Center of Hope Café met hem aan tafel zitten. Als ze had kunnen kiezen, was ze weggegaan en had ze vader en dochter samen laten eten. Ze had echter geen excuus kunnen bedenken om onder dit etentje uit te komen. Sage had haar speciaal gevraagd erbij te blijven. Misschien kon ze weer rustig ademhalen als hij weg was.

Ze keek naar de prachtig gedekte tafel, waar inmiddels niets meer op aan te merken was. 'Kan ik nog iets voor je doen?' vroeg ze.

Sage schudde haar hoofd. 'Nee. Jij hebt al de hele dag hard gewerkt. Jack komt pas over een kleine drie kwartier. Als je wilt, kun je een dutje gaan doen, of een boek lezen of met Puck spelen. Doe maar waar je zin in hebt, als je maar zorgt dat het iets ontspannends is. Dit wordt mijn cadeautje aan jullie. Mijn ouders.'

Inwendig kromp Maura ineen bij het horen van die laatste woorden, maar ze wist dat dat onzinnig was. Per slot van rekening wás Jack de vader van Sage. Toch voelde het raar om na al die jaren in één categorie met Jack te vallen. 'Weet je het zeker? Ik wil je met alle plezier helpen.'

'Heel zeker. Ik heb alles in de hand. Ga even lekker in de *hot tub*,' stelde Sage voor.

Dat idee stond Maura wel aan. Haar huis was niet luxueus ingericht, maar ze hadden buiten een *hot tub*, die over Woodrose Mountain uitkeek. Van tijd tot tijd genoot ze daar van het warme water, vooral wanneer het buiten zachtjes sneeuwde. 'Ik voel me schuldig als ik al het werk aan jou overlaat,' zei ze.

'Mam, wegwezen!' commandeerde Sage. 'Ik meen het. Je loopt me alleen maar voor de voeten. Ik heb alles onder controle.'

Maura wilde protesteren, maar ze begreep dat dat geen zin had. En eigenlijk had ze heel veel zin in de *hot tub*. Misschien kon ze zich in het warme water wel ontspannen en kracht verzamelen voor de beproeving die haar te wachten stond. 'Oké. Ik ben zo terug.'

'Neem de tijd,' zei Sage.

Eindelijk gaf Maura zich gewonnen, en ze haastte zich naar haar slaapkamer om haar badpak aan te trekken. Met een handdoek en het boek dat ze in januari met de boekenclub zouden behandelen, liep ze via de achterdeur naar buiten. Ze had het pad niet schoongeveegd na de laatste flinke sneeuwbui. Omdat ze teenslippers droeg, werden haar voeten ijskoud in het laagje verse sneeuw. Ze haastte zich naar de *hot tub*, maakte de deksel open en liet zich met een verrukte zucht in het warme water glijden. Pas toen ze in het water zat, besefte ze dat de ontspanning haar goeddeed. De stress van de feestdagen was haar bijna te veel geworden. Eigenlijk zou ze elke avond even in het bad moeten gaan zitten. Nu gebruikte ze de *hot tub* één of twee keer in de week, maar ze kon er natuurlijk veel vaker even in stappen.

Toen Chris hier nog woonde, had hij de *hot tub* in de achtertuin geïnstalleerd om zijn vermoeide ledematen te ontspannen na een dagje skiën. Na de scheiding was het Maura's toevluchtsoord geworden als ze even aan haar drukke leven met haar twee dochters wilde ontsnappen. Als de meisjes in bed lagen, zat ze hier vaak naar de sterren te kijken. Soms las ze een boek, en dan kwam ze weer helemaal tot rust. Dan was ze niet meer alleen moeder, maar werd ze weer een vrouw, die van de toekomst droomde en nadacht over de dingen in haar leven waar ze spijt van had.

Vanavond besloot ze het boek naast het bad te laten liggen. Ze zette de waterstralen aan, liet haar hoofd achteroverleunen en draaide haar gezicht naar de koele avondlucht. Omdat ze al weken onrustige nachten had gehad, viel ze bijna in slaap. Haar gedachten dwaalden af naar Jack en naar hun eerste vrijpartij op een deken in Silver Strike Canyon. Ze dacht aan verstrengelde ledematen, monden die elkaar hongerig kusten, twee onhandige tieners die worstelden met hun emoties. De opwinding en de passie, die tijdens hun weken samen alleen maar was gegroeid. Naast hen kabbelde de rivier, en in de verte krijste een roodstaarthavik.

Na zo'n twintig minuten kwam ze door het geluid van een blaffende hond weer terug in het verleden. Het was weer winter, en ze had even gedommeld. Haar vingers en haar tenen waren rimpelig van het water, maar ze was volledig ontspannen. Hoewel het tijd werd om weer naar binnen te gaan, wilde ze haar zoete herinnering op een bepaalde manier nog niet loslaten. Ze stond op, zette de waterstralen af en stak haar hand uit naar haar handdoek.

Op dat moment zag ze de volwassen versie van haar jeugdliefde voor het raam staan. Vanuit de woonkamer staarde hij naar haar. Ze lette niet meer op de damp die om haar lichaam heen kringelde. Haar lichaam verstijfde, maar tegelijkertijd voelde ze diep vanbinnen een smeulende warmte, die niets met de *hot tub* te maken had. Ze herinnerde zich haar droom, de opwinding en de heerlijke verwondering van hun samenzijn.

Na een paar lange geladen seconden slaagde ze erin het verleden van zich af te schudden. Ze draaide zich om en wikkelde de handdoek om haar lichaam. Met een druk op een knop sloot ze het bad af, en daarna schoof ze haar voeten in haar koude teenslippers. Door de sneeuw liep ze terug naar het huis. Haar gezicht was nu warmer dan de rest van haar lichaam. Ze was blij dat ze door de tuin naar haar eigen slaapkamer kon lopen en niet druipend door de rest van het huis hoefde te wandelen. Dat betekende namelijk dat ze Jack niet tegen hoefde te komen nu ze een badpak droeg. Al had hij haar natuurlijk allang door het raam gezien. Echt weer iets voor hem om te vroeg te komen!

Ze stapte vlug onder de douche om haar gêne en de chemicaliën van de *hot tub* van zich af te spoelen. Daarna trok ze een zachte grijze lange broek en haar favoriete getailleerde blouse aan. De blouse was bordeauxrood, en daarom koos ze er een ketting bij uit die Claire had gemaakt van stevig metaaldraad en turquoise met bordeauxrode kralen. Terwijl ze haar make-up bijwerkte en haar haar ontkrulde, hield ze zichzelf voor dat ze zich niet opdofte. Ze wilde er alleen maar leuk uitzien. En ze wilde zo lang mogelijk in haar slaapkamer blijven, natuurlijk. Uiteindelijk dwong ze zichzelf diep adem te halen en naar de keuken te lopen.

Jack stond met een schort voor bij haar kookeiland. Het was een schort van de chilikookwedstrijd van Hope's Crossing, met de tekst WE'RE SMOKIN' HOT erop. Met zijn slanke artistieke architectenhanden scheurde hij slablaadjes stuk, met Puck op de grond naast zich. Aan de andere kant van het kookeiland was Sage bezig aardappelpuree te maken. Ze gebruikte een ouderwetse stamper en haar oma's oude mosterdkleurige aardewerken schaal.

Maura tilde een wenkbrauw op en gebaarde naar de veel te aantrekkelijke man bij het kookeiland. 'Waarom heb je mij de keuken uit gestuurd en is Jack nu aan het werk met mijn favoriete schort voor?'

Sage haalde haar schouders op. 'Hij wilde per se helpen.'

'Ik ook, maar dat mocht niet van jou,' zei Maura.

'Waarschijnlijk ben ik overtuigender dan jij,' grapte Jack.

Daar twijfelde Maura niet aan. 'Ik had ook wel sla kunnen maken, hoor,' mompelde ze. Ze schaamde zich weer dat Jack haar in de *hot tub* had zien dommelen terwijl Sage hier in haar eentje aan het werk was.

'Ik ben al klaar,' zei hij. 'Zal ik dit op tafel zetten?'

'Ja. Ik ben ook bijna klaar. Mam, wil jij Puck naar mijn kamer brengen?'

'Jazeker. Dan heb ik tenminste ook nog wat gedaan,' antwoordde Maura droog. 'Oké, Puck. De keuken uit.'

Het hondje hield zijn harige kopje schuin en leek te pruilen toen ze hem optilde. Maura en de hond leken een soort overeenkomst te hebben gesloten. Hij bleef bij haar uit de buurt, alsof hij begreep dat er op dit moment geen plaats was in haar hart. Ze vond het niet erg dat hij bij hen logeerde, want ze wist dat Sage van hem genoot en goed voor hem zorgde.

Terwijl ze het hondje door de gang droeg, probeerde ze niet te genieten van het warme lijfje in haar armen. Puck jankte een beetje toen ze hem op het kleurige kleed in haar dochters kamer zette, want hij wilde duidelijk bij de maaltijd aanwezig zijn.

'Niet zo zeuren, joh. Besef je wel hoezeer je boft? Ik zou het liefst hier bij jou blijven,' mompelde ze.

'We kunnen aan tafel, mam!' riep Sage.

Ja, ze zou echt het liefst hier bij het hondje blijven. 'Sorry, Puck. Het is maar voor even,' beloofde ze. 'Na het eten mag je weer in de keuken.'

Blijkbaar voelde Puck dat ze het meende, want hij leek in zijn lot te berusten. Toen ze de deur dichtdeed, zocht hij een plekje om lekker te gaan liggen.

In de keuken had Jack het schort afgedaan. Hij zag er vreselijk aantrekkelijk uit in zijn bruine visserstrui en zijn spijkerbroek.

Haar maag begon langzaam te kriebelen, en tot haar grote schrik voelde ze warmte in allerlei lichaamsdelen die al veel te lang koud en leeg waren geweest. Dit wilde ze helemaal niet. Verdorie, waarom was hij toch naar Hope's Crossing gekomen? Ze was nog helemaal niet toe aan warmte, verlangen en een normaal leven.

'Wat is er? Ben ik iets vergeten?' vroeg Sage bezorgd.

Het drong tot Maura door dat ze fronste, dus ze trok haar gezicht snel in de plooi. Haar dochter kon er niets aan doen dat Maura's lichaam reageerde op een man die ze nog steeds veel te sexy vond. Sage had gekookt. Ook al voelde Maura zich nog zo slecht op haar gemak in Jacks aanwezigheid, ze mocht de maaltijd niet bederven. 'Nee hoor, schat. Ik bedacht alleen dat deze maaltijd nog uitgebreider is dan de kerstmaaltijd van je oma.'

'Dat valt wel mee.'

'Ik vind dat alles er fantastisch uitziet,' zei Jack.

Sage glimlachte breeduit naar hem, maar het viel Maura op dat haar dochter donkere schaduwen onder haar ogen had. Ook al probeerde Sage nog zoveel te slapen, die kringen leken maar niet te willen verdwijnen.

Ze gingen aan tafel en schepten alle heerlijkheden op. Eerst leek het gesprek te haperen en uit te doven als natte aanmaakhoutjes, maar Sage deed haar best om droge takjes en vlammetjes aan het vuur te blijven toevoegen.

'Jack heeft een kantoorgebouw in Singapore ontworpen. Hij gaat er over een paar maanden naartoe, als ze met de bouw beginnen. Geweldig, hè?' zei ze.

'Ja, geweldig,' mompelde Maura.

Jack trok een wenkbrauw op, maar zei niets.

'Wat is de mooiste stad waar ze een gebouw van jou hebben neergezet?' wilde Sage weten.

'De mooiste stad, hm... Die term is maar heel betrekkelijk. Vorig jaar heb ik een appartementencomplex in Seoel ontworpen. Dat was een interessante plek, maar daar selecteer ik mijn opdrachten niet op. Dat zou me gaan vervelen.'

Maura bestudeerde zijn gezicht en probeerde deze zelfverzekerde man te koppelen aan de hartstochtelijke jongen die ze had gekend. 'Je hebt alles bereikt waar je vroeger van droomde,' zei ze. Ze hief haar glas gingerale op, en hij deed hetzelfde. Zachtjes tikten ze hun glazen tegen elkaar, en daarna tegen dat van Sage.

'Eigenlijk heb ik een heel raar vak. Er is altijd wel weer een nieuwe bergtop die beklommen moet worden,' zei hij.

'Wat wordt je volgende piek?' Tot haar verbazing merkte Maura dat ze het echt graag wilde weten. Wanneer was ze voor het laatst ergens echt nieuwsgierig naar geweest?

Hij aarzelde even en liet het steeltje van zijn glas tussen zijn vingers heen en weer gaan. 'Je zult je vast afvragen of ik gek ben. Misschien ben ik dat ook wel. Ik weet niet eens waarom ik het überhaupt in overweging neem.'

'Waar heb je het over?'

'Hope's Crossing is van plan sportfaciliteiten te bouwen bij het stuwmeer.'

Sage zette grote ogen op. 'Echt waar?'

Hij knikte. 'Mijn, eh... Harry vertelde het toen ik hem opzocht in het ziekenhuis.'

Maura staarde hem verbluft aan. Was hij bij zijn vader op bezoek geweest? Als hij had gezegd dat hij die ochtend het ijzige Silver Strike-stuwmeer had overgezwommen, had ze niet verbaasder kunnen zijn. 'Is Harry daar ook bij betrokken?'

'Het klinkt misschien ongelooflijk, maar het is zijn land. Hij overweegt het terrein cadeau te doen aan de stad, zodat het sportcomplex daar gebouwd kan worden.'

Dat was nog verbazingwekkender dan de opmerking dat Jack zijn vader had bezocht. Harry's daden kwamen nooit recht uit het hart, omdat hij nu eenmaal geen hart bezat. Hij bemoeide zich alleen met projecten waaraan hij kon verdienen, en iedereen wist dat hij zich niet om de gemeenschap bekommerde. Aandachtig keek ze naar Jack. 'Ben je serieus van plan je ermee te bemoeien?' vroeg ze. 'Wil je iets doen voor het stadje dat je veracht?'

'Ik heb geen hekel aan het hele plaatsje. Dat heb ik nooit gehad.'

'Nee, alleen aan de inwoners.'

'Ik vind dat je overdrijft.'

Was dat zo? Hij had ongelijkheid en wreedheid om zich heen gezien, vooral in de manier waarop de mensen met zijn moeders geestesziekte waren omgegaan.

'En ik kan niet zeggen dat ik het hier de afgelopen weken vervelend heb gevonden. De meeste mensen waren aardig en hartelijk. Bij mijn B&B hadden ze vanochtend zelfs een cadeautje bij de muffins gedaan.'

Maura glimlachte. 'Laat me raden. Een sjaal. Lucy's moeder is een verwoed breister.'

'Het is een heel mooie sjaal, die ik goed kan gebruiken tijdens onze zomers in San Francisco. Het kan daar heel koud zijn als er vanaf de zee mist komt opzetten.'

Ze probeerde zich hem voor te stellen in San Francisco. Waar zou hij wonen? Riley had jarenlang in Oakland gewoond en was pas een jaartje geleden teruggekomen om hier politiecommissaris te worden. Maura was een paar jaar eerder met de meisjes bij hem op bezoek geweest. In het nabijgelegen San Francisco hadden ze allerlei toeristische dingen gedaan: de tram genomen, over de Golden Gate Bridge gewandeld en naar de zeeleeuwen op de werf gekeken. Misschien waren ze zelfs wel langs Jacks kantoor gelopen. 'Hope's Crossing is een leuke plaats,' zei ze na een paar tellen. 'Ik denk dat jij dat ook zou vinden als je hier weer een poosje woonde. We hebben zelfs een Engel van de Hoop.'

'Een Engel van de Hoop?'

'Dat is echt iets heel moois,' zei Sage. 'Er is in Hope's Crossing iemand die in het geheim mensen helpt. Daarbij tast hij diep in de buidel. Taryn Thorne, een van de klasgenoten van Layla die bij het ongeluk gewond zijn geraakt, kreeg een spelcomputer van de Engel, de versie waarvoor je geen afstandsbediening nodig hebt. Die zijn hartstikke duur. En de moeder van mijn vriendin Brooke, die in scheiding lag, ontdekte dat al haar vaste lasten in het geheim voor haar waren betaald.'

Dat intrigeerde hem. 'Hebben jullie geen idee wie die weldoener is?'

'Er gaan allerlei geruchten,' zei Maura. 'Je hoort de raarste verhalen. Persoonlijk vind ik het juist extra spannend dat we niet weten wie het is.'

'Bij ons is de Engel ook op bezoek geweest,' vertelde Sage. 'Toen Layla stierf, lag er een enveloppe met geld voor de deur, met een briefje erbij dat we het bedrag konden gebruiken voor de begrafenis. Als die al was betaald, mochten we zelf een goede bestemming bedenken. Mam en ik besloten het geld aan Habitat for Humanity te geven. Per slot van rekening bouwen zij huizen voor mensen met weinig geld, en ze zijn bezig met het realiseren van een project hier in het westen van Hope's Crossing.'

'Hier in Hope's Crossing? Een plaats waar ook skichalets van meer dan een miljoen dollar staan?'

'Een gemeenschap heeft méér nodig dan dure vakantiehuizen. We moeten ook mensen hebben die hier het hele jaar wonen, en die kunnen dergelijke huizen niet betalen,' zei Maura. Het was een kwestie waarvoor ze zich sterk wilde maken. Sinds de bouw van de luxueuze vakantiehuizen was Hope's Crossing veel duurder geworden, en veel oude mensen hadden hun huizen moeten verlaten omdat ze de grondbelasting niet meer hadden kunnen betalen.

'We proberen ons steentje bij te dragen aan het project,' zei Sage. Het viel Maura op dat haar dochter nauwelijks iets van de heerlijke maaltijd at. Ze had maar een klein stukje varkensvlees gegeten en maar één schepje van de puree die ze zo ijverig had gemaakt. Misschien vond ze het gewoon spannend om haar vader over de vloer te hebben. Of misschien had ze nog last van de griep die ze sinds haar komst naar Hope's Crossing onder de leden leek te hebben. 'Stel dat je dat sportcomplex gaat ontwerpen. Moet je dan heen en weer reizen tussen San Francisco en Hope's Crossing?' wilde ze weten.

'Ik weet nog niet eens of ik een ontwerp indien,' bekende hij. 'En áls ik het doe, is het ook nog niet zeker dat ik de opdracht krijg.'

'O, oké.' Lusteloos speelde Sage met haar eten. Met haar vork trok ze streepjes door haar puree. Ze deed haar best om achteloos te klinken toen ze vroeg: 'En morgen moet je weer weg. Wanneer zien we elkaar weer?'

'We bedenken wel iets,' zei hij zachtjes. 'Nu we elkaar hebben gevonden, raak je me niet meer kwijt.'

Maura legde haar vork neer, want opeens had zij ook geen honger meer. Het was maar goed dat Jack trek had, want anders had Sage zich voor niets uitgesloofd.

Hoofdstuk 7

Tijdens de rest van de maaltijd hadden ze het over de opleiding van Sage en de projecten van Jack. Hoewel het gesprek niet zo moeizaam verliep als Maura had gevreesd, was ze zich voortdurend bewust van een bepaalde spanning tussen Jack en haar. Die had te maken met hun ongemakkelijke situatie én met hun oude aantrekkingskracht. Ze wilde zich niet tot hem aangetrokken voelen, maar net als in hun tienertijd leek ze totaal geen greep op haar hormonen te hebben.

Sage bleef met haar eten spelen en Jack at vol smaak door, maar uiteindelijk legde iedereen zijn bestek neer. De beproeving was voorbij.

Glimlachend pakte Maura haar servet van haar schoot. 'Sage, je hebt de hele dag hard gewerkt. Ik stel voor dat Jack en jij lekker bij de open haard gaan zitten, dan ruim ik de keuken wel op.'

'Dan voel ik me schuldig, mam. Het is een puinhoop in de keuken.'

'Met z'n drieën hebben we alles zo opgeruimd,' zei Jack.

Ik wil geen groepje met ons drieën vormen, wilde Maura roepen. We hebben nooit bij elkaar gehoord. Toen Sage nog een klein meisje was, hadden Maura en zij met zijn tweeën een gezinnetje gevormd. Natuurlijk hadden ze hulp gehad van Maura's moeder en zussen, en ook Riley had altijd voor haar klaargestaan. Jack was er echter nooit geweest om haar te helpen met een ziek kind, zindelijkheidstraining of verhaaltjes voor het slapengaan. Nu kwam hij abrupt hun leven binnen met fantastische verhalen over zijn succesvolle carrière en zijn reizen over de hele wereld. Sage hing aan zijn lippen, maar Maura vond het allemaal vreselijk.

Daar schrok ze zelf van, en het drong tot haar door dat ze jaloers was. Simpelweg jaloers. Ze wilde niet dat Sage een goede band met Jack zou krijgen. Ze wilde de kalender een paar weekjes terugdraaien, naar een tijd waarin ze haar dochter nog niet met iemand had hoeven delen. Het was een enorme schok geweest om haar jongste dochter kwijt te raken. Nu had ze het gevoel dat ze haar oudste ook geleidelijk aan begon te verliezen. Maar omdat ze besefte dat ze het proces alleen maar zou versnellen als ze chagrijnig en rancuneus was, dwong ze zichzelf te glimlachen.

'Goed. Dan doen we het met z'n drieën. Ik vind het niet erg om in mijn eentje op te ruimen, maar samen gaat het inderdaad sneller.'

Ze ruimden de tafel af en zetten alle vuile borden in de vaatwasser. Daarna vulde Maura de gootsteen met afwaswater dat naar groene appeltjes rook en begon de pannen af te wassen.

'Waar vind ik een theedoek?' vroeg Jack, en Sage wees op een la in het kookeiland, waar een heel stapeltje lag. Toen hij zich uitstrekte om er een te pakken, streek zijn heup langs die van Maura. Maura verstijfde en rook heel even zijn opwindende mannelijke aftershave. Gelukkig was het moment weer snel voorbij. Jack droogde alles af wat Maura afwaste, en Sage borg alle schone spullen weer op.

Dit is een veel te knus tafereeltje, dacht Maura. We lijken wel een normaal gezinnetje dat een dagelijks ritueel doorloopt. Toen de afwas klaar was en het water wegliep, droogde ze haar handen af aan een handdoek die aan de deur hing. Ondertussen wenste ze dat de rommel in haar leven net zo makkelijk op te ruimen was als vuile vaat. 'Puck zal inmiddels wel genoeg hebben van de slaapkamer. Ik ga hem halen,' zei ze.

'Dat doe ik wel,' zei Sage.

'Dat hoeft niet, hoor. Blijf jij maar even gezellig praten met je... met Jack.'

Het hondje begroette Maura alsof hij haar maandenlang niet had gezien. Hij sprong op en danste uitbundig om haar heen. Het leek erop dat hij geen keffertje was, en daar was Maura erg blij mee. Ze tilde Puck op en keek vlug naar de gang om er zeker van te zijn dat Sage haar niet zag. Haar dochter mocht vooral niet de indruk krijgen dat ze het dier leuk vond en hem eigenlijk wilde houden.

'Je hebt je keurig gedragen, hè?' zei ze tegen het beestje. 'Ik zie nergens een plasje liggen. Brave hond,' mompelde ze. Ze hield Puck even bij haar gezicht en kreeg een warme lik over haar wang.

Door de ramen van de donkere slaapkamer zag ze dat het buiten sneeuwde. Dikke sneeuwvlokken kusten het koude glas van het raam. Ze was dol op dit soort stille, gedempte winteravonden. Die waren altijd zo vredig. Het drong tot haar door dat ze buiten wilde zijn, in de stilte. Hier in huis was de sfeer geladen en werd ze voortdurend geconfronteerd met al haar fouten.

Aan de zich verwijderende stemmen hoorde ze dat Jack en Sage naar de woonkamer liepen om bij de open haard te gaan zitten. Opeens wist ze niet of ze het kon opbrengen om bij hen te gaan zitten en nog een uurtje te babbelen.

'Zullen wij een wandelingetje gaan maken?' vroeg ze aan het hondje, blij dat ze een excuus had om even naar buiten te gaan. Puck kwispelde zo hard dat zijn staartje een wollige waas leek, en tot haar eigen verbazing hoorde Maura zichzelf lachen. Het was een geluid dat ze al lang niet meer had gehoord. 'Straks valt je staart er nog af. Kom, dan gaan we je riem en mijn jas pakken.'

Even later trok ze haar favoriete zwarte UGGs en haar parka aan. Nadat ze de riem aan de halsband van de hond had vastgemaakt, liep ze naar de woonkamer. Puck trippelde opgetogen om haar heen. 'Puck moet even naar buiten,' kondigde ze aan. 'Ik ga een ommetje met hem maken. We zijn zo terug.'

'Ga je in je eentje? Het is donker,' zei Jack met een bezorgde rimpel op zijn voorhoofd.

'Dit is Hope's Crossing, weet je nog? We zitten niet in San Francisco. Maar om je gerust te stellen, kan ik je vertellen dat ik een zaklamp en een busje pepperspray bij me heb.'

Hij kwam van zijn stoel. 'Na die heerlijke maaltijd lijkt het mij ook wel fijn om de benen te strekken. Wat vind jij ervan, Sage? Ga jij ook mee?'

Sage trok een lelijk gezicht. 'Doorgaans vind ik het heerlijk om 's avonds een wandelingetje te maken, maar het is een lange dag geweest. Op dit moment wil ik lekker bij de haard blijven zitten.'

Jack keek van Sage naar Maura en weer terug. Het was duidelijk dat hij niet goed wist of hij nu moest meegaan of bij het vuur moest blijven zitten. Per slot van rekening was het zijn laatste avond met zijn dochter.

Tot ongenoegen van Maura hakte Sage de knoop voor hem door. 'Gaan jullie maar even wandelen. Ik zit hier heerlijk. En ik had mijn kamergenote beloofd dat ik haar even zou Skypen, om haar te helpen met een essay dat ze deze vakantie moet afronden.'

'Weet je het heel zeker?'

'Ja. Gaan jullie maar. Het is trouwens zo koud dat jullie ook niet lang buiten zullen blijven.'

Dat betekende dat Maura met het gezelschap van Jack werd

opgescheept. Op zijn knappe gezicht was geen enkele reactie te zien. Waarschijnlijk vond hij het net zo onaangenaam als zij om samen te gaan wandelen zonder de buffer van Sage tussen hen in.

'Goed, ik pak mijn jas,' zei hij.

Terwijl Jack zijn sexy leren jas aantrok, trok Puck gretig aan de riem. Inmiddels was hij waarschijnlijk de enige die naar de wandeling uitkeek.

Toen ze buiten kwamen, zagen ze bij de huizen in de buurt overal lichtjes twinkelen. Samen liepen ze de stilte van de avond in. Maura vond dit altijd een wat melancholieke week. In de dagen tussen Kerstmis en Nieuwjaar borg niemand zijn kerstversieringen al op. Het was alsof de mensen de feeststemming nog een beetje wilden vasthouden. Zwijgend liepen ze naar de hoek van de straat, waar ze de bocht om gingen.

Jack was de eerste die de stilte verbrak. 'Sage is een geweldige meid,' zei hij.

Hun dochter leek het enige onderwerp te zijn waarover ze het eens waren. 'Ja, ze is fantastisch. Altijd met haar beide benen op de grond. Layla... Layla was veel emotioneler, een temperamentvol kind, vol vuur en passie. Dat was ze al vanaf haar kleutertijd. Haar stemmingen waren zo grillig dat ze als klein meisje al last van hormonen leek te hebben, maar zo is Sage nooit geweest.'

'Je kunt trots zijn op je opvoeding.' Hij zweeg even en leek zijn woorden met zorg te kiezen. 'Het moet soms moeilijk voor je zijn geweest in je eentje.'

Ze keek naar hem opzij om te zien of hij de woorden sarcastisch bedoelde, maar hij leek het oprecht te menen. Ze pakte Pucks riem wat steviger beet en merkte dat ze helemaal warm werd. 'Het was inderdaad soms moeilijk, maar ik heb het altijd graag voor haar overgehad.'

Het bleef secondenlang stil. Afgezien van hun krakende schoenen in de sneeuw hoorden ze alleen af en toe in de verte een auto passeren. Puck snuffelde in de bermen, en in het dal zagen ze de lichtjes van Hope's Crossing branden.

Weer was Jack degene die de stilte verbrak. 'Ik ben nog steeds razend dat je me nooit iets over de zwangerschap hebt verteld,' zei hij.

Ze slaakte een diepe zucht en haar adem vormde een grote witte pluim. 'Ik ben nog steeds razend op jou dat je nooit meer iets van je hebt laten horen. Je ging weg zonder je nog om mij te bekommeren. Wat dat betreft, staan we quitte.'

Tot haar verbazing schoot hij in de lach. 'Dat is waar. Ik stel voor dat we elkaar het recht gunnen boos te zijn en dat we nadenken over de vraag hoe het nu verder moet.'

'Je gaat morgen weg, Jack. Wat mij betreft hoeven we daar niet over na te denken.'

'Ik ben niet aan mijn kantoor gebonden. Ik kan overal werken. Ik denk erover om me een poosje hier, in Colorado, te vestigen. Zeker als ik me met dat sportcomplex ga bemoeien, lijkt me dat wel handig.'

'Echt waar? Zou je dat voor Sage willen doen?'

'Ik heb twintig jaar van haar leven gemist. Ik wil de rest liever niet missen.'

'Ze is een jonge volwassene, Jack. Ik denk niet dat ze een vader wil die op haar lip komt zitten.'

'Dat ben ik ook niet van plan. Ik wil gewoon in de buurt zijn. Voor het geval ze me nodig heeft.'

Ze voelde een zeurende pijn in haar borst bij het horen van de spijt in zijn stem. Had ze tijdens haar zwangerschap meer moeite moeten doen om hem te bereiken? Ze had nooit getwijfeld aan haar beslissing om hem niets te vertellen, maar nu begon ze zich af te vragen of dat wel een rationeel besluit was geweest. Had ze zich misschien laten leiden door haar eigen verdriet, de gevoelens van een onvolwassen, gekwetst meisje? Was ze destijds misschien boos geweest omdat ze meer van hem had gehouden dan hij van haar? 'Jij bent ook volwassen,' zei ze. 'Als jij je leven overhoop wilt gooien in een poging de verloren tijd in te halen, kan ik je niet tegenhouden. Ik denk dat Sage je niet voortdurend om zich heen wil hebben, maar ik weet zeker dat ze het fijn vindt als je bereikbaar voor haar bent.'

Hij stopte zijn handen in zijn zakken en knikte. 'Dank je. Ik vind het fijn dat je dat zegt. Ik probeer alles nog op een rijtje te zetten.' Hij ademde hoorbaar uit. 'Ik heb altijd van deze buurt gehouden. Telkens wanneer ik aan Colorado terugdacht, dacht ik aan deze berg, in de zomer. Dan zag ik de bomen waarvan de takken in het water hingen, de rivier die over het mos stroomde en de bergen om me heen. Ik was vergeten hoe mooi het hier in de winter is.'

Tot haar verbazing zag ze dat ze naar Sweet Laurel Falls waren gelopen, een van de plekken waarvan ze het meest hield. Er liep een pad langs Sweet Laurel Creek en er waren bankjes neergezet op plaatsen waar je de watervallen kon zien. De watervallen waren niet hoog, maar heel schilderachtig. Het water van het riviertje stroomde ruisend over de hoogteverschillen op de berg.

Samen stonden Maura en Jack op de met sneeuw bedekte voetgangersbrug bij een van de onderste watervallen. Door het mos dat op de stenen groeide, zag het water er heldergroen uit. De kleur vormde een opvallend contrast met de sneeuw langs het water en het ijs dat zich aan de randen had gevormd.

'Over een paar weken is die hele waterval weer bevroren en sijpelt er nog maar een heel klein stroompje achterlangs,' zei ze. Op dit moment voelde ze zich net als die bevroren waterval, waarin nog maar heel weinig leven stroomde.

'Dat lijkt me een prachtig gezicht.'

Zwijgend bleven ze een poosje naast elkaar staan, met hun ellebogen op de leuning. De maan kwam achter de grijze sneeuwwolken vandaan en wierp bleek licht en schaduwen over het water. Jacks geur, een mengeling van leer en cederhout, streelde Maura's neusgaten. Ze had zin om zich naar hem toe te buigen en de geur op te snuiven. Ze wilde zich koesteren in zijn warmte. Als ze haar hoofd draaide, zouden hun monden op hetzelfde niveau komen. Zou hij nog net zo smaken als vroeger? Geschokt probeerde ze die gedachte van zich af te zetten. O nee. Geen sprake van. Ze was er nog lang niet klaar voor om dat ijs te laten ontdooien. Ze ging iets verder weg staan en voelde de kou op de plaats waar hun lichamen elkaar bijna hadden geraakt.

'Misschien moeten we maar eens teruggaan. Ik denk dat Pucks pootjes bijna bevroren zijn. Ik had hem schoentjes moeten aantrekken.'

Een paar tellen lang keek hij haar met een onpeilbare blik aan, en ze kon alleen maar hopen dat hij niet wist welke idiote gedachten door haar hoofd hadden getuimeld. 'Gun dat beest alsjeblieft nog enige waardigheid,' zei hij. 'Geef hem maar.' Voordat ze besefte wat hij deed, had hij zijn hand uitgestoken naar de riem. Hij tilde Puck op en ritste met zijn andere hand zijn jack open. Terwijl Maura geamuseerd toekeek, stopte hij het hondje onder zijn jas. Alleen het kopje van Puck stak nog boven de rits uit. Het hondje keek bijna tevreden naar Maura, alsof hij nu precies zijn zin had.

'Is dat de manier waarop jij een hond zijn waardigheid gunt?' plaagde ze.

Hij trok een lelijk gezicht, waarna ze aan de terugweg begonnen. Vlokjes daalden op hen neer terwijl ze in een vriendschappelijke stilte naar haar huis wandelden.

'Heb je zin in warme chocolademelk voordat je teruggaat naar je B&B?' vroeg ze bij haar voordeur. Eigenlijk vroeg ze het alleen maar uit beleefdheid; hij was immers zo aardig geweest om de hond te dragen.

'Dat lijkt me heerlijk. Dank je. Wij klagen altijd over onze koude zomers in San Francisco, maar ik moet zeggen dat het eind december hier in de Rocky Mountains nog wel even wat kouder is.'

Ze deden de deur open en Jack haalde Puck onder zijn jas vandaan. Nadat hij de riem had losgemaakt, zette hij de hond op de grond neer. Pucks nagels krasten op de hardhouten vloer toen hij naar de keuken liep om water te drinken. Maura deed haar jas uit, hing hem in de kast en ging op zoek naar haar dochter. Sage lag languit op de bank in de woonkamer te slapen. Op de achtergrond stond de televisie zachtjes aan.

Hè, verdorie. Als ze even had gewacht met haar uitnodiging, had ze haar slapende dochter als excuus kunnen gebruiken om Jack weg te sturen. Nu moest ze nog wat meer tijd met hem doorbrengen.

'In diepe rust,' zei hij zachtjes. Ze keek opzij en zag dat hij achter haar aan was gelopen. Bij het zien van de tedere blik waarmee hij naar zijn dochter keek, voelde ze haar maag weer samenknijpen. Misschien was het toch niet zo'n slecht idee als hij voortaan deel uitmaakte van zijn dochters leven.

Sage had haar herinnerd aan iets wat ze vroeger altijd zei: dat een kind nooit te veel mensen om zich heen kon hebben die van hem of haar hielden. Waarschijnlijk was dat ook echt zo. Jack gaf nu al om Sage. Hoe kon Maura daar in vredesnaam bezwaar tegen hebben?

Voordat ze iets kon zeggen, hoorde ze weer nageltjes op de vloer tikken. Puck had water gedronken en had duidelijk zin in plezier maken. Hij rende de kamer in, op weg naar de bank. Voordat Maura hem bij zijn halsband kon pakken, sprong hij op de benen van Sage.

'Puck!' mopperde het meisje slaperig, de hond van haar benen duwend.

'Sorry. Hij was sneller dan ik,' zei Maura.

Sage draaide haar hoofd naar de deur en knipperde met haar ogen. 'O, jullie zijn weer terug.'

'Sorry dat we je wakker hebben gemaakt.'

'Dat maakt niet uit. Ik kon Michelle niet bereiken, het meisje dat ik met haar essay zou helpen. Daarna ben ik in slaap gevallen. Ik heb toch niet lang geslapen, of wel? Hebben jullie lekker gewandeld?'

Maura dacht aan die vreemde momenten bij de waterval, toen ze in de verleiding was gekomen om Jack te kussen. 'Eh... ja hoor. Ik ga warme chocolademelk maken. Wil jij ook een beker?'

'Graag. Dank je wel.' Sage ging rechtop zitten en rekte zich uit. Daarbij kroop haar shirt een stukje omhoog. Er verscheen een rimpel op Maura's voorhoofd. Haar dochter was aangekomen sinds ze in augustus naar school was teruggegaan. Maura hoopte maar dat ze het verdriet om Layla niet probeerde weg te eten.

Mary Ella stond er altijd op om op de ouderwetse manier chocolademelk te maken, maar daar had Maura niet genoeg tijd en geduld voor. Zij kocht altijd dure zakjes, waar alleen nog maar water bij hoefde. Als het mengsel in de magnetron was opgewarmd, smaakte het net zo lekker als echte chocolademelk.

Ze maakte voor hen alle drie een beker klaar en droeg die op een dienblaadje naar de woonkamer. Jack glimlachte dankbaar toen ze hem een beker gaf, en zij probeerde de kriebels te negeren die ze voelde toen hun handen elkaar raakten. Sage nam maar een klein slokje van haar chocolademelk voordat ze haar beker neerzette. Daarna haalde ze diep adem en keek ze van de een naar de ander.

'Goed, ik moet met jullie allebei praten. Ik had namelijk een reden om Jack uit te nodigen te komen eten. Ik had er al aan tafel over willen beginnen, maar ik wilde jullie maaltijd niet bederven.'

Maura kreeg een akelig gevoel in haar maag. Ze had geen idee wat haar dochter hun wilde vertellen, maar ze had het zich dus niet verbeeld dat Sage tijdens het eten met haar gedachten ergens anders leek te zijn. Ze zette haar beker neer en pakte de hand van Sage. 'Wat is er, schat?'

Sage gaf haar een kneepje in haar vingers en legde vervolgens haar handen op haar schoot. 'Ik ga volgende week niet terug naar school.'

De bezorgdheid veranderde in een diepe, kreunende zucht. Hier hadden ze de hele zomer al over gekibbeld. Na Layla's dood was Sage naar huis gekomen om bij Maura te zijn. Ze had een semester vrij willen nemen om in de winkel te helpen.

'O jawel, je gaat wel terug,' zei Maura. Het was alsof ze weer terug waren bij de gesprekken die ze in augustus hadden gevoerd. 'Je hebt een beurs.'

'Dat weet ik, mam. Daar ben ik me maar al te zeer van bewust. Dat is nu net de reden dat ik een semester vrij wil hebben. Ik heb de afgelopen periode erg slechte cijfers gehaald. Zorgwékkend slechte cijfers. Het zal me nu al moeite kosten mijn beurs te behouden, maar als mijn resultaten niet beter worden, kan ik niet door naar de universiteit.'

'Ik geloof mijn oren niet. Ga je nu op de vlucht voor een moeilijke uitdaging?'

'Ik ga niet op de vlucht! Ik heb er goed over nagedacht. Vóór de vakantie heb ik met mijn studiebegeleider gepraat, en zij zei dat het geen probleem voor mijn beurs oplevert als ik een semester wegblijf. Ik kan online een paar vakken volgen waarmee ik mijn cijfers kan opkrikken. Dan kan ik me komende herfst weer volledig op mijn studie storten.'

'Geen sprake van.' Maura vond het bijzonder vervelend om deze discussie te voeren waar Jack bij was, maar ze was niet van plan Sage haar dromen te laten opgeven.

'Mam, luister alsjeblieft naar me.'

'Waarom zou ik? Je bent erg onredelijk. Je hebt een kans uit duizenden gekregen. Je bent wel gek als je die weggooit.'

'Ik gooi helemaal niets weg. Vertrouw me nu alstublieft. Ik weet wat ik doe. Ik vertel je zelfs dat ik online vakken wil volgen, maar je wilt niet eens naar me luisteren. Als het om school gaat, ben jíj degene die onredelijk is.'

Maura drukte haar nagels in haar handpalmen en verbeet haar scherpe reactie. Waarschijnlijk had Sage daar gelijk in. Zelf had ze geen gelegenheid gehad om te gaan studeren. Ze had als caissière in de supermarkt gewerkt en voor haar dochter gezorgd. Misschien vond ze het daarom zo belangrijk dat Sage alle kansen greep die haar werden aangeboden. 'En wat wil je hier dan gaan doen? Als barista gaan werken in mijn winkel?'

'Je doet net alsof dat iets vreselijks is. Ik vind het leuk om in de koffiehoek te werken, mam.'

'Maar niet de rest van je leven. Je had grotere dromen.'

'Dat klopt. En die zal ik nooit kunnen realiseren als ik geen hogere cijfers haal. Ik ben er op dit moment met mijn hoofd niet bij.'

Zorg dan dat je je concentreert, wilde Maura roepen, maar ze wist dat dat geen zin had. Zo'n opmerking zou de spanning alleen maar groter maken.

'Ik stel voor dat we allemaal rustig blijven,' zei Jack.

Maura had zin om hem een klap te geven. Ze wilde zeggen dat hij het recht niet had om hier binnen te vallen en alles opeens te veranderen. Hij had niet twintig jaar lang hard gewerkt om Sage een goede toekomst te geven. Hij had zijn dochter niet aan de keukentafel geholpen met wiskunde, en hij had ook niet haar boekverslagen nagelezen of samen met haar de aanvraag voor haar beurs ingevuld. Ze dreigde boos te worden, tot ze zich herinnerde dat zijn afwezigheid niet zíjn keuze was geweest. Daardoor voelde ze de woede uit zich glijden. 'Ik denk dat je een grote fout maakt, schat,' zei ze terwijl ze moeite deed om rustig te blijven. 'Als je er een poosje uit stapt, wordt het alleen maar moeilijker om de draad weer op te pakken.'

'Ik weet dat je je daarover zorgen maakt. Ik weet ook dat je nooit zult toestaan dat ik een halfjaar niets uitvoer. Je wilt niet dat ik bij je in de kelder woon en de hele dag met vriendinnen op de bank hang. Je zou me dwingen mijn studie weer op te pakken.'

'We hebben geen kelder,' mompelde Maura.

'Bij wijze van spreken, mam.' Sage kwam van de bank en liep naar haar toe. Toen ze haar armen spreidde, kon Maura haar alleen maar omhelzen. 'We willen allebei hetzelfde voor mij. Ik wil architect worden. Dat is niet veranderd. Sterker nog, ik wil het liever dan ooit. Ik ga heus terug naar school en ik maak mijn studie af. Er is alleen erg veel gebeurd dit jaar. Ik ben de schok van Layla's dood nog niet te boven, en nu heb ik Jack gevonden. Ik heb tijd nodig om alles te verwerken.'

Waarom moest ze zo vreselijk redelijk klinken? Hoe kon Maura daar nu iets tegen inbrengen?

'Ik heb wel een oplossing,' zei Jack.

Sage hield haar wang nog steeds tegen die van Maura gedrukt, maar nu keek ze opzij. 'Wat dan?'

'Je kunt voor mij komen werken als je de komende maanden niet naar school wilt. Bij Lange & Associates kun je veel leren en alvast ondervinden hoe het is om te werken op een architectenkantoor. Dan weet je of een baan als architect echt is wat je wilt. En het voordeel voor mij is dat ik mijn dochter een beetje beter kan leren kennen.'

De mond van Sage viel open en ze maakte zich van haar moeder los. 'Echt waar? Dat lijkt me geweldig!' Ze keek alsof ze zojuist de loterij had gewonnen én een cruise rond de wereld kreeg aangeboden.

Maura, daarentegen, kreeg kramp in haar maag. De kamer leek om haar heen te tollen en ze werd misselijk. Ging Sage naar San Francisco? Ze wist niet of ze dat kon verdragen. Riley had er een aantal jaren gewoond en was veranderd toen hij terugkwam. Hij was harder geworden, nijdiger, en op de een of andere manier beschadigd. Goed, hij had als politieman undercover gewerkt in een van de gewelddadigste gebieden van het land, en dat had hem natuurlijk niet onberoerd gelaten. Sage zou ergens op kantoor gaan werken, en Jack kon haar in de gaten houden. Dat was iets heel anders dan de ervaringen die Riley had opgedaan. Toch ging ze zich van die wetenschap niet beter voelen. Ze dwong zichzelf een slokje chocolademelk te nemen en greep de beker zo stevig vast dat haar knokkels wit werden.

'Dat is toch een fantastisch voorstel? Mam?' vroeg Sage toen Maura niet meteen reageerde.

Wat moest ze daar nu op zeggen? 'Het is inderdaad een interessant voorstel. Maar op dit moment lijkt Californië heel ver weg.' Ze voelde dat Jack indringend naar haar keek en probeerde een neutrale blik op te zetten om haar verwarrende emoties te verbergen. Ze kon zich echter niet voorstellen dat ze daarin slaagde.

'Ik had het niet over mijn kantoor in San Francisco,' zei hij. 'Daar heb ik al voldoende goed personeel. Maar als ik een tijdelijk kantoor in Colorado open, heb ik hier hulp nodig.'

'Wil je híér een kantoor openen?' vroeg Sage.

'Ik denk erover,' antwoordde hij. 'Ik had je al verteld dat ik een project in Denver heb, en ik speel dus met de gedachte om een voorstel voor het sportcomplex in Hope's Crossing in te dienen. In dat geval is het geen slecht idee om hier ook een kantoor te hebben.'

Bij die gedachte durfde Maura iets opgeluchter adem te halen, al was ze nog steeds een beetje bang dat ze haar dochter kwijtraakte. Ze had het gevoel dat ze op de bodem van een ravijn stond om haar klimmende dochter te zekeren. Zodra Sage de rotsen had beklommen en uit het ravijn kon stappen, zou ze het touw losmaken en voor altijd verdwijnen.

'Denver is niet zo erg, mam,' zei Sage. 'Dat is maar iets verder dan Boulder. Ik kan makkelijk in de weekends naar huis komen.'

'Dat is waar.'

'Nou, ik dacht erover om hier kantoorruimte te zoeken, in Hope's Crossing,' verklaarde Jack. 'Ik heb niet veel nodig.'

Het voelde alsof Maura een parallel universum had betreden. Had ze Jackson Lange nu werkelijk horen zeggen dat hij overwoog een tijdelijk kantoor in Hope's Crossing te zoeken?

'Hier? Dat zou helemaal fantastisch zijn!' riep Sage uit. 'Mam, dan kan ik jou 's avonds en in de weekends ook nog in de winkel helpen.'

Opeens was Maura volledig uitgeput. Vanaf het moment waarop ze uit de *hot tub* was gestapt en had gezien dat Jack naar haar keek, had ze het idee dat haar emoties in een krankzinnige achtbaan waren beland. Ze werden alle kanten op geslingerd, maakten loopings en doken op onverwachte momenten steile hellingen af. Ze had er genoeg van en wilde niets liever dan zich terugtrekken in haar slaapkamer. Blijkbaar bleef Sage in Colorado. Voorlopig, in elk geval. De eerste tijd kon Maura onder in het ravijn blijven staan en het touw voor haar dochter stevig vasthouden. Ondertussen zou Sage steeds hoger klimmen. Het nadeel was dat Jack voortdurend in de buurt zou zijn als hij een kantoor in Hope's Crossing opende. Hij zou niet veilig in San Francisco zitten, maar hooguit een paar kilometer van haar vandaan. 'Dat is een heel genereus aanbod, Jack,' bracht ze moeizaam uit.

'Welnee. Het heeft voor mij alleen maar voordelen.'

'Dit zou een prachtkans voor je kunnen zijn,' zei Maura tegen Sage. 'Al vind ik wel dat die online lessen de hoogste prioriteit moeten hebben. Je hebt helemaal niets aan je stage als je niet teruggaat naar school om je diploma te halen, ook al wordt het dan een stage bij een van de beste architectenbureaus in Amerika.'

'Dat weet ik.' Sage sprong van de bank, aanzienlijk vrolijker dan toen ze over school was begonnen. 'Dit is fantastisch. Ik kan mijn oren nog niet geloven. Dit ging echt veel beter dan ik had gehoopt. Ik was bang om erover te beginnen, maar jullie hebben heel cool gereageerd. Bedankt. Jullie zijn geweldige ouders.'

Maura vond het eigenlijk helemaal niet cool. Het stond haar niet aan dat Sage voorlopig niet naar school zou gaan en de motivatie zou moeten opbrengen om online lessen te volgen, en het beviel haar al helemaal niet dat Jack onverwachts een oplossing uit de hoge hoed had getoverd. Het was de bedoeling geweest dat hij uit Hope's Crossing zou vertrekken en dat verdere communicatie tussen hen via hun dochter zou verlopen. Opeens bleek hij niet alleen een stukje van haar gezin te hebben veroverd, maar ook van de plaats waarin ze woonden.

Ze was er nog steeds van overtuigd dat Sage een grote fout maakte en vond dat Jack ook geen verstandige beslissing had genomen. Dacht hij nu werkelijk dat hij het naar zijn zin zou hebben in Hope's Crossing? Ze kon zich niet voorstellen dat hij het er lang zou volhouden. Het was ontzettend lief dat hij zich tijdelijk in het plaatsje wilde vestigen om Sage te helpen, maar hij had er vast niet bij stilgestaan hoe het zou zijn om hier langer dan een paar weken te wonen. Hij kon niet verwachten dat zijn oude leventje gewoon doorging als zijn bed ergens anders stond. Hij zou binnen de kortste keren genoeg krijgen van het lagere tempo in Hope's Crossing, en ook van de mensen, die heel nieuwsgierig konden zijn.

Maura had nergens greep op. Niet op Sage, niet op Jack en ook niet op zichzelf. Met rode wangen dacht ze terug aan het moment bij de waterval, toen ze zin had gehad om tegen hem aan te leunen en zijn warmte op haar huid te voelen. Ze kon alleen maar hopen dat de nieuwe situatie Sage en haar in geen enkel opzicht spijt of verdriet zou opleveren.

Lieve help, wat een avond.

Nadat Jack bij Sage en Maura was weggegaan, liep hij de koude duisternis in. Buiten werd hij omringd door de vertrouwde geuren van Colorado. De sneeuw en de naaldbomen roken naar 'thuis'.

Op de een of andere manier deed dit plaatsje rare dingen met zijn hoofd. Hij had zichzelf altijd gezien als een nuchtere, verstandige man, dus waarom was hij ineens met een idee gekomen dat hem dwong in Hope's Crossing te blijven? Hij kon zelf nog nauwelijks geloven dat hij van plan was een ontwerp voor het sportcomplex in te dienen. Nu had hij zelfs al gezegd dat hij erover dacht om hier tijdelijk een kantoor te openen. Wat had hem bezield? Op die vraag was maar één antwoord mogelijk. Hij had de pijn in Maura McKnights ogen gezien toen ze hoorde dat haar dochter misschien met hem naar San Francisco zou gaan. Die blik had hij onverdraaglijk gevonden.

Mijn hemel, wat was hij toch een doetje. Het was toch niet erg als ze haar dochter iets minder vaak zag? Op een bepaalde manier was dat toch juist rechtvaardig? Ze had hem bijna twintig jaar lang zijn dochter onthouden. Hij kreeg inmiddels wat meer begrip voor haar redenen en hij snapte dat ze een bang tienermeisje was geweest, maar dat nam niets weg van zijn boosheid over al die gemiste jaren.

Terwijl hij terugliep naar zijn B&B, blies er een kille wind onder zijn jas. Hij had natuurlijk met zijn huurauto naar Maura's huis kunnen rijden, maar omdat hij in een grote stad woonde waar nauwelijks betaalbare parkeerplaatsen te vinden waren, was hij er inmiddels gewend aan geraakt om veel te wandelen. Die gewoonte zette hij hier natuurlijk niet zomaar van zich af. Hij had er trouwens niet op gerekend dat hij eerder die avond ook een wandeling zou maken met Maura en de hond.

De adem stokte hem weer in de keel wanneer hij terugdacht aan het moment waarop ze schouder aan schouder bij de waterval hadden gestaan. Ze had nauwelijks merkbaar naar hem toe geleund, waardoor hij het heel warm had gekregen. Maura

McKnight was zijn zwakke plek. Dat was ze altijd al geweest. Door de jaren heen had hij met genegenheid aan haar teruggedacht. Ze had een bijzonder plaatsje in zijn hart, net als zijn eerste auto en het eerste gebouw dat hij had ontworpen. Af en toe had hij met de gedachte gespeeld haar op te zoeken, maar hij had besloten dat de goede herinneringen meer waard waren dan een realiteit die misschien zou tegenvallen.

Ze was zijn eerste liefde, maar in zijn hoofd was hun relatie altijd een vreugdevuur van papier en triplex gebleven. De vlammen waren fel en roodgloeiend geweest, maar naar alle waarschijnlijkheid hadden ze niet lang kunnen branden. Hij had gedacht dat er al gauw niets anders meer dan rook en as zou zijn overgebleven. Dat kon toch haast niet anders? Ze waren veel te jong geweest voor een volwassen liefde. Maar of ze het nu leuk vonden of niet, hun levens waren met elkaar verbonden door Sage. Hij was niet van plan zijn dochter ooit nog in de steek te laten, en dat betekende dat hij ook in de buurt van Maura zou zijn. De komende maanden zou hij haar vaak in Hope's Crossing tegenkomen. Hij wist nog niet goed wat hij daar nu eigenlijk van moest vinden. Bij de waterval had het erop geleken dat er iets tussen hen opvlamde – iets liefs en mooois en spannends. Hij schudde zijn hoofd. Hij leek wel gek. In dit plaatsje leek hij niet goed meer na te kunnen denken. Misschien zat er wel iets in het water.

Hij wilde net Blue Sage Road in lopen, die vlak bij zijn B&B lag, toen er verderop een hond begon te blaffen. Het klonk als een groot venijnig beest, dus hij hoopte maar dat het dier aan de riem liep of achter een hek stond. Hij stak de straat over en ging aan de andere kant lopen. Hij had geen zin om nu een happende hond achter zich aan te krijgen. Aandachtig tuurde hij rond of hij ergens een grote nijdige waakhond zag. Uit zijn ooghoek zag hij opeens iets bewegen. Geen hond, maar een mens. Een man in een lange zwarte flapperende jas ging vlug achter een boom staan.

Aha, de hond had dus niet tegen hem geblaft. Dat was prettig. Misschien was de man achter de boom gaan staan om onzichtbaar te zijn voor de hond. Al was het natuurlijk wel een beetje raar om je te verstoppen, zwarte kleren aan te trekken en in het donker rond te sluipen. Was het een dief, die zijn slag wilde slaan bij huizen waarvan de bewoners weg waren voor de feestdagen? Jack hoopte niet dat hij op zijn laatste avond in het stadje getuige was van een inbraak. De man in het zwart was beslist iets van plan, want Jack zag hem naar een van de huizen lopen. Hij leek Jack nog niet in de gaten te hebben. Waarschijnlijk was hij net buiten zijn blikveld en de lichtcirkel van de straatlantaarn gebleven toen hij de straat overstak.

In San Francisco zouden de meeste mensen nu doorlopen en zeggen dat ze zich niet met andermans zaken bemoeiden, maar zo zat Jack niet in elkaar. Hij pakte zijn telefoon en begon het alarmnummer in te toetsen. Hij wilde net verbinding maken toen het tot hem doordrong dat de geheimzinnige man niet onderweg was naar een van de donkere luxueuze vakantiehuizen. In plaats daarvan liep hij naar de voordeur van het kleinste huis in de straat, een stulp van één verdieping met groene luiken en overnaadse planken. Er stonden kinderfietsjes op de veranda en achter alle ramen brandde licht.

De man in het zwart was dus geen inbreker, maar vanwaar dan al die geheimzinnigheid? Jack keek toe terwijl de man naar de voordeur sloop en iets op de mat legde. De man belde aan, haastte zich het tuinpad af en verstopte zich achter een dikke naaldboom aan de rand van de tuin. Door zijn zwarte kleding werd hij volledig opgeslokt door de avond. Zijn schaduwen en zijn gestalte versmolten tot een donkere vlek. Vanaf zijn plek zag Jack een vermoeid uitziende vrouw in een eenvoudige jurk de deur opendoen. Haar haar glipte uit haar paardenstaart en ze keek haar tuin rond.

'Wie is daar?' riep ze.

Jack stapte ook wat dieper weg in de schaduw, omdat hij niet voor de geheimzinnige bezoeker wilde worden aangezien. Hij wist niet wat de man precies had gedaan, maar hij wilde er liever niets mee te maken hebben.

'Jullie zijn vast opgeschoten jongens uit de buurt. Hou op met belletje trekken. Ga alsjeblieft naar huis. Het is koud, jullie moeten geen andere mensen lastigvallen.'

In het huis hoorde Jack luide kinderstemmen. Een kind huilde, een ander kind schreeuwde. De vrouw wilde de deur dichtdoen, maar opeens viel haar blik op iets op de mat, wat de onbekende had achtergelaten. Ze bukte zich en raapte een enveloppe op. Jack kon niet alles even scherp zien, maar hij zag dat de vrouw fronste en de enveloppe openmaakte. Vervolgens zag hij haar mond openvallen. In haar hand had ze een dikke stapel bankbiljetten, waarmee ze naar de rand van haar veranda liep.

'Wie is daar?' riep ze nog eens.

De enige reactie kwam van de blaffende hond van de buren en van haar kinderen, die binnen verdergingen met ruziemaken.

'Dank u wel. Dank u wel! God zegene u! Ik weet niet wie u bent, maar ik ben u verschrikkelijk dankbaar.' In de laatste woorden klonk een snik door, die Jack een rilling over zijn cynische rug bezorgde.

Wanneer had hij voor het laatst iets aardigs voor een ander gedaan? O, hij doneerde geld aan diverse goede doelen en had altijd wat kleingeld bij zich voor de daklozen die hij onderweg naar zijn werk passeerde, maar dit leek anders. Veel persoonlijker. Veel puurder. Hij dacht terug aan zijn gesprek met Maura en Sage. Ze hadden verteld dat het plaatsje een Engel had, die de inwoners blij maakte. Kennelijk had Jack de Engel zojuist in actie gezien. Iets anders kon het niet zijn.

De deur ging dicht en de vrouw ging naar binnen om haar nieuws met de rest van haar gezin te delen. Jack had zin om verder te lopen – hij had het koud, het was vochtig en hij wilde naar zijn warme B&B – maar hij wilde eerst de Engel zien weglopen.

De onbekende man wachtte nog een paar tellen om er zeker van te zijn dat de kust veilig was. Daarna liep hij vlug weg door de straat. Om niet op te vallen, liep hij van schaduw naar schaduw, alsof hij elk moment een zoeklicht van een helikopter verwachtte. Aan het einde van de straat bleef de Engel even stilstaan. Hij hief zijn hand op en leek over zijn borstkas te wrijven, maar vervolgens liet hij zijn arm weer zakken.

Jack tuurde hem met samengeknepen ogen na en kreeg een heel raar gevoel. Nee, dat kon niet. De man had de juiste lengte en het juiste postuur, maar dat kon echt niet. Onmogelijk.

Hij kende deze man alleen maar als een ontzettende rotzak.

Hoofdstuk 8

Toen de bijeenkomst van de boekenclub een halfuur bezig was, keek Maura naar haar vriendinnen en familieleden, die in een kring om haar heen zaten, en kwam tot een onaangename conclusie. 'Jullie zitten allemaal te liegen, hè?' riep ze uit. 'We hebben het over beeldspraak en de ontwikkelingen die de personages doormaken, maar het is allemaal kletskoek. Jullie hebben geen van allen het boek gelezen.'

Mary Ella en Ruth wisselden schuldbewuste blikken, en Claire begon te blozen. Maura's zussen, Angie en Alex, stootten elkaar aan en waren opeens vreselijk geïnteresseerd in de detectives in de boekenkast naast hen.

'Ik was echt van plan het te lezen, Maura. Eerlijk waar,' zei Katherine Thorne met een berouwvol lachje. 'Het lag al voor me klaar op mijn e-reader. Ik heb het tijdens de vakantie meegenomen naar het Caraïbisch gebied, maar uiteindelijk heb ik alleen maar detectives en romantische boeken gelezen. En ik weiger me daar schuldig over te voelen.'

'Ik heb op internet een recensie gelezen,' bekende Mary Ella. 'De recensent vond het boek symbolisch en veel gelaagd, vol existentiële angst. Daarna had ik eerlijk gezegd geen energie meer om eraan te beginnen. Je weet hoe de maand januari is.'

Maura keek streng de kring rond. 'Waarom hebben jullie dan je mond niet opengedaan toen ik suggesties deed voor titels? Ik heb jullie wel vijf ideeën aan de hand gedaan. We hadden iets heel anders kunnen kiezen.'

'Schrijf maar vast in je agenda,' zei Alex. Ze zat lekker onderuit op de bank en zag er beeldschoon uit met haar blonde krullen en haar groene ogen – de ogen die Maura ook had. 'Volgend jaar januari moeten we iets kiezen wat niet te veel van ons vraagt. We zijn allemaal nog moe van de feestdagen.'

'Claire, wat vind jij?'

'Het spijt me, Maura. Ik was echt van plan het te lezen. Het boek ligt al een maand op mijn nachtkastje. Maar het was zo druk in de winkel, en door de bruiloft en de feestdagen kwam ik uren tekort. En toen kregen Macy en Owen na de vakantie ook nog eens allebei griep. Ik heb er gewoon geen tijd voor gehad.'

'Jij hebt geen excuus nodig, Claire.' Evie Blanchard grinnikte ondeugend naar haar. Zo'n blik zouden ze een paar maanden eerder nooit op haar gezicht hebben gezien, maar inmiddels had ze een relatie met Brodie Thorne en begonnen de donkere schaduwen in haar ogen te verdwijnen. 'Jij bent pasgetrouwd. We begrijpen allemaal dat jij wel iets beters te doen hebt als je even vrije tijd hebt.'

'Evie!' Claires roze wangen werden nu vuurrood, ook al kreeg ze tegelijkertijd een glans in haar ogen.

'O, bah.' Alex trok een vies gezicht. 'Weet iemand hoe ik dat beeld uit mijn hoofd kan krijgen?'

'In dat geval wil ik het ook graag weten,' mompelde Mary Ella, al glimlachte ze warm naar haar kersverse schoondochter. Ondanks de plagerijen was de hele familie McKnight erg ingenomen met Claire. Riley had een heel goede keuze gemaakt. Claire was de perfecte vrouw voor hem. Ze was kalm, geduldig en lief, alles wat Riley nodig had gehad toen hij als verharde, bittere politieman na zijn undercoverwerk was teruggekomen.

'En Evie zelf dan?' vroeg Claire. 'Zij brengt sinds september elke vrije minuut met Brodie door.'

'Ik ben er vanavond toch?' zei Evie, al stond er een veelzeggende tevreden glimlach op haar gezicht.

Tot haar verbazing voelde Maura een steek van jaloezie toen ze naar haar dierbare vriendinnen keek. Sinds haar scheiding van Chris had ze zelf alleen maar een paar afspraakjes gehad. Ze had zichzelf wijsgemaakt dat ze zich op de opvoeding van haar dochters moest richten en dat een relatie met een man haar leven alleen maar nodeloos ingewikkeld zou maken. Dat was echter een schrale troost wanneer ze op koude winteravonden alleen op de bank zat, zonder iemand tegen wie ze aan kon kruipen. Dan had ze vaak behoefte aan een man die met haar bij het haardvuur zat terwijl de wind om het huis loeide en de sneeuw zich buiten opstapelde.

'Ik heb een paar geruchten opgevangen,' zei Mary Ella. 'Ik ben benieuwd of die kloppen.'

'Katherine!' riep Evie uit tegen Brodies moeder.

'Ik heb er met geen woord over gerept, echt niet,' zei Katherine.

'Nee, ik heb het niet van Kat,' zei Mary Ella. 'Ik was deze week bij dominee Wilson om de koormuziek te ordenen. Toen kwam er een knappe jonge restauranteigenaar binnen, wiens naam we nu verder niet zullen noemen. Hij wilde weten of de kerk op een zaterdag in maart beschikbaar was.'

Nu was het Evies beurt om te blozen. Maura hief in gedachten haar armen op, alsof ze de moed opgaf. Ze was natuurlijk blij voor haar vriendin, maar ze wist dat er nu geen discussie over boeken meer mogelijk zou zijn.

'O, nee. Jij ook al?' zei Alex.

'Het was niet mijn bedoeling om je verrassing te bederven, lieverd.' Verontschuldigend keek Mary Ella naar Evie.

'Het geeft niet,' zei Evie. 'Ik wilde het jullie vanavond sowieso vertellen.' Ze liet haar linkerhand zien, waaraan een prachtige smaragd fonkelde. 'Het is waar. We willen graag in maart trouwen. Ik hoop dat jullie er allemaal bij kunnen zijn. Waarschijnlijk gaan de uitnodigingen volgende week op de bus. Ik weet dat het kort dag is, maar het gaat zo goed met Taryn dat we er een feestje van willen maken en aan onze toekomst willen beginnen.'

'Gefeliciteerd, meid,' zei Maura. Ze omhelsde haar vriendin, en tijdens het halfuur daarna liet Evie iedereen haar ring zien en liet ze zich feliciteren.

Er werd alleen nog maar over de bruiloft gepraat. Terwijl Maura luisterde naar al het gebabbel over de huwelijksplannen, klaarde haar humeur op. Ze was dol op bruiloften en was erg blij voor Evie en Brodie. Na al die jaren zou Taryn een liefhebbende stiefmoeder krijgen, Katherine kreeg een van haar vriendinnen als schoondochter en Brodie kon zich geen betere echtgenote wensen. Na al het verdriet van het afgelopen jaar verdienden ze het om gelukkig te zijn. Taryn had het ongeluk overleefd waarbij haar beste vriendin, Layla, was omgekomen, maar ze was zwaargewond geraakt. Evie, die fysiotherapeut was geweest, had niet veel hoop gehad op haar herstel, maar ze had erin toegestemd Taryn bij haar revalidatie te helpen. Gedurende het proces waarbij Taryns lichamelijke en emotionele wonden waren geheeld, waren Evie en Brodie verliefd op elkaar geworden.

Maura luisterde naar alle gesprekken over bloemen, versieringen en bruidsjurken.

'Jammer dat niemand champagne bij zich heeft,' zei Angie. 'We moeten een toost uitbrengen op het bruidspaar!'

'Ik kan wel wat gingerale uit de koelkast halen,' zei Maura. 'En vergeet niet dat we iets lekkers van Alex erbij hebben. Wat heb je deze keer meegenomen?'

'Ik had een nieuw recept voor kwarktaart met witte chocola. Het resultaat van mijn experimenten mogen jullie proeven.'

De dames kreunden bij het vooruitzicht – behalve Ruth, die helemaal niet van chocola hield, en Charlotte Caine, die haar best deed om af te vallen. Soms kon Alex heel attent zijn, vooral als het om eten ging. Ze haalde ook een heel licht taartje van biscuitdeeg tevoorschijn, speciaal voor Ruth en Charlotte.

'Zonder chocola, en maar honderdvijftig calorieën,' zei ze.

Tijdens de minuten daarna had Maura het druk met het inschenken van de gingerale. Ondertussen deelde haar zus stukjes taart uit.

'Heeft er verder nog iemand nieuws?' vroeg Claire zodra ze allemaal iets lekkers en iets te drinken hadden.

'Ik ben van plan weer een cruise te gaan maken,' zei Katherine. 'Deze keer wil ik naar het Panamakanaal. Ik hoop dat ik Ruth meekrijg.'

'We zullen zien,' bromde Ruth.

'Jullie moeten mee met zo'n Sexy Senior's Singles-cruise,' zei Alex. 'Mam, dat lijkt me ook echt iets voor jou.'

Mary Ella hief haar ogen ten hemel. 'Ik zit echt niet op romantiek te wachten. Jij volgens mij ook niet.'

'Ik ook niet,' zei Ruth. 'Maar tegen seks zeg ik geen nee.'

Iedereen schoot in de lach. Ook Maura, totdat Alex zich tot haar wendde.

'Over seks of sexy gesproken: ik zag dat er in het oude verzekeringskantoor een nieuw bedrijf is gekomen.'

Maura voelde haar wangen warm worden. Ze nam snel een slokje gingerale in de hoop dat het niemand opviel. Ze wist nog steeds niet goed hoe Jack het voor elkaar had gekregen om binnen drie weken zijn wilde plannen voor een nieuw kantoor in

Hope's Crossing te realiseren. 'Het wordt een tijdelijk kantoor. Jack heeft wat projecten in deze regio en vond het prettig om hier een vestiging te hebben.'

'Werkt Sage al voor hem?' vroeg Angie.

'Ja, sinds vorige week. Ze vindt het geweldig.'

'Ik had gehoopt dat ze vanavond hier zou zijn. Ik had haar graag willen vragen hoe het is om voor een wereldberoemde architect te werken,' zei Mary Ella.

'Ze doet het werk pas een week, dus ik weet niet of ze daar al een antwoord op kan geven,' zei Maura. 'Ik weet wel dat het werk heel vermoeiend voor haar is. Ze ligt elke avond al om halfnegen in bed. Ik hoop maar dat ze geen griep krijgt, zoals Owen en Macy.' Maura deed haar best om haar zorgen om Sage voor de andere vrouwen te verbergen. Er was iets met haar dochter aan de hand, dat voelde ze intuïtief. Tien dagen eerder was Sage terug naar Boulder gegaan om haar auto te laten repareren en haar kamer in het studentenhuis leeg te halen. Sinds haar thuiskomst was ze echter stil en teruggetrokken.

Tijdens haar eerste jaar in Boulder was ze niet uitgepraat geraakt over school. Als ze in de vakanties naar huis kwam, kletsten Maura en zij er vaak uren over. Daar had Maura altijd erg van genoten, ook op dagen dat ze doodmoe was van haar werk. Nu leek Sage niets anders te willen doen dan lezen, televisiekijken en slapen. Omdat ze inmiddels ook de drukte en de stress van het baantje bij haar vader had, wilde Maura de situatie nog even aankijken. Als Sage zich over een week of twee niet beter voelde, wilde ze haar naar de dokter sturen.

'Vind je het vervelend dat Jackson Lange in Hope's Crossing is?' vroeg Evie.

Maura concentreerde zich op haar hap kwarktaart, die in haar mond smolt. 'Nee, hoor,' zei ze uiteindelijk. 'Ik heb hem sinds de feestdagen eigenlijk nauwelijks gezien.' Dat was een voordeel van zijn samenwerking met Sage. Hun dochter zat al de hele dag met hem op zijn kantoor, dus ze sprak 's avonds niet vaak met hem af. Dat betekende dat Maura hem nauwelijks had gezien.

'Ik hoorde dat hij een huis in de wijk Aspen Ridge heeft gehuurd,' zei Angie. 'Gina Coletti woont bij hem in de straat.'

Daar had Sage niets over verteld, maar Maura deed thuis haar uiterste best om niets over Jack te vragen. Aspen Ridge lag vlak bij haar huis. Ze wist niet of ze het wel leuk vond dat hij zo dicht bij haar woonde. 'Zoals ik al zei, is hij niet van plan zich hier permanent te vestigen,' zei ze. Tegelijkertijd vroeg ze zich af wie ze nu probeerde te overtuigen. Ze veranderde haastig van onderwerp en wendde zich tot Evie. 'Hoe gaat het nu met Taryn? Ik heb haar voor het laatst gezien vóór de kerst.'

'Ik sta elke dag weer van haar te kijken. Had je gehoord dat ze weer naar school gaat? Ze is na de vakantie weer begonnen. Door de bijlessen die ze in de herfst heeft gehad, heeft ze niet eens een grote achterstand,' vertelde Evie. 'Ongelooflijk, hè? En ze werkt heel hard om alles in te halen. We komen wel eens langs bij de boekwinkel om een babbeltje te maken. Dat zou Taryn heel leuk vinden.'

'Wat heerlijk dat het zo goed met haar gaat. Zeg maar dat ik haar graag weer eens wil zien.'

'Dat zal ik doen.' Toen Evie zag dat de andere vrouwen ook druk in gesprek waren, boog ze zich naar Maura toe. 'Ik moet je trouwens vertellen dat Charlie en zij elkaar nog steeds e-mailen. Hij mailde haar dat je met kerst een cadeautje voor hem naar de jeugdgevangenis hebt gestuurd.'

Maura keek haar vriendin niet aan omdat ze zich geneerde dat anderen van haar attente gebaar wisten. 'Hij heeft daar zoveel tijd dat ik dacht dat hij wel een paar goede boeken kon gebruiken.'

Evie gaf haar een kneepje in haar vingers. 'Jij bent een van de liefste mensen die ik ken, Maura.'

Ze kreeg bijna zin om hardop te lachen, want zo lief voelde ze zich niet. 'Het was een kleine moeite. Per slot van rekening heb ik een boekhandel. Ik kan makkelijk aan een paar mooie boeken komen,' zei ze. Ze zweeg even en voelde zich verplicht de vraag te stellen, ook al wilde ze het antwoord liever niet weten. 'Hoelang moet hij daar nog blijven?'

'Negen maanden.'

'Wat gebeurt er over negen maanden?' vroeg Alex, die de laatste woorden had opgevangen. 'Zeg alsjeblieft niet dat je nog meer nieuws hebt, Evie!'

'Nee!' riep Evie uit. 'Daar hadden we het helemaal niet over. Ons onderwerp was aanzienlijk minder spannend en aangenaam. Ik vertelde Maura net dat Charlie Beaumont nog negen maanden in de jeugdgevangenis moet doorbrengen.'

De plagerige glimlach verdween van Alex' gezicht en maakte plaats voor harde, boze lijnen. 'Van mij zou hij daar nog een hele poos mogen blijven. Hij heeft onze Layla gedood, en zijn gedrag heeft Taryn ook bijna het leven gekost. Ik vind het een schande dat hij daarvoor maar een jaar in de jeugdgevangenis hoeft te zitten.'

Evie deed haar mond open, maar besloot niets te zeggen. Charlie was dronken geweest toen zijn auto tegen een boom was gebotst, maar Maura wist dat Evie desondanks een zwak voor de jongen had. Hij had namelijk een grote rol gespeeld bij Taryns herstel, en tijdens het proces tegen hem waren er allerlei details over het ongeluk naar buiten gekomen die een nieuw licht op de zaak hadden geworpen. Desondanks kon Maura hem niet zo makkelijk vergiffenis schenken. Als Charlie niet zo dom was geweest om dronken achter het stuur te kruipen en op de vlucht te slaan voor de politie – Maura's broer, Riley – zou Layla nu thuis op haar wachten om over school te praten, plezier te maken en de laatste nieuwtjes te vertellen.

'Ik hoorde dat burgemeester Beaumont heeft gevraagd of hij wegens goed gedrag eerder vrij kan komen,' zei Ruth. 'Dan kan hij naar de bruiloft van Genevieve.'

'Ik denk dat Gen haar broer er liever niet bij heeft,' zei Claire. 'Ze wil niet dat haar grote dag wordt verpest door een broertje met een strafblad. Haar bijzonder aantrekkelijke verloofde en zijn snobistische familie zouden dat waarschijnlijk niet op prijs stellen.'

Maura wilde niet praten over Charlie Beaumont, Genevieve of de grootse bruiloft die over een paar maanden zou plaatsvinden. Daarom stuurde ze het gesprek weer naar een veilig onderwerp en vroeg ze Claire naar de tweede jaarlijkse Giving Hope Day, die op dit moment werd voorbereid. Claire begon enthousiast te vertellen dat het evenement nog groter zou worden dan het vorige jaar. Maura leunde achterover, trots op het feit dat ze zo goed gespreksonderwerpen kon manipuleren. Het was een vaardigheid die ze zichzelf het afgelopen jaar had aangeleerd.

De boekenclub – die die avond eigenlijk geen recht op die naam had – ging naar huis tegen de tijd dat de winkel sloot. Maura zwaaide haar vriendinnen uit en besteedde nog twintig minuten aan opruimen terwijl haar werknemers hun werk afrondden.

'Zal ik stofzuigen?' bood April Herrera aan.

'Dat hoeft niet, hoor. Dat doe ik wel. Tot morgen.'

Maura liet de winkel professioneel schoonmaken, maar sinds een jaar liet ze het team maar twee keer in de week komen. De rest van de week hielden haar werknemers en zij de boekhandel bij. Tegen de tijd dat ze klaar was met stofzuigen, had ze pijn in haar armen. Door het lawaai van haar oude stofzuiger begon ze ook hoofdpijn te krijgen, maar de vloerbedekking in de winkel zag er weer tiptop uit. Ze bracht de stofzuiger naar de voorraadkast en keek nog een keertje haar domein rond. In het schemerige licht stonden de boeken in de kasten te glimmen. De winkel rook vertrouwd en prettig naar koffie, leer en de heerlijke geur van inkt op nieuw papier. Elke ochtend snoof ze die geur weer genietend op. Elk boek beloofde een ontdekkingstocht naar humor, avonturen of interessante feiten te worden.

Ze was dol op haar boekhandel. Als ze keek naar wat ze met haar eigen handen had opgebouwd, was ze trots en tevreden. Goed, Chris had haar een royale som alimentatie betaald na hun scheiding. Het ging erg goed met zijn carrière, en hij was van mening dat hij veel van zijn succes aan haar te danken had. Maura vond dat hij overdreef, maar hij bleef volhouden dat hij nooit zoveel had bereikt als ze hem niet had gesteund en niet altijd in zijn muziek had geloofd. Ze kon niet ontkennen dat zijn geld in het begin een grote steun was geweest, maar de winkel was een succes geworden dankzij haar eigen inzet en goede ideeën. Ze hoopte maar dat de zaak altijd zo goed zou blijven lopen.

Nu had ze echter alleen nog maar zin om naar huis te gaan, in bed te kruipen en zich te verschuilen voor de rest van de wereld. Ze was doodmoe na de lange dag. Nadat ze de deur van de winkel op slot had gedaan, ging ze op weg naar haar auto.

Eerder die dag was er een fikse sneeuwbui gepasseerd, die weer een paar centimeter sneeuw op de skihellingen had achtergelaten. De avond was ijskoud, maar helder en mooi.

Ze trok haar sjaal nog wat strakker om haar hals en liep naar haar auto, die ze zowaar vlak bij Main Street had kunnen parkeren. Parkeren was echt een probleem in haar woonplaats. Hope's Crossing was een zilverstadje, dat aan het begin van de twintigste eeuw was gebouwd. Het was domweg niet berekend op modern verkeer en de hordes toeristen die in de winter kwamen skiën, winkelen en eten. Ze vond het echter niet erg dat ze een stukje naar haar auto moest lopen. Boven haar hoofd zag ze overal heldere sterren. Door de verse sneeuw zag alles er in het maanlicht fris en schoon uit.

Ze zou de sterren nog beter kunnen zien als ze thuis haar sneeuwlaarzen aantrok en het pad naar Woodrose Mountain op zou lopen. Dan zou ze zowel de lichtjes aan de hemel als de lichtjes van het stadje kunnen zien, maar de laatste tijd had ze daar geen energie meer voor. Als ze thuiskwam van haar werk, liep ze hooguit nog naar de *hot tub* om even van het warme water te genieten.

Op weg naar haar auto kwam ze langs het oude verzekeringskantoor, waarop nu een smaakvol bord met de tekst LANGE & ASSOCIATES, ARCHITECTUUR EN ONTWERP hing. Op het moment dat ze langs de etalage liep, ging de deur open en kwam Jack naar buiten. Hij leek haar niet in de gaten te hebben en deed de deur van het kantoor achter zich op slot. Anders zou Maura bijna hebben gedacht dat hij haar komst had afgewacht.

Hij droeg zijn leren jas en een grijze sjaal. Bij andere mannen zou zo'n sjaal er misschien overdreven hebben uitgezien, maar bij hem stond het mannelijk en sexy. Ze voelde een rare kriebel in haar maag en fronste haar wenkbrauwen. Even speelde ze met de gedachte om in de schaduw te gaan lopen en te doen of ze hem niet zag. Met een diepe zucht besloot ze dat echter niet te doen. Zo onbeleefd wilde ze niet zijn.

'Hallo.'

Het deed haar genoegen dat hij even van haar leek te schrikken en afwezig opkeek. 'Hé, Maura. Sorry. Ik had je niet gezien.'

'Dat komt door mijn donkere jas. Dat is een heel goed camouflagemiddel. Ik kan als een ninja door het stadje sluipen zonder aandacht te trekken.'

'Hm, dat komt hier vaker voor,' zei hij.

'Wat bedoel je?'

'Niets, laat maar.' Hij hing een grote leren koerierstas over zijn schouder en liep naar haar toe. Het rare gevoel in haar maag werd erger. 'Wat ben je laat klaar.'

'Dat is grappig, dat wilde ik net van jou zeggen. Ik wist niet dat briljante architecten tot 's avonds laat moesten werken.'

Hij lachte schor. Het geluid leek als een veer over haar ruggengraat te strijken. 'Ik weet niet hoe het bij briljante architecten is, maar de meesten van ons zitten inderdaad vaak 's avonds nog achter de tekentafel.'

Ze glimlachte omdat hij zo bescheiden was. Ze had inmiddels genoeg over zijn carrière gehoord om te weten in welke categorie de meeste architecten Jackson Lange zouden plaatsen. En als ze ook nog eens prijzen zouden uitdelen voor de meest sexy architect, zou hij die zeker winnen. Zeker nu, met zijn haar door de war en een donkere schaduw op zijn kaak. De meeste vrouwen zouden zin krijgen om er met hun vingers overheen te strelen…

Zelf had ze die neiging natuurlijk niet.

'Wat doe jij zo laat op straat?'

'Bespreking met de boekenclub. Al is die term wat overdreven.'

'Welke? Bespreking of boekenclub?'

'Allebei. Vanavond was het vooral een theekransje met nieuwtjes.'

'Klinkt vreselijk. Ik ben blij dat ik hier lekker aan het werk was.'

'Mijn vriendin Evie gaat trouwen. Dat was wel spannend nieuws. De bruidegom is Brodie Thorne. Ken je hem?'

'Volgens mij zat hij een paar klassen lager dan ik. Was hij geen schansspringer?'

'Ja, precies, dat is hem. Ze gaan in maart trouwen.' Ze zweeg even. 'Zijn dochter was Layla's beste vriendin. Ze is bij datzelfde ongeluk gewond geraakt, en Evie heeft haar geholpen bij haar herstel.'

Hij leek niet goed te weten wat hij daarop moest zeggen, en ze vroeg zich af waarom ze zoveel vertelde over mensen die hij niet eens kende. Misschien interesseerden ze hem niet eens. Ze vermoedde dat ze zo bleef ratelen omdat ze nerveus was en haar hart voelde bonken.

'Nou, een prettige avond verder,' zei ze, zich omdraaiend om verder te lopen.

'Ik loop wel even met je mee naar je auto.'

'Dat hoeft niet, hoor. Ik sta op het parkeerplaatsje achter de fietsenzaak.' Het leek haar nu werkelijk geen goed idee om nog langer in Jack Langes buurt te blijven. Hij trof haar op een zwak moment, omdat ze doodmoe was en omdat hij er werkelijk onweerstaanbaar uitzag.

'Kijk eens aan, dan staan we op dezelfde parkeerplaats.'

Ook dat nog. Dat had ze wel kunnen verwachten, want veel plaatselijke ondernemers zetten daar hun auto neer en vroegen hun werknemers hetzelfde te doen. Daardoor bleven er in de hoofdstraat meer parkeerplaatsen over voor de klanten. Ze haalde haar schouders op en liep naast hem mee naar het parkeerterrein. Even zeiden ze niets, en ze probeerde te negeren dat hij een heerlijke warmte uitstraalde. Ze deed haar best om zich te concentreren op het besneeuwde trottoir, om te voorkomen dat ze languit aan zijn voeten zou belanden.

'Hoe bevalt je kantoor?' vroeg ze uiteindelijk.

'Goed. We moeten nog even wennen. Als ik mijn agenda zo bekijk, denk ik dat we hier voorlopig een of twee weken per maand zullen zijn. Over een maand moet ik naar het buitenland, dat maakt de zaak wat lastiger.'

Hm. 'Ik heb Sage deze week niet veel gesproken, maar ik heb de indruk dat het werk haar erg goed bevalt,' zei ze.

Hij ging langzamer lopen en zij paste haar tempo aan. 'Ik ben blij dat je over haar begint,' zei hij. In het licht van de ouderwetse straatlantaarns was zijn blik bezorgd. 'Ik wilde morgen bij je in de boekhandel komen om het over haar te hebben.'

Maura fronste. Hadden ze ruzie gehad? Enerzijds vond ze het voor haar dochter fijn als die een goede band met haar vader had, anderzijds vond ze het zelf prettig als er enige afstand tussen hen tweeën bleef bestaan – vooral als dat betekende dat zij niet in de war hoefde te raken van dit soort onverwachte ontmoetingen. 'Is er een probleem?'

'Niet met haar werk. Ze heeft me erg goed geholpen, en ze is heel efficiënt en werkwillig. Eigenlijk is ze de perfecte werknemer.'

'Fijn om dat te horen.'

'En ze heeft een neus voor dit werk. Gisteren maakte ze me attent op een paar problemen met een project waar ik mee bezig ben. Die problemen waren mij nog niet eens opgevallen.'

Elke moeder wil graag positieve dingen over haar kind horen, maar toch was Maura niet gerustgesteld. 'Waarover wilde je me dan spreken?'

Zwijgend stapte hij van het trottoir af en stak de straat over. Hij keek goed uit waar hij zijn voeten neerzette, en Maura had het gevoel dat hij net zo zorgvuldig naar woorden zocht. 'Ik weet niet hoe ik je dit voorzichtig moet vragen,' zei hij uiteindelijk. 'Maar denk je dat Sage een drankprobleem zou kunnen hebben?'

Sage? Een drankprobleem? Even dacht ze dat ze hem verkeerd had verstaan. Hij had het over hun dóchter. Over de grappige, intelligente, lieve Sage. Eerst was Maura geschokt, maar toen werd ze boos. 'Wat is dat nu voor een vraag?' vroeg ze, abrupt stilstaand. 'Vraag je nu serieus of mijn kind aan de drank is? Hoe kom je daarbij?'

Met opgeheven handen kwam hij naar haar toe. 'Rustig maar, het is maar een vraag. Ik heb zelf ook gestudeerd. Ik weet dat kinderen van die leeftijd soms iets te hard feesten en te veel drinken.'

'Sage niet,' beet ze hem toe.

'Nou ja, ik weet niet wat er anders aan de hand kan zijn. Ze is een paar keer bleek, misselijk en afwezig op kantoor verschenen. Het leek wel of ze een kater had. Vanochtend hoorde ik haar overgeven. Vanmiddag ging het beter, maar ze is zichzelf niet.'

Hoe kon hij dat nu weten? Hij kende haar nauwelijks! Ze had zin om dat kattig te zeggen, maar herinnerde zich dat ze zelf ook bezorgd om haar dochter was. Het was haar ook opgevallen dat Sage regelmatig een zieke indruk maakte, maar ze kon zich niet voorstellen dat dat door alcohol kwam. Sage hield niet eens van bier. Dat had ze verteld toen Maura vroeg of er in Boulder veel werd gefeest. 'Volgens mij begint ze griep te krijgen,' vertelde ze.

‘Het komt in elk geval niet door drank. Ze gaat niet naar feestjes, ze is nog te jong om te drinken. Sinds ze terug is, ligt ze eerder in bed dan ik. Zelfs in het weekend.’

‘Dat betekent niet dat ze niet in haar eentje drinkt.’

Ze schrok van die opmerking. Sage had het moeilijk sinds Layla’s dood. Zou ze haar verdriet proberen te verdrinken? Nee. Dat kon niet. ‘Ik ken mijn dochter, Jack. Zo zit ze niet in elkaar. Ze zou haar werk bij jou nooit op het spel zetten door met een kater op kantoor te verschijnen. Volgens mij krijgt ze griep,’ zei ze stellig. ‘Ik wilde haar volgende week al naar de dokter sturen, maar als haar werk eronder lijdt, stuur ik haar eerder. Ze moet tenslotte ook lessen op internet volgen.’

‘Ze doet haar werk goed. Dat is geen probleem. Ik maakte me alleen zorgen om haar gezondheid.’ In het licht van de lantaarns keek hij naar haar. ‘Sorry, ik had mijn mond moeten houden. Nu ben jij van streek.’

‘Nee, het is goed dat je erover begon. Als moeder heb ik de taak me zorgen om haar te maken.’

‘Als vader heb ik die taak inmiddels ook,’ zei hij, al hoefde hij haar niet te herinneren aan het feit dat haar leven de afgelopen maand zo’n vreemde wending had gekregen. Na al die jaren hoorde Jack ineens bij hun leven.

‘Ik zal zeggen dat ze naar de dokter moet gaan,’ beloofde ze. ‘Als je verder iets ongewoons opmerkt, moet je het maar tegen me zeggen.’

‘Ik weet niet of ze het wel leuk vindt dat ik met haar moeder over haar roddel.’

‘Onzin, ze vertelt mij ook alles over jou,’ loog Maura.

Tot haar verbazing begon hij te lachen. ‘In dat geval meld ik het meteen als ik iets vreemds zie. Welke auto is van jou?’

Het drong tot haar door dat ze op de parkeerplaats waren aangekomen. Daar had ze niets van gemerkt. ‘Die SUV achterin.’

De natte sneeuw was inmiddels aan de voorruit vastgevroren. Het was een enorme troep, en ze zuchtte. Kennelijk moest ze eerst krabben voordat er een einde kwam aan deze lange dag.

‘Stap maar in en zet de verwarming aan. Ik ga wel krabben.’

‘Dat kan ik zelf ook wel.’

‘Dat begrijp ik. Waar is je krabber?’

Als ze nu een ruzie met hem begon, zou ze zich alleen maar belachelijk maken. Ze maakte het portier open en pakte haar krabber.

‘Bedankt.’ Hij begon onmiddellijk haar voorruit schoon te maken. ‘Stap maar in en zorg dat je het daar lekker warm krijgt.’

Maura zei niets, maar pakte een tweede krabber. Zoals alle bergbewoners had ze altijd een reserve-exemplaar bij zich.

‘Je bent nog net zo koppig als vroeger, hè?’ zei hij toen ze naast hem kwam staan.

Ze glimlachte ondeugend naar hem. ‘Door het ouderschap heb ik geleerd onverzettelijk te zijn.’

‘Dat zal ik onthouden.’

De woorden hadden helemaal geen seksuele lading, maar om een onduidelijke reden voelde ze een belachelijke warmte van haar onderbuik naar haar dijen trekken. Grr. Ze negeerde het gevoel en probeerde meer ijs weg te krabben dan Jack. Hij was vast een watje geworden in Californië, waar hij alleen maar met mist te maken had gehad. Maura was de afgelopen twintig jaar een expert geworden in ruiten krabben.

Tijdens het werk zeiden ze niet veel. Er werden alleen wat opmerkingen gemaakt over de kou, die Jack was vergeten, en Maura vertelde dat deze winter nog vrij mild was. Toen de ruiten helemaal schoon waren, schudde hij de laatste ijsresten van de krabber voordat hij hem aan haar teruggaf.

'Alsjeblieft. Nu kun je weer naar buiten kijken.'

'Dank je wel. Dat is vaak nuttig als je autorijdt. Zullen we nu jouw ruiten even doen?'

'Dat hoeft niet.' Hij wees naar een van de weinige overgebleven auto's, een SUV die zo te zien splinternieuw was. Er lag een tijdelijke kentekenplaat achter de voorruit, die overigens irritant ijsvrij was.

'Hoe heb je dat voor elkaar gekregen?'

'Ik heb vanmiddag na die sneeuwbui nog een paar boodschappen gedaan. Toen kon ik de sneeuw zo van mijn ruit vegen. Maar het is lief dat je het aanbiedt.'

Ze haalde haar schouders op. 'Je bent een nieuweling in Hope's Crossing. Nou ja, als je de eerste achttien jaar niet meetelt, dan. Ik wil niet dat je denkt dat we niet voor onze architecten klaarstaan, of ze nu briljant zijn of niet.'

Hij grinnikte en reikte langs haar heen om haar portier open te maken. Het was een aardig, hoffelijk gebaar. Maura staarde hem aan. Het zou allemaal veel makkelijker zijn geweest als hij onaardig tegen haar was, maar in plaats daarvan bracht hij haar steeds van haar stuk met zijn charme en zijn zorgzaamheid. Ze wilde langs hem heen lopen om in haar auto te stappen, want hij bezorgde haar een uiterst ongemakkelijk gevoel. Door haar zenuwen keek ze niet goed uit waar ze haar voeten neerzette. Haar laars gleed weg op een stukje ijs, en tot haar gêne merkte ze dat ze viel. In een flits liet Jack de deur los om haar op te vangen. Hij pakte haar bij haar bovenarm en wist te voorkomen dat ze op de grond kwakte.

Ze slaagde erin haar evenwicht te hervinden, maar haar gezonde verstand leek verdwenen te zijn. Ze kon haar blik niet losscheuren van de plotselinge vlam in zijn blauwe ogen en het adertje dat ze op zijn wang zag kloppen. Zijn adem kwam als een warme pluim uit zijn mond. Instappen. Nu meteen. De waarschuwingen fluisterden als een koude wind door haar hoofd, maar ze negeerde ze intuïtief. Hij was warm en lief en verschrikkelijk aantrekkelijk. Waarom zou ze dan instappen?

Hoofdstuk 9

Maura hield haar adem in toen hij zich vooroverboog om haar te kussen. Zijn mond was warm in de donkere winterkou en smaakte een beetje naar kaneel.

Eigenlijk zou ze niet moeten reageren. Als ze als een ijssculptuur bleef staan, hield hij het waarschijnlijk binnen twee tellen voor gezien. Een deel van haar brein wist dat dat het verstandigst was, maar de rest van haar lijf wilde gewoon niet luisteren. Hij was warm en verrukkelijk, en het was tijden geleden dat een man haar zo had geliefkoosd.

Hij sloeg zijn armen om haar heen en drukte haar tegen het portier van haar auto. Ze dacht dat ze hem heel zachtjes haar naam hoorde mompelen. Dat sexy geluid was alles wat haar lichaam nodig had om te ontvlammen. Ze sloeg haar armen ook om hem heen en beantwoordde zijn kus. Ze ging volledig op in de hitte, de verwondering en de herinnering aan talloze andere kussen. Hij had altijd al lekker kunnen zoenen. Zelfs als jongen van achttien had hij precies geweten hoe hij haar kon proeven, plagen en verkennen. Nu hij ouder was en meer ervaring had, richtte hij zijn laserscherpe focus op haar mond. Maura voelde al haar weerstand smelten en merkte dat ze hunkerde naar méér.

Waarom hadden ze in vredesnaam de moeite genomen de ruiten schoon te krabben? De hitte van hun kus had al het ijs kunnen laten smelten.

Opeens dacht ze terug aan hun allereerste kus. Ze hadden een week lang met elkaar opgetrokken, gelachen en veel gepraat. Ze hadden elkaar geholpen met hun problemen thuis, en Maura had gehunkerd naar het moment waarop hij haar eindelijk zou kussen. Ze begon zich al af te vragen of ze met rode verf een groot kruis over haar mond moest schilderen om hem te vertellen waar hij moest zijn.

Op een avond maakten ze samen een wandeling in Silver Strike Canyon. Onderweg stopten ze ergens om op een kei te gaan zitten en te genieten van de picknick die ze had meegenomen. Opeens pakte hij haar boterham uit haar hand. Hij gooide hem opzij en begon haar hongerig te kussen, tot ze geen van beiden nog helder konden nadenken. De herinneringen vermengden zich met het heden, maar ze was nu geen meisje van zeventien meer. Ze was een volwassen vrouw met behoeften, die ze veel te lang had genegeerd. Nu Jack zijn armen om haar heen had geslagen, verlangde ze er echter weer naar om dat onbezonnen, roekeloze meisje te zijn en alleen maar te genieten van de jongen die bij haar was.

De kus werd intiemer en wakkerde het verlangen aan. Ze beantwoordde zijn kus en drukte zich tegen zijn harde lichaam. In feite hadden ze zo kunnen blijven staan tot haar tenen bevroren waren. Maura zou er geen bezwaar tegen hebben gehad, maar de mist van haar verlangen trok op toen ze opeens een auto hoorde aankomen. Voordat ze zich uit zijn armen kon losmaken, hoorde ze een luide claxon. Tienerstemmen joelden en floten, en het volgende moment was de auto met de jongeren alweer doorgereden.

Opeens kwam Maura weer met beide benen op de grond. Lieve help, waar was ze mee bezig? Ze stond op een ijskoude januari-avond te zoenen met Jackson Lange. Ze had het gevoel dat ze twintig jaar lang een winterslaap had gehouden, in afwachting van zijn terugkeer en het moment waarop hij haar wakker zou maken. Ze maakte zich van hem los en liet zich op de bestuurdersstoel van de auto zakken. Ze wenste dat ze hem een duwtje kon geven, het portier kon dichttrekken en met piepende banden kon wegrijden. Maar ze was een vrouw van zevenendertig, geen dwaas tienermeisje. Als ze een vergissing beging, moest ze die onder ogen zien.

Jack keek naar haar. Zijn zware, onregelmatige ademhaling zorgde voor witte wolkjes in de lucht. 'We konden vroeger al genoeg vuur laten oplaaien om het hele Silver Strike-woud te laten afbranden,' zei hij.

'Winteravonden doen op deze hoogte soms rare dingen met je inschattingsvermogen,' zei Maura. Haar stem was nu net zo zedig als het ondergoed van haar ongetrouwde tante Gertrude.

Zijn mondhoeken krulden omhoog. 'Dus volgens jou ligt het aan de kou en de hoogte dat ik zin heb om jou op de achterbank te leggen en te kijken of we de situatie echt zo verkeerd hebben ingeschat?'

Haar hele lichaam werd warm en begon te kriebelen. Het kostte haar moeite om haar longen vol lucht te zuigen. 'Dat vind ik niet erg origineel, Jack,' zei ze. 'Is je techniek de afgelopen twintig jaar dan helemaal niet verbeterd?'

Zijn smeulende blik was uitdagend, alsof hij wilde zeggen: dat zou je wel willen weten, hè? 'O, ik heb sindsdien wel eens wat anders geprobeerd,' zei hij. 'Maar soms is er iets voor te zeggen om oude situaties te laten herleven.'

Ze sloot haar ogen in een poging de vreselijke hunkering tegen te houden. Stel je niet aan, zei ze streng tegen zichzelf. Je bent zevenendertig. Je bent veel te volwassen en te verstandig om achter in de auto met een man te vrijen. Zeker als die man de enige is met wie je het ooit echt fijn hebt gevonden. 'Dan moet je met een ander op zoek naar het verleden,' zei ze. 'Ik ben moe en ik ga naar huis. Een fijne avond, Jack. Bedankt dat je me hebt geholpen met krabben en dat je me hebt opgevangen. Ik had mijn botten kunnen breken. Ik zal zorgen dat ik voortaan beter oplet als ik in jouw buurt ben.'

Hij schoot weer in de lach. 'Een fijne avond, Maura. En voor straks een goede nachtrust, met mooie dromen.'

Voor een goede nachtrust was het nu al veel te laat, maar ze was blij toen hij eindelijk het portier sloot. Ze haalde diep adem en was zich bewust van haar trillende handen en haar bonkende hart. Toen ze de auto startte en wegreed, vroeg ze zich af hoe een ijskoude avond in de Rocky Mountains in vredesnaam zo dampend heet had kunnen worden.

'Hé, wat een verrassing. Je komt me mijn lunch brengen! Dank je wel, mam.'

Maura dwong zichzelf te glimlachen naar haar dochter, die achter een smaakvol eikenhouten bureau in de receptieruimte van Jacks kantoor zat. Het was geen grote ontvangstruimte, misschien hooguit drie bij vijf meter, maar er stonden mooie stevige negentiende-eeuwse meubels en een paar lampen uit de Arts and Crafts-periode. De lampen hadden kappen van bronskleurig glas en zagen eruit alsof ze in een museum thuishoorden.

Sage droeg een van de blazertjes die ze in haar favoriete kringloopwinkel had gekocht. Ze zag er net zo netjes en stijlvol uit als het kantoor, totdat Maura haar goed bekeek en de donkere kringen onder haar ogen zag. Haar gezicht was trouwens ook veel te bleek.

'Ik wil met je praten, en dit is de enige manier om je te pakken te krijgen. Eet je wrap met kalkoen maar op. Dermot Caine heeft hem speciaal voor jou klaargemaakt. Volgens mij doet hij er altijd extra gele paprika in omdat hij weet dat je daarvan houdt.'

Sage keek haar een paar tellen aan voordat ze gehoorzaam het vetvrije papier om haar wrap verwijderde en een hapje nam. Maura nam een hap van haar eigen wrap, al had ze niet veel trek. Ze vond echter dat ze het goede voorbeeld moest geven. Het was geen straf om Dermots wraps te proeven. Die smaakten altijd heerlijk, ook al had ze dan niet zoveel zin in eten. Haar blik bleef afdwalen naar de gesloten deur achter het bureau. Uiteindelijk moest ze de vraag wel stellen.

'Had ik goed begrepen dat Jack er niet is?'

'Hij heeft de rest van de week vergaderingen in San Francisco. Als het goed is, komt hij zaterdagavond thuis.'

Maura maakte zichzelf wijs dat ze de vraag alleen maar had gesteld omdat ze niet gestoord wilde worden bij dit gesprek, dat al veel eerder had moeten plaatsvinden. Zelf was ze natuurlijk helemaal niet geïnteresseerd in de vraag waar Jack zich ophield. Ze ontliep hem niet, hoor. Tenminste, dat hield ze zichzelf voor. Sinds die ongelooflijke kus van de week ervoor had ze haar auto ergens anders geparkeerd en gezorgd dat ze hem zo min mogelijk tegenkwam.

Ze kon er zelf ook niets aan doen dat de herinnering aan zijn harde vastbesloten mond en zijn handen onder haar jas haar de adem benam. Oké, misschien kon ze er wel iets aan doen. Ze had de afgelopen week veel te vaak aan die kus gedacht. Ze was ervan overtuigd dat het gewoon een aanval van winterkolder was, die vanzelf wel weer zou overgaan.

'Gezellig om samen met jou te eten,' zei ze, haar mondhoek deppend met een van de servetjes die Dermot had meegegeven. 'Sinds je terug bent uit Boulder heb ik je nauwelijks gezien. Je bent steeds bezig met school, je vrienden of je werk hier op kantoor. Volgens mij zag ik je vaker toen je nog in Boulder zat.'

'Mijn leven is op dit moment inderdaad een beetje hectisch,' erkende Sage.

'Goed.' Maura zuchtte diep en legde haar wrap neer. 'Daarom ben je waarschijnlijk nog niet naar de dokter geweest. Je had me vorige week beloofd dat je een afspraak zou maken.'

Sage verschoof op haar stoel en wendde haar blik af. 'Ik heb je helemaal niets beloofd. Ik had gezegd dat ik naar de dokter zou gaan als ik haar nodig had.'

'Ik ben van mening dat je haar nodig hebt, Sage. Je voelt je nog steeds niet goed. Ik ben er niet eerder over begonnen, maar het is zelfs Jack opgevallen. Hij vroeg me of je misschien een drankprobleem had. Ik zei dat je een griepje onder de leden had.'

'Ik heb geen drankprobleem en ik heb ook geen dokter nodig. Laat me met rust, mam. Het gaat prima met me.'

'Dat is niet waar. Sinds je thuis bent, ben je bleek en moe. Ik vraag me af of je de ziekte van Pfeiffer hebt. Ik heb gehoord dat zoiets heel vaak voorkomt op campussen van vervolgopleidingen.'

'Nee, ik heb geen pfeiffer.'

'Hoe weet jij dat nou? Dat moet worden vastgesteld met een bloedonderzoek.'

'Lieve help, mam. Heb je dat soms op internet opgezocht?'

'Ik heb gekeken of ik je symptomen kon terugvinden,' zei Maura op defensieve toon. Waarom moest ze zich nu verdedigen? Ze was gewoon een moeder die zich zorgen maakte om haar kind. Daar was toch niets mis mee? 'Geef toe, sinds je thuis bent, voel je je al niet goed. Tijdens de feestdagen was je jezelf al niet.'

'Vind je dat gek? Ik had net ontdekt wie mijn mysterieuze vader was, de man die volgens jou niet bestond.'

'Dat heb ik nooit gezegd. Ik heb alleen gezegd dat je vader geen deel van ons leven uitmaakte, en ik heb benadrukt dat je Chris had, die nog steeds een fantastische stiefvader is. Je verandert trouwens van onderwerp. Je bent jezelf niet. Ik wil zeker weten dat je niets besmettelijks hebt.'

'Het is niet besmettelijk,' mompelde Sage.

'Hoe weet je dat? Ik heb een afspraak gemaakt bij dokter Harris. Je kunt vanmiddag om vijf uur bij haar terecht. Ik weet zeker dat Jack het goedvindt als je vandaag wat eerder afsluit.'

'Nee.'

Mijn hemel, en Jack vond háár koppig. Maura klemde haar tanden op elkaar en vroeg zich af waarom het haar na negentien jaar nog verbaasde dat haar kind zo halsstarrig kon zijn. 'O jawel, jij gaat wel naar de dokter,' zei ze poeslief. 'Al moet ik Riley ervoor bellen en je aan zijn handboeien op de achterbank van zijn patrouillewagen meenemen.'

Sage snoof minachtend. 'Alsof hij daaraan zou meewerken.'

'Dat zou je misschien verbazen. Wat heb je aan een broer die politiecommissaris is als je niet af en toe gebruik kunt maken van zijn badge?'

Sage schudde haar hoofd en speelde met haar lunch. Daarna legde ze haar handen op het bureau. 'Mam, ik hoef echt niet naar dokter Harris.'

Maura slaakte een zucht. 'Ik wil dat je door iemand wordt onderzocht. Wil je naar een andere dokter?'

'Ik heb op de campus een arts gesproken voordat ik mijn kamer leegruimde.' De woorden rolden razendsnel uit haar mond, alsof ze een bekentenis aflegde.

Stomverbaasd staarde Maura haar aan. 'Waarom heb je me dat niet verteld? Heb je medicijnen gekregen? Wat was de diagnose?'

'Nou, het goede nieuws is dat ik geen pfeiffer heb.' Eén mondhoek van Sage ging omhoog, alsof ze een grapje probeerde te maken.

Was het dan iets ernstigers? Kanker? Maura had het gevoel dat ze bevroor. Haar hart leek even stil te staan en ze kon niet ademhalen. Haar bloed pompte niet meer door haar lichaam. 'Wat dan wel? Wat zei de dokter?' vroeg ze.

Sage zuchtte. 'Ik had het je niet op deze manier willen vertellen. Ik weet trouwens niet hoe ik het wél had willen zeggen. Het liefst zou ik erover hebben gezwegen, maar ja... Het is vervelend om het bij een kalkoenwrap op kantoor te bespreken.'

Maura's gezicht was inmiddels ook volledig verstijfd, en door de paniek kon ze nauwelijks nog woorden vormen. Ze wilde niet horen dat ze Sage ook zou kwijtraken. Dat zou ze niet overleven. 'Zeg het alsjeblieft! Wat is er aan de hand?'

Sage beet op haar lip. Dat deed ze vroeger ook altijd toen ze op school de tafels van één tot tien moest leren. 'Ik ben zwanger.'

Maura zonk achterover in haar stoel en de wereld kwam weer in beweging. Supersnel, zelfs. Waarschijnlijk had ze haar dochter verkeerd verstaan. Ze hyperventileerde, haar ademhaling was vlug en oppervlakkig, en haar maag maakte een rare buiteling. 'Wat zeg je?'

'Ik ben zwanger. Ik krijg een baby.'

'Hoe kan dat nou?' De woorden schroeiden Maura's keel.

'Op de gebruikelijke manier, mam,' antwoordde Sage droog. Ze kon haar moeder nog steeds niet aankijken en begon weer met de kalkoenwrap op het vetvrije papier te spelen.

Opeens vielen allerlei puzzelstukjes op hun plaats. De hevige vermoeidheid. De emotionele uitbarstingen. De misselijkheid. Waarom had Sage niets gezegd? Tijdens de feestdagen had ze er niet eens op gezinspeeld. Was hun relatie sinds Layla's dood zo oppervlakkig en gespannen geworden dat haar dochter haar niet meer in vertrouwen wilde nemen? 'Ik wist niet eens dat je een vriendje had,' fluisterde ze. 'Ik dacht dat er na Michael Jacobs niemand meer was geweest, en dat was op de middelbare school.'

Sage bleef naar het bureau staren. 'Ik heb geen vriend. Niet op die manier. Het gebeurde gewoon.'

'Wie is de vader?'

'Daar wil ik nu niet over praten, mam. Sorry. Ik weet nog niet hoe het verder moet.'

'Wat zou je het liefst willen?'

'Ik weet het niet. Ik weet het echt niet,' verzuchtte Sage. 'Misschien ben ik een enorme sufferd, maar ik had tot aan de kerst zelfs niets vermoed. Mijn menstruatie bleef uit, maar ik dacht... Ik dacht dat dat kwam door de stress van school en door Layla's dood en zo. Op de campus hoorde ik dat ik waarschijnlijk al vijftien weken zwanger ben. Dat betekent dat de eerste optie al afvalt. Ik weet niet of ik de stap überhaupt zou kunnen zetten, maar na drie maanden is het natuurlijk niet meer zo eenvoudig om een abortus te krijgen.'

Maura had het idee dat ze droomde. Haar dochter had het over zwangerschappen en abortussen alsof ze een filmtrailer besprak. Ze werd eerst ijskoud, vervolgens gloeiend heet en voelde zich verdoofd.

'Je wordt krijtwit. Heb je nu zin om me te wurgen?' vroeg Sage fluisterend.

'Nee. Nee, helemaal niet. Het is alleen wel een... schok.' Maura herinnerde zich hoe het was geweest om op haar zeventiende aan haar moeder te moeten vertellen dat ze zwanger was. Mary Ella had nog maar net verwerkt dat James McKnight zijn gezin in de steek had gelaten. Maura vond het vreselijk dat ze haar moeder nog meer stress bezorgde en had haar bekentenis zo lang mogelijk uitgesteld.

'Dat was het voor mij ook,' zei Sage. 'We hadden voorzorgsmaatregelen genomen, maar er ging iets mis. Dat is wel duidelijk.' Ze wees op haar buik, die beslist al wat ronder begon te worden.

Een baby. Haar kind kreeg een baby! Maura kon het nog nauwelijks bevatten. Zelf was ze pas zevenendertig. Dat was toch veel te jong om grootmoeder te worden?

'Het spijt me,' zei Sage met een klein stemmetje. 'Ik weet dat dit alles verandert.'

'Dat kun je wel zeggen, ja.'

Sage zag er zo jong en verslagen uit dat Maura deed wat ze meteen had moeten doen. Dat zou ze ook hebben gedaan als ze niet zo ondersteboven was geweest van het nieuws. Ze boog zich over het bureau en sloeg haar armen om Sage heen. Haar dochter rook naar de wol van haar trui en naar shampoo met watermeloenextract. Toen Sage nog heel klein was en met haar moeder in het appartementje boven de kralenwinkel woonde, dat Maura van Katherine had gehuurd, had Maura vaak urenlang met haar baby in haar armen gezeten. Ze had haar gezicht begraven in het zachte babynekje, dat naar talkpoeder, moedermelk en een wereld vol mogelijkheden rook.

'Ben je kwaad op me?' vroeg Sage.

Maura gaf haar een kneepje in haar hand. 'Nee, natuurlijk niet. Hoe zou ik nu kwaad kunnen zijn? Dan zou ik de grootste hypocriet op aarde zijn, want zelf ben ik ook onverwachts zwanger geraakt. Ik wou alleen dat je het me had verteld.'

Sage snikte zachtjes, waardoor Maura ook volschoot. Sage maakte zich van haar moeder los en pakte een papieren zakdoekje. Daarna gaf ze er een aan Maura. 'Ik liep al dagen te dubben hoe ik er het beste over kon beginnen,' bekende ze. 'Maar de laatste tijd heb ik zoveel aan mijn hoofd dat de verleiding groot was om het allemaal weg te stoppen. Ik schoof de beslissing voor me uit en wilde er later pas over nadenken.'

Dat gevoel herkende Maura maar al te goed. Toen ze had ontdekt dat ze Sage verwachtte, had ze het liefst met een deken over haar hoofd in bed willen kruipen en willen doen of de situatie zich vanzelf wel zou oplossen. Ze wilde zichzelf wijsmaken dat Jack nog in de buurt was, dat ze niet zwanger was en dat ze de situatie niet doodsbang en in haar eentje het hoofd hoefde te bieden. 'Bij een zwangerschap heb je geen tijd om dingen voor je uit te schuiven,' zei ze. 'Jouw kind rekent op je. Je moet zorgen dat je gezonde dingen eet en gezond leeft. Slik je vitaminen?'

Sage knikte en veegde een lok haar achter haar oor. Ze leek absurd jong voor dit gesprek. 'De dokter op de campus heeft ze aan me voorgeschreven. Sinds ik het weet, probeer ik echt beter te eten. Ik heb ook een afspraak gemaakt met een dokter in Telluride, die mijn zwangerschapscontroles gaat doen. Ga je alsjeblieft met me mee?'

'Ja. Ja, natuurlijk,' zei Maura. 'Ik zal je op alle mogelijke manieren helpen.'

'Daar ben ik blij om.'

Hoeveel stress kon een mens in een maand verdragen? Eerst kwam Jack opdagen, vervolgens kondigde Sage aan dat ze een poosje van school ging, en nu kwam dit schokkende nieuws uit de lucht vallen. Daarnaast was er ook nog altijd het verdriet om Layla. 'Je zei dat je niet over de vader van de baby wilde praten, maar weet hij dat je zwanger bent?'

'Nee,' zei Sage. 'Ik heb hem sinds die avond niet meer gesproken. Het was iets eenmaligs. We hebben geen verkering.'

Weer kreeg Maura het gevoel dat ze het recht niet had om haar dochter te adviseren. Hoe kon ze Sage nu vertellen dat ze het tegen de vader moest zeggen als ze Jack zijn dochter negentien jaar lang had onthouden? Haar blik gleed naar de gesloten deur. 'Weet Jack het?' vroeg ze. Een kort, krankzinnig moment wenste ze dat hij er was om haar bij te staan. Misschien wist hij wat hij moest zeggen en hoe hij moest reageren. In theorie zouden ze nu een team moeten vormen.

Ze was niet blij geweest toen hij in het leven van Sage kwam, maar daar was nu niets meer aan te veranderen. Nu hij wist dat hij de vader van Sage was, was het niet meer dan normaal dat hij Maura zou helpen. Al die jaren had ze alle problemen in haar eentje opgelost, maar nu konden ze de last delen.

Met zorg verpakte Sage haar lunch weer in het vetvrije papier. Ze had nauwelijks iets gegeten. 'Nee. Ik wilde het eerst aan jou vertellen. Dat leek me niet meer dan normaal. Ik bedoel, ik mag hem heel graag, maar ik heb met hem een andere relatie dan met jou. Ik heb nog steeds het gevoel dat ik hem niet zo goed ken. Het voelt raar om plompverloren te zeggen: zal ik je eens iets grappigs vertellen, Jack? De geschiedenis lijkt zich te herhalen.'

Uiteindelijk zou Sage het nieuws toch aan haar vader moeten vertellen, hoe moeilijk ze dat ook vond. Maura had een beetje medelijden met haar, want ze wist hoe akelig het was om mensen teleur te stellen die hoge verwachtingen van je hadden. 'Mijn familie heeft tijdens mijn zwangerschap altijd voor me klaargestaan, Sage. Mijn moeder was een rots in de branding, en mijn oudere zussen waren fantastisch. Iedereen steunde me. Ook Riley. Hij schijnt op school zelfs gevochten te hebben toen iemand iets lelijks over me zei.' Ze voegde er maar niet aan toe dat Riley in die tijd elk excuus had aangegrepen om te vechten, want dat deed er nu niet toe. 'Ik hou van je. Dat zal altijd zo blijven, al maak ik me wel zorgen over de problemen die je wachten en de keuzes die je zult moeten maken,' zei ze. 'Maar vergeet nooit hoeveel je voor me betekent. Ik ben ervan overtuigd dat je zult doen wat het beste is voor jou en je kind.'

'Dank je. Dank je wel.' Sage snufte nog een keer en veegde haar ogen af met een zakdoekje. 'Daar ben ik heel blij om. Sorry dat ik moet huilen. Meestal ben ik niet zo'n huilebalk, maar de laatste tijd schiet ik voortdurend vol.'

'Dat komt door de hormonen. Wen er maar aan. De komende vijfentwintig weken ben je een emotioneel wrak.'

'Ik zag er zo tegen op om het je te vertellen. Ik dacht dat je tegen me zou schreeuwen en zou roepen dat ik een idioot ben.'

'Dat komt nog wel,' zei Maura met een wrange lach.

Sage lachte, en Maura was blij dat de spanning uit haar kind leek weg te glijden. 'Ik had nooit gedacht dat je het zo relaxed zou opvatten, mam,' zei ze.

Wéér een compliment over haar gedrag en houding. Kennelijk had ze onderhand echt een Oscar verdiend. Ze had iedereen zo overtuigend wijsgemaakt dat ze haar leven weer op orde had dat haar acteerkwaliteiten haar ook op andere fronten van pas kwamen.

Ze was helemaal niet relaxed na het nieuws van haar dochters ongewenste zwangerschap. Ze was bijna letterlijk misselijk. Sage had een talent voor architectuur. Dat had Jack haar verteld, en hij kon het weten. Sage had dromen en doelen, en Maura wist niet hoe ze die kon realiseren nu ze met een ander levend wezentje rekening moest houden.

Hoofdstuk 10

'Fijn dat je bent meegegaan, mam. Ik dacht dat ik het wel in mijn eentje durfde, maar nu we hier zijn, ben ik blij dat je er bent.'

'Woont hij hier?'

'Volgens mij wel. Op nummer twaalf.'

Het rijtje chique huizen behoorde tot de meest luxueuze onderkomens in Hope's Crossing. Ze waren gebouwd van glas, cederhout en riviersteen en stonden op een prachtig aangelegd terrein, dat een mooi uitzicht bood op het stadje en de bergen. Zou het Jack bevallen om hier te wonen? Vond hij het moeilijk om elke dag uit te kijken op Silver Strike Canyon, een levendige herinnering aan de reden waarom hij was vertrokken?

Maura parkeerde haar auto vlak bij zijn huis. 'Weet je zeker dat je niet liever alleen naar binnen wilt? Ik wil ook wel in de auto wachten.'

'Nee, ik vind het fijn als je meegaat,' zei Sage.

Zelf keek Maura daar niet zo naar uit. Ze wilde er niet bij zijn als Sage haar vader over haar zwangerschap vertelde. Elk meisje zou het gênant vinden om zoiets te gaan vertellen, maar in hun geval werd het ook nog eens een gesprek met een vader die Sage pas een maand kende. Het zou ongetwijfeld een ongemakkelijke situatie opleveren, dus Maura zou het liefst in de auto blijven. Zelf had ze immers ooit een zwangerschap voor Jack verzwegen. Het was een raar idee om nu met Sage mee te gaan en haar te horen zeggen dat ze een kind verwachtte. 'Goed, dan ga ik mee naar binnen,' zei ze opgewekt.

'Bedankt, mam.' Sage glimlachte nerveus, en Maura herinnerde zichzelf eraan dat dit gesprek niet om háár ging. Het ging om Sage en haar prille relatie met haar vader. 'Ik had het hem óok morgen op kantoor kunnen vertellen, maar toen hij me vanochtend tijdens het ontbijt sms'te, bedacht ik dat ik zoiets belangrijks beter niet kon uitstellen. Toch? Ik voel me vast beter als ik het met hem heb besproken,' zei Sage.

'Had ik al gezegd dat ik erg trots ben op de manier waarop je hiermee omgaat? Ik begrijp dat je het moeilijk vindt om het aan Jack te vertellen. Je vond het gisteren ook moeilijk om het tegen oma te zeggen, maar je verstopt je niet voor het probleem en probeert er het beste van te maken. Dat is echt de beste manier om dit aan te pakken.'

'Dank je wel.' Sage leek nog steeds te aarzelen voordat ze het portier opende.

Maura stapte uit. Het was een milde dag voor begin februari, maar toch was het buiten aanzienlijk kouder dan in de auto. Ze huiverde in de wind, maar dwong zichzelf naar haar kind te glimlachen. 'Het komt vast goed. Wat kan er nu helemaal gebeuren?'

'Hij zou me de deur kunnen wijzen en kunnen zeggen dat hij niets meer met me te maken wil hebben. Welke vader wil nu horen dat zijn dochter zwanger is?'

Maura deed haar best om niet te veel na te denken over haar eigen vader, die zijn gezin in de steek had gelaten om zijn eigen dromen na te jagen. Tegen de tijd dat zij had ontdekt dat ze zwanger was, was James McKnight zo vol geweest van zijn eigen nieuwe leven als vrijgezel en gelauwerd archeoloog, dat de wereldjes van zijn kinderen hem niet hadden geïnteresseerd. Vóór zijn dood had hij Sage maar een paar keer gezien. Maura kon het aantal ontmoetingen op één hand tellen. 'Jack is een aardige man.

Ik heb hem niet veel gesproken sinds hij terug is, maar dat bewijst al genoeg. Hij is hier. Ondanks zijn weerstand tegen Hope's Crossing is hij voor jou teruggekomen. Hij wil graag een band met je opbouwen. Volgens mij zal hij je nooit de deur wijzen, zeker niet nadat hij al die moeite heeft gedaan om in jouw buurt te kunnen zijn.'

Sage beet op haar onderlip en leek opeens wel een meisje van tien. 'Misschien heb je wel gelijk. Hij was het aan niemand verplicht om hier te gaan wonen en een kantoor in Hope's Crossing te openen. Op mijn eerste werkdag had ik al door dat al het werk dat we hier doen minstens zo efficiënt gedaan kan worden in San Francisco.'

'Precies. Hij is hier voor jou, en ik denk dat je zwangerschap daar niets aan verandert. Juist nu moet je proberen hem te vertrouwen.'

'Dat weet ik, maar dat maakt het niet makkelijker om het hem te vertellen,' verzuchtte Sage.

Weer dwong Maura zichzelf te glimlachen. 'Het komt wel goed. Ga je mee? Dan hebben we het maar gehad. Een pleister kun je ook maar beter in één keer van je huid trekken.'

'Dat is waar.' Sage maakte eindelijk haar portier open en stapte uit.

Langs de besneeuwde decoratieve naaldbomen liepen ze naar Jacks huis. Maura liep langzaam achter haar dochter aan over het bochtige pad. Het was nog altijd koud, maar voor de verandering vroor het niet meer. Het was een van die dagen waarop Maura altijd ging verlangen naar de lente. Sage wachtte tot haar moeder bij haar was voordat ze aanbelde. Daarna stak ze haar arm door die van Maura, alsof ze een wandelingetje door het park langs Sweet Laurel Creek maakten.

Jack deed de deur open, gekleed in een spijkerbroek en een sportief bruin overhemd met opgerolde mouwen. Hij droeg een leesbril en zijn golvende donkere haar was een beetje slordig, alsof hij net afwezig zijn lange, sterke vingers door zijn haar had gehaald. Ondanks de spanning was Maura zich bewust van een ongepaste – en ongewenste – kriebel in haar onderlijf. Wat was het toch irritant dat die man haar na al die jaren nog zoveel deed!

'Kijk nou eens. Wat een verrassing.' Hij haalde vlug zijn leesbril van zijn neus en stopte hem in het borstzakje van zijn overhemd.

Maura deed haar best niet vertederd te raken door zijn gêne.

'We waren min of meer in de buurt. Toen je me een sms stuurde, hadden we net gebruncht met oma, in het restaurant op Le Passe Montagne. Ben je daar al eens geweest?'

'Nee.'

'Dan moet je er echt naartoe. Het is een geweldig restaurant,' zei Sage. 'In het weekend serveren ze verrukkelijke crêpes. Die smelten gewoon in je mond. Ze vullen ze met allerlei vreemde dingen, die heel lekker blijken te zijn. Asperge en zoete aardappel, bijvoorbeeld, of truffel en artisjokken. Elke combinatie die je maar kunt bedenken. Ik ben dol op de hartige crêpes, maar de zoete zijn werkelijk onweerstaanbaar. Ik kan je die met bramen van harte aanbevelen.' Sage hield abrupt haar mond toen ze zich de reden van hun komst herinnerde. 'Sorry. We laten alle warmte uit je huis ontsnappen. Mogen we binnenkomen?'

In Jacks blauwe ogen verscheen een vragende blik, maar hij deed de deur verder open. 'Ja, natuurlijk. Kom erin.'

Binnen was Maura aangenaam verrast door de afmetingen van het huis. Waarschijnlijk paste haar hele huis in deze woonkamer. De open haard van riviersteen liep door tot op de eerste verdieping en het plafond had prachtige grote balken.

'Zal ik jullie jassen aannemen?' vroeg hij.

Sage trok vlug haar dikke parka uit en gaf die aan haar vader. Maura propte haar handen in de zakken van haar wollen jas, gedreven door een belachelijke drang om het kledingstuk als een soort bescherming bij zich te houden. Jack stond echter op haar te wachten en keek haar aan. Uiteindelijk trok ze haar jas daarom maar uit.

Hun handen streken langs elkaar toen hij het kledingstuk aanpakte, en ze voelde de spanning tussen hun lichamen knetteren. Het moment was snel voorbij, maar hun ogen vonden elkaar, en ze bleven elkaar aankijken tot Maura naar adem hapte. In zijn blik zag ze vlammetjes oplaaien, alsof hij zich hun kus ook herinnerde, maar toen draaide hij zich om en liep hij naar een kapstok die gemaakt was van elandengeweien.

'Ga zitten,' zei hij, gebarend naar de stevige leren bank en de fauteuils die rond de open haard waren gegroepeerd.

Sage ging op het puntje van de bank zitten en seinde naar Maura dat ze naast haar moest komen zitten. Maura kon de smeekbede niet negeren, ook al had ze zin om aan de andere kant van het vertrek te gaan zitten, ver weg van Jack. Sage pakte haar hand. Haar vingers trilden en Maura gaf er een kneepje in om haar gerust te stellen.

'We willen je niet lang storen. Je was zeker aan het werk, hè?' vroeg Sage.

'Ik bekijk de vorderingen van een paar projecten. Jullie storen me niet, hoor.'

'We blijven niet lang.'

Het bleef een paar tellen stil, waarin Jack nieuwsgierig van de een naar de ander keek. Uiteindelijk gaf Maura haar dochter nog een bemoedigend kneepje, en Sage haalde diep adem.

'Ik moet je iets vertellen,' zei ze. 'Daarom zijn we hier. Ik had het al veel eerder moeten doen, maar het waren erg rare weken. Ik wilde eerst alles zelf op een rijtje zetten.'

Zijn vragende blik maakte plaats voor bezorgdheid. 'Wat is er dan? Er is toch niets mis?' De oprechte bezorgdheid in zijn stem en zijn blik raakte Maura diep in haar hart. Hij was nooit een vader voor Sage geweest, maar ze kon niet ontkennen dat hij erg zijn best deed om het gemis goed te maken. Hij leek daadwerkelijk om het meisje te geven.

'Nee, ik ben niet ziek of zo.' Sage pakte haar moeders hand steviger vast.

'Sage, je vader wordt ongerust,' zei Maura vriendelijk. 'Het lijkt mij het beste als je het gewoon vertelt.'

Sage zuchtte. 'Ik vind dit moeilijk. Erg moeilijk. Maar ja, uiteindelijk zul je er toch wel achter komen. Ik kan het je daarom beter vertellen. I-Ik weet dat je je de afgelopen weken zorgen om me hebt gemaakt. Je hebt zelfs aan mama gevraagd of ik misschien een drankprobleem had.'

'Ik wist niet wat ik moest denken.'

'Nou, ik heb in elk geval geen drankprobleem, en ook niet de ziekte van Pfeiffer. Ik, eh... Ik ben zwanger.'

Vijf tellen lang was er geen enkele uitdrukking op Jacks gezicht te zien. Toen werden zijn ogen groter en gleed zijn blik automatisch naar zijn dochters buik. Vlug richtte hij zijn blik daarna weer op haar gezicht. Maura had medelijden met hem. Ze begreep heel goed hoe verwarrend dit voor hem moest zijn. 'Zwanger. Wauw.'

'Ik schrok er zelf ook van. Het was niet gepland, maar dat begreep je waarschijnlijk al. Het is zelfs een heel andere situatie dan destijds bij jou en mama. Jullie waren verliefd op elkaar.'

Jack keek naar Maura, die bloosde bij de herinnering aan de allesbeheersende liefde die ze ooit voor hem had gevoeld. Weer vlamde er iets in zijn ogen op, iets zachts en bijna teders. Sage leek zich niet bewust van de plotselinge spanning, want ze vervolgde haar verhaal.

'Ik heb niet eens verkering met de vader. Ik bedoel, ik vind hem heel leuk, maar hij had... Hij heeft al een relatie.' Dat had ze nog niet eens aan Maura verteld. Kennelijk mocht Jack meteen al meer weten.

'En ging hij desondanks met jou naar bed? Dat komt niet erg sympathiek op me over.' Zijn stem was hard.

'Hij is wél sympathiek, hij is echt erg aardig. We zijn bevriend.'

'Méér dan dat, als ik jou zo hoor.'

Sage bloosde hevig. 'Nou ja, het ging inderdaad wat te ver.'

Zijn dochter, dacht Jack. Een jonge vrouw die hij nauwelijks kende. Nu vertelde ze hem dat ze een nieuw leventje op de wereld ging zetten. Hoe had zijn leven in een paar weken in vredesnaam zo gecompliceerd kunnen worden? 'Is hij bereid zijn verantwoordelijkheden te nemen?' vroeg hij.

Sage staarde naar haar handen. 'Ik heb het hem nog niet verteld.'

'Goh, waar heb ik dat eerder gehoord.' De woorden rolden net iets scherper uit zijn mond dan zijn bedoeling was geweest.

Maura's gezicht vertrok en Sage tikte op haar moeders hand.

'Het is nog niet te laat,' mompelde Maura. Haar gezicht was net zo rood als dat van Sage, en Jack vroeg zich af wat ze dacht.

Een kind. Zijn dochter, eigenlijk zelf nog een kind, was in verwachting. Een of andere rotzak had haar zwanger gemaakt en zich vervolgens niet meer om haar bekommerd. Hij liet de verantwoordelijkheid verder aan háár over. Het leek wel een echo van een afschuwelijke nachtmerrie. Hoe moest hij nu reageren? Hij wist helemaal niets van baby's of zwangerschappen. Hij had een paar werknemers die kinderen hadden gekregen. Een receptioniste had twee keer doorgewerkt tot ze acht maanden zwanger was, en een jonge zeer getalenteerde collega was weggegaan en had thuis een adviesbureau opgezet nadat ze een te vroeg geboren tweeling had gekregen. Bij elke zwangerschap leek er op kantoor nergens anders over gepraat te kunnen worden. Iedereen had het over echo's en babynamen. Tot zijn ontzetting hadden ze het zelfs over besnijdenis voor jongetjes gehad.

Hij had zich bij die gesprekken nooit erg op zijn gemak gevoeld. Wanneer er over dikke enkels en borstvoeding gepraat werd, had hij koortsachtig gezocht naar veilige politiek correcte onderwerpen die hij als mannelijke werkgever kon aansnijden. Uiteindelijk had hij besloten dat hij maar beter zo min mogelijk over de zwangerschappen kon zeggen.

Hier had hij echter niet te maken met werknemers, en deze situatie kon hij niet negeren. Sage was zijn dochter, maar net als bij zijn werknemers stond hij met zijn mond vol tanden. Na een paar tellen besloot hij een onschuldige vraag te stellen. 'Voel je je goed?'

'Ja. De afgelopen maanden ben ik erg moe geweest, maar nu begin ik weer wat energie te krijgen.' Met enige moeite slaagde ze erin te glimlachen.

Ze is mooi, dacht Jack. Maura en ik hebben echt een heel leuk kind op de wereld gezet. Haar glimlach was stralend en af en toe verscheen er een lief kuiltje in haar wang. De komende maanden zou haar leven voorgoed veranderen. Zou ze dat wel beseffen? Hij had geen idee, hij wist alleen dat Sage nog lang niet volwassen genoeg leek om moeder te worden.

'Je bent zeker wel geschokt.' Daar was het kuiltje in de wang weer. 'Ik bedoel, je weet nog maar net dat je vader bent, en nu hoor je dat je opa wordt. Twee kinderen voor de prijs van één.'

Hij werd opa. Mijn hemel, hij was pas achtendertig! Hij keek naar Maura, die al net zo ontdaan leek te zijn als hij. 'Het is inderdaad erg onverwachts. Een baby. Jeetje. Ik kan het nog steeds niet geloven,' zei hij.

'Ik ook niet, en ik weet het nota bene al een paar weken.'

'Waarom heb je niets gezegd?'

'Dat vroeg ik ook al,' zei Maura.

Sage zuchtte. 'Ik wilde de sfeer niet bederven. Zeg alsjeblieft dat je niet boos bent. Ik snap heus wel dat alles nu verandert, maar mag ik alsjeblieft voor je blijven werken, Jack?'

Er verscheen een rimpel op zijn voorhoofd. 'Dacht je nu echt dat ik je eruit zou schoppen en je zou ontslaan omdat je zwanger bent?'

'Nee, dat niet... Ik vond het heel eng om het je te vertellen, totdat mama me eraan herinnerde dat je voor mij bent teruggekomen naar Hope's Crossing. Ze zei dat ik je moest vertrouwen.'

'Echt waar?' Jack keek naar Maura en zag dat haar wangen weer begonnen te gloeien. Het was fijn om te horen dat ze hem geen rotzak vond. 'Natuurlijk wil ik dat je voor me blijft werken. Je bent de beste officemanager die ik ooit heb gehad. Het zou dom zijn om je vanwege een zwangerschap te ontslaan.'

'Dank je wel. Dat betekent heel veel voor me. Ik wil gewoon niet dat de situatie raar of gespannen wordt.'

Hij lachte schor. 'Mijn leven is al behoorlijk raar op dit moment. Gekker kan het volgens mij niet worden, tenzij er op dit moment een buitenaards wezen uit mijn open haard kruipt.'

Maura en Sage schoten in de lach, en het viel hem op dat ze er allebei een stuk opgeluchter uitzagen dan bij hun binnenkomst. 'Ik ben blij met dit bezoek. Het was vast niet makkelijk om hierheen te komen,' zei hij. Hij richtte zich tot Sage, maar hij had het gevoel dat Maura er ook niet bepaald naar had uitgekeken om met dit nieuws bij hem langs te komen. Desondanks had ze haar dochter gesteund. Dat vond hij prijzenswaardig.

'We hebben er goed aan gedaan,' zei Sage. 'Het leek op de een of andere manier verkeerd om er pas op kantoor over te beginnen.'

Op welke plek ze het nieuws ook vertelde, ze had moed nodig gehad om dit op te biechten. Hoe zou het voor Maura zijn geweest om aan haar familie te vertellen dat ze zwanger was? Twintig jaar geleden was dat in een klein stadje als Hope's Crossing waarschijnlijk niet eenvoudig geweest. De mensen hier konden soms erg bekrompen zijn. Hij herinnerde zich dat de oude dames uit het stadje soms erg onaardig waren geweest tegen zijn moeder. Ze keken haar met de nek aan omdat ze door haar psychische problemen last had van hevige stemmingswisselingen en emotionele uitbarstingen. Die oude vrouwen waren inmiddels overleden, maar hij herinnerde zich hen heel goed.

Eén bepaalde jeugdherinnering stond hem glashelder voor de geest. Ze deden boodschappen in een winkel aan Main Street, de enige plek waar je verse groenten en vers vlees kon krijgen voordat de supermarkten zich in het stadje hadden gevestigd. Destijds was hij misschien acht of negen jaar oud geweest, groot genoeg om te beseffen dat zijn moeder anders was dan de verzorgde vrouwen die met hun kinderen boodschappen deden. Zijn moeder had bepaalde kronkels die hem aan het lachen maakten, maar waar hij ook bang van werd.

Frances Redmond, een ontzettend zure vrouw, had die dag

achter de kassa gezeten. Tegen de tijd dat Bethany eindelijk al haar boodschappen in haar karretje had gelegd en bij de kassa kwam, maakte Mrs. Redmond misselijke grapjes over alle artikelen die Bethany kocht. 'Zorg maar dat die room niet gaat schiften, want je bént al zo geschift. En een fles wijn! Mens, ben je zelf nog niet bezopen genoeg?'

Achteraf dacht Jack dat de vrouw alleen maar domme grapjes had gemaakt over iets wat ze niet begreep, maar zijn moeder was net zo rood geworden als de Kit Kat die hij had uitgezocht. Op dat moment was het tot hem doorgedrongen dat dit een van haar slechtere dagen was.

'Je weet niet waar je het over hebt. Ik ben niet gek, rotwijf dat je bent!' had ze veel te hard geroepen. Ze had Jack bij arm gepakt en hem de winkel uit getrokken. Al haar boodschappen waren op de band van de kassa achtergebleven. De mooie jonge vrouwen met de perfecte kinderen hadden allemaal geschokt en gefascineerd toegekeken.

In die slangenkuil had Maura zich in haar eentje moeten begeven. Ze had roddeltantes als Laura Beaumont, Frances Redmond en Elsie Whittaker het hoofd moeten bieden, en dat had moed gevergd. Waarom was ze in Hope's Crossing gebleven? Als hij in haar situatie had verkeerd, was hij het stadje onmiddellijk ontvlucht. Sterker nog, hij wás gevlucht zodra hij de kans kreeg.

Haar moeder had haar ongetwijfeld geholpen zich staande te houden. Hij kon zich niet voorstellen dat Mary Ella, zijn favoriete lerares Engels, ooit wreed tegenover een van haar kinderen zou zijn. Opeens was hij daar erg dankbaar voor. Hij was blij dat Maura zo'n goede steun had gehad toen ze als meisje in die situatie was beland. En nu zou Maura ook als een tijger voor haar eigen dochter vechten. Intuïtief wist hij dat Maura Sage altijd zou blijven steunen tijdens de moeilijke uitdagingen die de zwangerschap opleverde.

'Wat gaan jullie vandaag doen?' vroeg hij. Opeens vond hij het jammer als ze zouden vertrekken.

'We gaan naar huis,' zei Maura monter. 'Ik moet nog boodschappen doen en er ligt een was op me te wachten. Spannend, hè?'

Sage trok haar neus op. 'Ik moet huiswerk maken. Eind deze week moet ik een essay voor geschiedenis af hebben.'

'Hebben jullie misschien zin om eerst even met mij op pad te gaan?' vroeg hij in een opwelling. 'Ik moet naar de plek waar Harry het sportcomplex heeft gepland. Ik moet een paar metingen verrichten en kan wel wat assistentie gebruiken. Een páár assistenten, zelfs. Daarover had ik je vandaag willen bellen, Sage. Daarom had ik je die sms gestuurd, om te vragen of je al plannen had.'

'Echt waar?'

'Je zei dat het je leuk leek om vanaf het begin bij een project betrokken te worden. Dit is je kans.'

'Dat lijkt me geweldig! Mijn huiswerk kan wel wachten tot vanavond. Wat vind jij, mam? Kunnen de was en de boodschappen wachten tot je ons geholpen hebt?'

'Heb je echt twee assistenten nodig, Jack?' vroeg Maura. 'Loop ik niet in de weg?' Het was duidelijk dat ze niet veel zin had om mee te gaan. 'Ik kan Sage straks ook wel ophalen, of je kunt haar thuis afzetten.' Kennelijk wilde ze zo min mogelijk tijd met hem doorbrengen. Dat begreep hij wel, maar na die kus had hij er juist behoefte aan haar vaker te zien.

'Kan ik je echt niet op andere gedachten brengen?' vroeg hij. 'Je woont al heel lang in Hope's Crossing. Je hebt een zaak waar de bewoners van het stadje zich verzamelen. Jij hebt een uniek beeld van dit plaatsje en de mensen die er wonen.'

'Dat valt wel mee, hoor.'

'Jack heeft gelijk, mam.' Sage keek naar Jack. 'Ze is nu overdreven bescheiden. Een van de redenen waarom de boekhandel het ondanks deze economische situatie goed doet, is dat mijn moeder precies weet welke boeken de mensen hier willen lezen. Ze voelt feilloos aan welke koffie ze het beste kan schenken en naar welke lezingen de mensen graag willen komen luisteren.'

Maura luisterde gevleid en gegeneerd naar haar dochters complimenten, maar Jack zag dat ze nog steeds aarzelde om mee te gaan. Voordat ze nog een keer kon weigeren, besloot hij haar voor het blok te zetten.

'Dat is precies wat ik nodig heb. Jouw intuïtieve graadmeter van dit stadje en zijn bewoners. Ik zal eerlijk zijn: het moeilijkste van een nieuw project is dat ik mijn eigen ideeën moet laten varen en me moet richten op de behoefte van de cliënt. Zoals je weet, heb ik de nodige vooroordelen over Hope's Crossing.'

'De meeste kloppen niet,' mompelde ze.

Maar sommige wel. Behalve dat voorval in de winkel aan Main Street, herinnerde hij zich nog minstens tien andere incidenten waarbij de mensen zijn lieve arme moeder de rug toe hadden gekeerd. Hij kon nog niet iedereen in dit stadje vergiffenis schenken. Desondanks was hij bereid Hope's Crossing het mooiste sportcomplex te geven dat hij kon bouwen, of er nu roddeltantes woonden of niet. 'Ga alsjeblieft mee, Maura. Ik moet weten wat het stadje met dit sportcomplex wil, en daarvoor heb ik jou nodig.'

Ze keek hem aandachtig aan en kneep haar ogen tot spleetjes, alsof ze probeerde vast te stellen of hij een spelletje met haar speelde. Als ze tot de conclusie kwam dat dat zo was, hoopte hij dat ze hem de regels wilde uitleggen. Hij wist zelf namelijk niet wat er aan de hand was. Hij wist alleen maar dat hij zich nog steeds hevig tot haar aangetrokken voelde, net als in de tijd dat hij een onnadenkende jongen was geweest, die had gehunkerd naar de rust die hij alleen bij haar had kunnen vinden.

De kus was nu meer dan een week geleden, maar hij kon haar zachte mond en haar lieve respons niet vergeten. Hij wilde méér. Ook al wist hij dat het onverstandig was, hij wilde onderzoeken of dat moment bij haar auto eenmalig was of dat hij nog steeds het vuur in haar binnenste kon ontsteken.

'Nou ja, ik kan wel een uurtje mee,' zei ze uiteindelijk. 'De was ligt er morgen ook nog wel. Helaas. En ik kan ook morgen boodschappen doen. Het lijkt me... interessant om jou aan het werk te zien.'

'Interessant? Dat valt misschien tegen. Ik ga alleen maar metingen verrichten en foto's maken. Echt spannend wordt het niet.'

'Het is vast leuker dan de was doen,' zei ze.

'Dat hangt ervan af wat er in je wasmand ligt.'

Maura lachte en schudde haar hoofd. Jack werd betoverd door die lach, die hij sinds zijn terugkeer nog maar een paar keer had gezien. Hij wilde haar vaker zien stralen.

Nu ze had ingestemd om met hen mee te gaan, merkte hij tot zijn verbazing dat hij nerveus werd van de gedachte dat ze hem tijdens zijn werk zou zien. Hij herinnerde zich dat ze een keer samen op een deken in de canyon hadden gezeten. Tot in detail had hij beschreven hoe hij de omgeving wilde bebouwen. Hij had het over huizen gehad die in het landschap zouden opgaan, recreatiemogelijkheden waarvan het hele stadje zou profiteren, en niet alleen de mensen die zich dure skipassen konden veroorloven. Ook herinnerde hij zich ook hoe opwindend – erotisch, bijna – hij haar onverdeelde aandacht had gevonden.

Hij schraapte zijn keel. 'Als jullie een paar minuten op me willen wachten, ga ik mijn spullen en mijn jas pakken.'

Terwijl hij zijn best deed om Maura's gezicht uit zijn hoofd te zetten, liep hij naar zijn werkkamer om zijn camera, batterijen, een schetsboek en een laserafstandmeter te pakken. Omdat het hem handig leek om flesjes water mee te nemen, liep hij naar de keuken om er een paar uit de koelkast te pakken. Tot zijn verbazing zag hij Sage bij het fornuis staan, roerend in een pannetje. Maura was nergens te bekennen.

Sage lachte naar hem. 'Ik hoop dat je het niet erg vindt, maar ik zag dat je alle ingrediënten voor chocolademelk in huis hebt. We hebben nog maar net gebruncht, maar op een koude dag als deze is het lekker om warme chocolademelk mee te nemen. Kijk, ik heb zelfs een thermosfles in de bijkeuken gevonden.'

'Die heb ik niet gekocht,' bekende hij. 'Ik heb een paar mensen betaald om het huis netjes voor me in te richten. Ik heb nog niet eens in alle kastjes gekeken.'

'Nou, ik weet niet welke dienst je hebt ingeschakeld, maar ze zijn erg efficiënt geweest. Ik heb alles wat ik nodig heb. Heb je nog vijf minuutjes? De melk moet eerst nog koken.'

'Geen probleem. Ik heb geen haast. Moet ik je helpen?' Niet dat hij wist hoe dat moest, maar het leek hem beleefd om dat aan te bieden.

'Nee, het gaat wel. Hou jij mijn moeder maar even gezelschap. Ik heb haar hulp ook afgeslagen.' Sage leek voortdurend te willen benadrukken dat ze haar eigen boontjes wel kon doppen. Hij vroeg zich af of ze vóór de dood van haar zus al zo was geweest, of dat ze door die tragische gebeurtenis ingrijpend was veranderd.

In de woonkamer trof hij Maura op het puntje van de bank aan. Ze bladerde door een dik fotoboek over het westen van de Verenigde Staten. 'Dit is interessant,' zei ze toen hij binnenkwam. 'Wist je dat de enige overlevende van de slag om Little Bighorn een paard was dat Comanche heette?'

'Nee, dat wist ik niet. Leuk om te weten.'

Ze grinnikte. 'Waarom heb je allemaal van die fascinerende boeken als je ze niet leest?'

'Ik moet je iets bekennen. De mensen die ik heb ingehuurd om mijn huis in te richten, hebben die boeken voor me neergelegd. Ik heb er nog niet één ingekeken,' vertelde hij.

'Wie heb je ingehuurd? Vanessa Black van Design West Interiors? Zij heeft een paar weken geleden namelijk een grote bestelling bij me gedaan, en daar zat dit boek bij. Bedankt.'

'Graag gedaan.' Hij besloot er niet bij te zeggen dat hij Vanessa had opgedragen alleen maar boeken bij Maura te kopen, zelfs als ze ze elders goedkoper kon krijgen.

'Vind je het niet een beetje wrang om boeken als interieurrekwisieten te gebruiken?'

Opeens vond hij het een treurige gedachte dat hij zijn eigen boeken nog niet eens had bekeken en dat hij iemand had moeten betalen om het huis voor hem gezellig te maken. 'Ach, ik beschouw ze als stijlvolle aankleding. Misschien blader ik ze nog wel eens door.'

'Dat moet je zeker doen, want het zijn mooie boeken. Wat is Sage aan het doen?'

'Die maakt warme chocolademelk. Op de ouderwetse manier.'

'Aha. Zo drinkt ze hem het liefst.'

'Ze is handig in de keuken, hè?' Ook al kende hij Sage nu iets meer dan een maand, hij had nog steeds het gevoel dat hij nog veel te weinig van haar wist.

'Ze is altijd al dol op koken geweest. Ze is minder goed in opruimen, maar ze vindt het ontzettend leuk om nieuwe gerechten te bedenken. Layla en zij bedachten de waanzinnigste dingen voor het ontbijt op zondagochtend. Dan bleef ik wat langer in bed liggen en werd ik wakker van de heerlijkste geuren. Het is heel raar om iets lekkers in huis te ruiken en geen idee te hebben waar de lucht vandaan komt.' Ze zweeg even en er speelde een glimlachje om haar mond. 'Als ik dan in de keuken kwam, stonden die meiden samen te giechelen en plezier te maken.'

'Dat klinkt alsof ze een goede band hadden.'

'Dat hadden ze zeker. Het leeftijdsverschil van vier jaar leek nauwelijks te bestaan. Layla miste Sage vreselijk toen ze naar Boulder ging.'

Weer had hij medelijden met hen, dat ze zo'n groot verlies te verwerken hadden gekregen. Voordat hij iets kon zeggen, veranderde Maura snel van onderwerp.

'En jij? Breng jij veel tijd door in de keuken?'

'Nauwelijks,' bekende hij na een korte stilte. Als ze niet over haar jongste dochter wilde praten, respecteerde hij dat. 'Af en toe maak ik wat soep of een omelet, maar meestal bestel ik een maaltijd.'

'Het verbaast me dat je niet getrouwd bent,' zei ze. 'Een vrouw is een beter accessoire dan een stapeltje mooie boeken.'

'Klopt, maar volgens mij kun je nergens een vrouw bestellen.'

'Dat is inderdaad lastig, ja. Kun je daar niemand voor inhuren?'

Hij zweeg even voordat hij haar vertelde over de op één na grootste fout in zijn leven. De grootste fout was dat hij Maura hier zwanger had achtergelaten. 'Ik ben heel kort getrouwd geweest, maar mijn vrouw vond al gauw dat een echtgenoot ook af en toe thuis moet zijn.' Hij dacht aan de elegante, mooie Kari, die de verkeerde vrouw voor hem was geweest in een tijd dat hij alleen maar aandacht had gehad voor zijn groeiende bedrijf.

'Wat naar voor je.'

Hij haalde zijn schouders op. 'We zijn niet met ruzie uit elkaar gegaan en hebben het elkaar niet moeilijk gemaakt. De scheiding was mijn schuld, zoals je waarschijnlijk al had begrepen.'

'Zoiets heb ik toch helemaal niet gesuggereerd?'

'Nee, maar dat hoeft ook niet. Ik heb het mezelf vaak genoeg verweten. Ik was een slechte echtgenoot. Egocentrisch, alleen maar gericht op mijn eigen carrière.'

'Zoals je vader?'

Hij staarde haar aan, want de opmerking overrompelde hem. Hij was heel anders dan Harry. Zijn vader was een ijskoude rotzak geweest.

'Sorry. Dat had ik niet moeten zeggen,' zei ze. 'Ik heb altijd geweten dat jouw dromen verder reikten dan Hope's Crossing. Ook als je geen ruzie met je vader had gehad, zou je zijn weggegaan om je plannen te realiseren. Ik ben heel blij dat je een succes van je leven hebt gemaakt, Jack. Het is inspirerend om te zien dat iemand zo hard heeft gewerkt om zijn dromen te realiseren. Je hebt je keihard ingezet om je bedrijf op te bouwen. Je kunt trots op jezelf zijn.'

Was hij dat wel? Hij leunde achterover in zijn stoel. Was hij trots op zichzelf? Hij genoot van de prijzen en de erkenning, maar wanneer was hij voor het laatst echt enthousiast geweest over zijn projecten? Telkens wanneer hij aan een nieuw project begon en alle mogelijkheden nog open zag liggen, was hij blij met de uitdaging, maar het was nooit genoeg. Voordat hij een reactie kon formuleren, kwam Sage aanlopen met twee thermoskannen.

'Klaar! Ik heb gewone chocolademelk gemaakt en cacao met kaneel. Die laatste vind ik het lekkerst.'

'Goed om te weten.' Misschien had hij dat gen wel aan haar doorgegeven. Zelf was hij gek op kaneelsnoepjes en kaneelkoekjes. Hij hield zelfs van kaneellikeur.

Terwijl hij de vrouwen in hun jassen hielp, dacht hij na over zijn gesprek met Maura. Wat zou ze zeggen als hij vertelde dat dit project in Silver Strike Canyon iets bijzonders voor hem was? Hier had hij voor het eerst over zijn toekomst gedroomd, en voor het eerst in lange tijd had hij echt zin in zijn werk en voelde hij de creativiteit stromen.

Hoofdstuk 11

Maura vond het fascinerend om Jack aan het werk zien. Het was zelfs nog interessanter om te zien hoe geboeid en gretig Sage naar haar vader keek. Sage liep achter Jack aan zoals Puck thuis achter Maura aan trippelde. Ze schreef maten op en maakte op zijn aanwijzingen foto's.

Mary Ella vertelde wel eens dat Maura's oudere zussen samen een taaltje hadden ontwikkeld dat verder niemand begreep. Tegen de tijd dat Maura werd geboren, gebruikten ze het taaltje niet meer, maar Maura herinnerde zich dat haar zussen nog jaren zelfverzonnen woorden voor bepaalde dingen hadden gebruikt. Terwijl ze Jack en Sage over de beoogde bouwplek hoorde praten, had ze het idee dat haar moeder zich zo gevoeld moest hebben toen ze naar haar spelende oudste dochters keek. Ze was een buitenstaander.

'Wat is de noordgrens?' vroeg Sage.

'Die bergrichel. Daarachter is de grond eigendom van Colorado,' antwoordde Jack. 'Met de juiste vergunningen kunnen we dat gebied waarschijnlijk wel gebruiken om wandel- en langlaufpaden uit te zetten.'

Ze leken zoveel op elkaar dat het bijna pijnlijk was om hen samen te zien, vooral omdat Maura wist dat ze hen bewust jaren uit elkaars buurt had gehouden.

'Hoe groot is het originele terrein?' wilde Sage weten.

'Ongeveer honderdtwintig hectare. Het loopt van het beekje in het westen tot aan de hekken in het oosten. Zoals ik al zei, is de bergrichel de noordgrens, en de zuidgrens is de weg.'

Maura bekeek het terrein, dat prachtig tussen de bomen lag. Vanaf deze plek hadden ze een beeldschoon uitzicht op het skioord, verderop in de canyon. 'Geeft Harry deze grond zomaar aan Hope's Crossing?' informeerde ze.

'Volgens mij wel, maar ik kan me niet voorstellen dat het een aardig, belangeloos gebaar was. Harry is niet aardig. Waarschijnlijk levert het hem een belastingvoordeel op, of zoiets,' antwoordde Jack.

'Ik weet niet wat zijn motieven waren, maar het is een fantastisch stuk grond. Zelfs als hij belastingvoordelen krijgt, had hij waarschijnlijk twintig keer zoveel kunnen verdienen wanneer hij hier appartementengebouwen had neergezet.'

'Er zijn vast allerlei redenen waarom hij deze grond heeft geschonken. Hij heeft altijd een verborgen agenda,' zei hij. 'Maar goed, dat maakt mij niet uit. Als ik de opdracht krijg, moet ik een sportcomplex ontwerpen dat de hele gemeenschap dient.'

Vlak voordat Harry in de boekhandel op de grond was gevallen, had Maura de onverholen hunkering in de ogen van de oude man gezien. Daarom vroeg ze zich af of Harry Langes motieven wellicht iets te maken hadden met de man die nu bij haar stond.

'Nu je het terrein hebt gezien, vind je het misschien prettiger om in de warme auto te wachten. Je hoeft niet in de modder te blijven kleumen als wij ons werk afronden,' zei Jack. Waarschijnlijk had hij in de gaten dat ze zich een beetje buitengesloten voelde nu hij en Sage al dat jargon gebruikten.

De gedachte aan een warme auto stond Maura wel aan, maar tussen de bomen zag ze een vers spoor, dat was gemaakt door een sneeuwmobiel. Opeens had ze zin om een wandelingetje te maken. 'Als jullie nog even bezig zijn, ga ik een stukje lopen om het terrein vanuit een andere hoek te bekijken.' Ze gebaarde naar het spoor, dat er in het bleke middaglicht schoon en aanlokkelijk uitzag. 'Ik denk dat ik vanaf die kant ook een mooi uitzicht heb. Maak je maar geen zorgen, ik blijf in de buurt.'

Jack knikte afwezig en gaf Sage weer een afmeting door. Geen van beiden had nog veel aandacht voor Maura. Maura zuchtte, terugdenkend aan haar dochters, die haar ook niet nodig hadden gehad als ze in de keuken overlegden over een champignon-spinaziequiche of een zoete perentaart.

Terwijl ze tussen de bomen door liep, werd de stilte alleen onderbroken door de kabbelende beek onder haar. In de verte hoorde ze af en toe vaag het geluid van een auto. Op het pad was inmiddels weer een paar centimeter sneeuw gevallen, maar ze droeg een paar stevige winterlaarzen met een goed profiel. De zon filterde met een kantachtig patroon tussen de bomen door, en Maura werd getroffen door de schoonheid van de kale, dunne rode takken van de kornoeljes tegen de achtergrond van de heldere, witte sneeuw. Tussen de struiken fladderden een paar sijsjes, zoekend naar de allerlaatste bessen. Ze bleef even naar de vogeltjes staan kijken voordat ze haar weg vervolgde. Ze moest vaker gaan wandelen. Misschien kon ze Evie eens vragen of ze zin had om een langlauftocht te maken. Telkens wanneer ze buiten was, werd ze herinnerd aan de prachtige omgeving waarin ze woonde en haar liefde voor de natuur.

Het terrein werd wat steiler en het lopen werd inspannender. Ze besloot niet verder te lopen dan een interessant gevormde naaldboom in de verte. Die leek twee stammen te hebben, omdat twee jonge boompjes naast elkaar waren opgegroeid. Ze hadden zich van elkaar af gebogen om het zonlicht te zoeken en vormden nu een grote V. Hoewel de heuvel niet eens zo hoog was, moest ze tot haar ergernis bovenaan stilstaan om op adem te komen. Lieve help, ze mocht wel eens iets aan haar conditie doen. Wanneer had ze voor het laatst gesport? Vóór de kerst. Misschien zelfs voor Thanksgiving, want daarna was het te druk geworden in de winkel. Kennelijk had zij het nieuwe sportcomplex nog het hardst nodig van iedereen.

Ze leunde tegen een van de scheefgegroeide stammen en nam zich voor er heel even te blijven staan. Zwijgend keek ze naar het zilverige beekje, dat tussen hopen sneeuw door stroomde. Daarachter kon ze de zwarte weg in de zon zien glanzen. Een blauwe SUV kwam veel te hard de bocht om, maar de bestuurder slaagde erin de auto op de weg te houden en reed met flinke vaart door. Ze keek hem na en schudde haar hoofd over het gedrag van de snelheidsduivel.

Toen ze zich omdraaide, stokte de adem haar in de keel. Een paar honderd meter onder haar zag ze iets wat haar meteen had moeten opvallen. Zo'n anderhalve meter van de weg stond een eenzame douglasspar, die was omgetoverd tot een soort herdenkingsplaats. Aan de takken wapperden paarse en roze plastic linten. Onder aan de boom, vlak onder een bleke schram waar de bast tien maanden eerder van de boom was geschraapt, zag ze knuffelbeesten, plastic bloemen en een wit kruis. Alle voorwerpen werden beschermd door een afdakje dat iemand had gebouwd.

Al het bloed trok weg uit haar gezicht, en ze moest zich aan de boom vasthouden om haar evenwicht te bewaren. Het drong nu pas tot haar door dat het sportcomplex was gepland vlak bij de plaats waar haar dochter was omgekomen. Het terrein lag er hooguit een paar honderd meter vandaan. Natuurlijk was ze hier na het ongeluk wel eens geweest. Ze had Mary Ella gevraagd erheen te rijden, en de twee vrouwen hadden elkaar huilend omhelsd. Met ingehouden adem bleef ze naar die o zo vriendelijk uitziende boom kijken. Haar broer, Riley, die het verslag van het ongeluk heel zorgvuldig had bestudeerd, had haar bezworen dat Layla op slag dood was geweest nadat ze uit de auto was geslingerd. Hij wist heel zeker dat ze niet had geleden. Op een bepaalde manier was dat een troost, maar toch vroeg Maura zich af of Layla bang was geweest op het moment dat Charlie de macht over het stuur had verloren.

Ze wist niet hoelang ze daar tot aan haar enkels in de sneeuw bleef staan kijken, turend naar een plek die haar leven voorgoed had veranderd. Ze leek zichzelf niet te kunnen dwingen terug te lopen naar Jack en Sage. Daarom bleef ze staan luisteren naar het krachtige gezang van de sijsjes, de wind tussen de bomen en de kabbelende beek.

'Alles goed?'

Ze schrok van het geluid en draaide haar hoofd.

Jack stond maar een paar meter van haar af. Het drong tot haar door dat ze koude voeten en een koud gezicht had.

'Ja hoor, prima. Waarom vraag je dat?'

'Je leek volledig in gedachten verzonken te zijn. Ik had je al twee keer geroepen.'

De warmte van haar blozende wangen deed bijna pijn onder haar koude huid. 'Sorry. Je zou kunnen zeggen dat ik... mediteerde.' Het was gaan waaien en de kilte kroop nu onder haar jas. 'Zijn jullie klaar?'

'Ja, al een paar minuten. Sage is terug naar de auto gegaan om warm te worden, en ik besloot jou te gaan zoeken.'

'Dat hoefde niet, hoor. Ik wilde net teruglopen.' Was dat zo? Ze kon haar blik niet losscheuren van de herdenkingsplaats.

'Het geeft niet. Het is lekker om de benen even te strekken.' Hij volgde haar blik. 'Waar keek je naar?'

'Nergens.' Ze draaide zich om en wilde teruglopen, maar Jack was natuurlijk niet op zijn achterhoofd gevallen. Helaas.

'Daar is je dochter omgekomen.'

Ze zuchtte. Ze was blij dat haar gezicht in elk geval niet betraand, rood en pafferig was. Sinds Layla's dood had ze zoveel gehuild dat ze waarschijnlijk geen tranen meer overhad. 'Ja. Ik zag pas hoe dicht het bij jouw terrein is toen ik hier kwam. Ik had er niet bewust naar gezocht. Het is geen morbide obsessie van me, als je dat misschien mocht denken.'

De blik in zijn blauwe ogen leek zachter te worden. 'Dat dacht ik helemaal niet. Zelfs als je om die reden hierheen was gelopen, zou ik dat heel begrijpelijk vinden.'

'Echt?' Ze zweeg even. 'Ik denk steeds dat ik vooruitgang boek en de draad van mijn leven weer oppak. Toch heb ik nog steeds het gevoel dat ik verlamd ben. Alsof mijn voeten al maanden vastzitten in de sneeuw en de hele wereld om me heen in beweging is.'

Hij streek met zijn vingers over haar hand. Snel trok hij zijn arm weer terug, alsof hij niet wist of hij het recht had haar troost te bieden. Ze wilde zijn arm pakken en de warmte tegen zich aan drukken. 'Het afgelopen jaar moet een hel voor je zijn geweest,' zei hij.

Voor het eerst putte ze troost uit iemands medeleven en voelden de woorden niet verstikkend. 'Het is verschrikkelijk. Echt verschrikkelijk. Ik verwacht elk moment dat het verdriet minder wordt. Dat wil ik niet, maar iedereen zegt dat het zal slijten. Heel af en toe beleef ik een dag die bijna normaal lijkt. Dan kijk ik ergens naar uit, tot ik me herinner dat Layla er niet meer is en dat ik niet het recht heb ergens naar uit te kijken. Vind je dat niet vreselijk? Ik moet mezelf eraan herinneren dat ik niet mag genieten.'

Hij zweeg even, en de koude wind speelde met een paar lokken van zijn haar. 'Misschien vind je het raar, maar ik kan me niet voorstellen dat een dochter die op zondagochtend met haar zus een verrassingsontbijt voor je klaarmaakte, zou willen dat je je schuldig voelde omdat je leven doorgaat.'

Oké, ze had zich dus vergist. Ze kon nog wél huilen. Er liep een hete traan over haar wang, die ze vlug met haar handschoen wegveegde. 'Ik weet dat je gelijk hebt. Layla was het bruisende toonbeeld van plezier en vreugde. Als ze me zo zag staan, zou ze een handvol sneeuw in mijn kraag hebben gestopt en hebben gezegd dat ik me niet zo moest aanstellen. Of ze zou me hebben gedwongen met pen en papier bij haar op de bank te komen zitten en tien of twintig dingen te verzinnen waarmee we anderen een plezier konden doen. Op die manier zou ze me proberen op te vrolijken.'

'Wat een geweldige meid. Ik vind het jammer dat ik haar niet heb gekend.'

'Je zou haar graag hebben gemogen. Iedereen was dol op haar. Waarschijnlijk zou ze je hebben gevraagd waar je al die jaren had gezeten en of je echt wel goed genoeg was om de vader van Sage te zijn, maar uiteindelijk zou ze jou ook graag mogen.' Ze glimlachte beverig naar hem, bang dat ze alsnog in tranen zou uitbarsten.

Hij keek haar een paar tellen aan en mompelde een verwensing. Voordat ze besefte wat hij deed, trok hij haar tegen zich aan en sloeg hij zijn armen om haar heen.

Waarschijnlijk zou het beter zijn als ze zich verzette. Ergens drong die gedachte ook tot haar door, maar ze vond het fijn in zijn armen. Ze had nooit gedacht dat ze nog eens troost bij Jack zou vinden, maar hij bood haar warmte en kracht. Daar koesterde ze zich in. Ze legde haar hoofd onder zijn kin en sloeg haar armen om zijn middel. Hij hield haar alleen maar dicht tegen zich aan.

Twintig jaar eerder had ze ook steun bij hem gezocht, in die nare periode dat haar vader was weggegaan. Jack had verdriet gehad om zijn arme moeder, die zelfmoord had gepleegd, en ze hadden elkaar liefde en vriendschap geboden. Ze waren twee verloren zielen geweest, die het samen goed hadden kunnen vinden. Ze had alles met hem gedeeld en hem haar grootste verdriet toevertrouwd.

Sindsdien durfde ze mensen niet meer zo makkelijk te vertrouwen.

Het liefst zou ze nog uren zo willen blijven staan, maar ze dwong zichzelf een stap achteruit te zetten. 'Het gaat wel weer. Dank je.'

Hij bestudeerde haar, en zijn blauwe ogen waren vurig en onpeilbaar. 'Je bent een sterke vrouw, Maura,' zei hij uiteindelijk.

Sterk? Zo voelde ze zich meestal niet. 'Dat denk ik niet, maar het is lief dat je het zegt en dat je naar me hebt geluisterd. Kennelijk had ik dat even nodig. Zullen we teruggaan naar Sage?'

Hij zag eruit alsof hij nog wat wilde zeggen, maar hij knikte en liep met haar terug naar zijn auto. De wind blies inmiddels met een treurig geloei tussen de bomen door en blies wat koude kristallen poedersneeuw in haar gezicht.

'Heb je op het terrein alles kunnen doen wat je wilde?' vroeg ze toen ze de stilte tussen hen ongemakkelijk begon te vinden.

'Ik denk het wel. Mijn hoofd tolt van alle ideeën. Er zijn beslist wat problemen met dit terrein, maar dat is juist het uitdagende van mijn werk. Het is leuk om oplossingen voor problemen te bedenken en te realiseren wat de cliënt en ik willen.'

'Wat zijn de problemen hier?' vroeg ze. Ze vond het fijn om hem gepassioneerd over zijn werk te horen praten.

Hij leek niet veel aanmoediging nodig te hebben, en tijdens de wandeling vertelde hij haar over afwateringsproblemen en het harde, ruwe terrein.

'Hoe ga je die zaken oplossen?' vroeg ze.

'Dat weet ik nog niet, maar ik bedenk wel iets,' zei hij.

'Dat denk ik ook,' zei ze.

Blij verrast keek hij naar haar opzij.

Tegen de tijd dat ze bij de auto kwamen, vielen er net weer wat harde, gemene sneeuwvlokjes uit de snel voortjagende loodgrijze wolken. Door de ramen van de auto zagen ze Sage languit op de achterbank liggen, met haar hoofd tegen de leren bekleding. Haar ogen waren gesloten.

'Kijk nou toch eens. In diepe rust,' zei Jack zachtjes. Hij keek zo vertederd en lief naar hun dochter dat Maura de tranen weer voelde branden.

'Ze kan overal slapen. Toen ze zes of zeven jaar was, is ze eens tijdens de Silver Days Parade in slaap gevallen, op een tuinstoel aan Main Street.'

Hij grinnikte bij het beeld, en weer werd ze getroffen door het besef dat ze hem heel veel had onthouden. Hij had bijna twintig jaar van zijn dochters leven gemist, en ze begon zich steeds vaker af te vragen of ze wel zuivere redenen had gehad om hem niet bij de opvoeding te betrekken. 'Wat ziet ze er jong uit, hè?'

'Ja, vind ik ook. Het is nauwelijks te geloven dat ze in de lente twintig wordt.'

'En het is nauwelijks te geloven dat ze zwanger is. Welke rotzak doet nu zoiets? Moet je haar eens zien. Een meisje nog. Ze ziet eruit of ze nog met poppen zou moeten spelen.'

Sage was twee jaar ouder dan Maura destijds was geweest, en Jack was geen rotzak. Hij was een boze, verdrietige jongen geweest, die wanhopig op zoek was naar een toevluchtsoord. Ze waren voor elkaar een rustpunt geworden. Als ze destijds effectieve voorbehoedsmiddelen hadden gebruikt, zouden ze nu niet samen naar hun slapende dochter staan kijken.

'Vind ik ook,' zei ze. 'Ze heeft een stralende, veelbelovende toekomst voor de boeg. Ik ben nu alleen wel bang dat die toekomst in rook zullen zien opgaan.'

'Wat kunnen we doen?' vroeg hij.

Op de een of andere manier leek het een surrealistisch moment. Ze maakten zich samen zorgen om hun kind, en Maura werd erdoor geroerd. 'Ik weet het niet,' antwoordde ze. 'Ik denk dat adoptie haar beste optie is. Als we daar allebei van overtuigd zijn, kunnen we haar beslissing misschien beïnvloeden.'

Hij trok een wenkbrauw op. Op dat moment piepte de onvoorspelbare zon tussen de wolken door. 'Wil je dat ze het kind afstaat?' vroeg hij.

'Nee, natuurlijk niet. Ik zou het vreselijk vinden. Maar denk jij niet dat het het beste is? Ze kan op dit moment niet voor een kind zorgen. Dan kan ze haar opleiding niet afmaken.'

'Jij kunt het weten. Jij hebt hetzelfde meegemaakt.'

Maura keek naar haar mooie intelligente dochter. 'Ik zou mijn leven als haar moeder nooit hebben willen missen. Ik vond het fijn met haar, zelfs in die angstaanjagende begintijd, toen ik nog geen idee had waar ik mee bezig was. De eerste keer dat ik haar in mijn eentje in bad moest doen, stond ik de hele tijd te huilen. Ik was bang dat ik haar zou laten vallen of dat ze longontsteking zou krijgen.' Haar mondhoeken gingen omhoog bij de herinnering.

Opnieuw keek hij haar met die onpeilbare blik aan. 'Maar je hebt het allemaal gered.'

'Nou, ik heb haar in elk geval niet laten verdrinken. Ik heb vast talloze andere fouten gemaakt. Maar ondanks al die fouten, de uitdagingen en het verdriet is het moederschap alleen maar een zegen geweest.' Ze hield van haar beide dochters. Zonder hen zou het leven koud en leeg zijn geweest, zoals... het leven van Jack. 'Ik gun Sage de vreugde van het moederschap, maar niet op dit moment, en niet op deze manier. Ze moet in elk geval proberen haar dromen te realiseren. Als klein meisje wilde ze al mooie huizen maken voor haar poppen.'

'Ik wil mijn uiterste best doen je te helpen. Je kunt nu ook op mij rekenen, Maura.'

Ze glimlachte, want ze was erg blij met die belofte. Jack was destijds weggegaan, maar nu stond hij voor haar klaar. Daar ging het om. Omwille van Sage was het fijn dat hij er was. Niet voor haarzelf, maar voor hun dochter.

Hoofdstuk 12

'Dit wordt hartstikke gezellig. Bedankt dat je me hebt uitgenodigd, mam.'

Over de grote hobbytafel heen keek Maura glimlachend naar Sage, die een flinke hap nam van de sandwich met rosbief en rucola. Die ochtend had Maura de lunch voor haar dochter klaargemaakt. Ze nam een hap van haar eigen boterham en legde het servetje neer tussen de tijdschriften vol zelfgemaakte sieraden die op de tafel lagen. Ze bevonden zich in Claires kralenwinkel String Fever.

'We wonen onder hetzelfde dak, maar we zien elkaar nauwelijks. En nu het eindelijk lente lijkt te worden, wil ik graag wat nieuwe sieraden. Op deze manier slaan we twee vliegen in één klap. We kunnen samen lunchen en samen kralen rijgen. Twee van mijn favoriete vrijetijdsbestedingen.'

'Ja, ik weet het.' Sage glimlachte. 'Ik neem me elke keer voor om in mijn lunchpauze bij je langs te komen in de boekwinkel, maar soms is het zo druk dat ik nog geen minuutje overheb.'

'Je hebt toch geen problemen met, eh... je vader?'

Sage grinnikte. 'Helemaal niet. Is het je wel eens opgevallen dat je hem heel vaak "eh... je vader" noemt?'

'Nee, dat had ik zelf niet in de gaten. Sorry. Ik zal erop proberen te letten.'

Jack maakte nu inmiddels bijna drie maanden deel uit van hun leven. Zou ze ooit aan de nieuwe situatie wennen? Het was niet zo dat ze hem veel zag. Hun bezoekje aan de plek waar het sportcomplex moest komen, was inmiddels al zes weken geleden. Het was dus ook zes weken geleden dat hij haar in zijn armen had gehouden en haar had getroost, maar sindsdien had hij het zo druk gehad met zijn werk dat ze hem nauwelijks had gesproken.

Sage slikte een hap van haar boterham door. 'Het is niet erg, het viel me gewoon op,' zei ze. 'Eigenlijk vind ik het wel grappig. Hij doet precies hetzelfde. Hij noemt jou "eh… je moeder".'

Waarom hadden ze het in vredesnaam over haar gehad? En waarom moest Maura bijna blozen bij de gedachte dat Jack over haar sprak? 'Hoe is het met hem?' vroeg ze, om haar reactie te verbergen.

'Prima.' Sage dipte een worteltje in het bakje met caloriearme dressing. Maura wist dat het haar lievelingsdressing was en had het extraatje speciaal voor haar ingepakt. 'Het lijkt erop dat hij een goede kans maakt om de opdracht voor het sportcomplex te krijgen.'

'Dat verbaast me niets.' Maura deed haar best om de droge ondertoon uit haar stem te houden. 'Het zou me pas verbazen als hij de opdracht níét krijgt.'

Volgens Katherine, die in het stadsbestuur zat, had Harry Lange tegen burgemeester Beaumont en de rest van het stadsbestuur gezegd dat hij de grond alleen maar wilde doneren als zijn zoon het sportcomplex mocht ontwerpen. Als het bestuur het voorstel van Jack terzijde schoof, kwam er op die plek geen sportcomplex. Dat zou Maura natuurlijk nooit tegen Jack of Sage zeggen. Als Jack het wist, zou hij misschien juist weigeren het complex te ontwerpen. In sommige opzichten leek hij op zijn vader, maar hij zou Harry geen plezier willen doen. Hij zou het vervelend vinden dat zijn vader iedereen onder druk had gezet. Ze vroeg zich af waarom Harry die voorwaarde had gesteld. Zou hij het leuk vinden om iedereen te manipuleren, of wilde hij gewoon heel graag dat zijn zoon vaak in Hope's Crossing was?

'Dus het werk bevalt je nog steeds goed?' vroeg ze.

'O, zeker. Jack is geweldig. Hij is geniaal, mam. Volgens mij leer ik nu al meer van hem dan ik ooit van een studie architectuur kan opsteken.'

'Dat is fijn.' Maura's toon was oprecht. Voor haar kind vond ze het echt heel fijn dat vader en dochter een goede band kregen.

'Op een bepaalde manier kan ik nog steeds nauwelijks geloven dat Jackson Lange mijn vader is, ook al werk ik nu al weken met hem. Ik heb tijdens het begin van mijn opleiding een aantal van zijn projecten bestudeerd, en toen had ik natuurlijk geen idee dat hij familie van me was. De hele situatie voelt nog steeds een beetje raar.'

Dat was Maura helemaal met haar eens. 'Heb je gezien dat ik een berichtje van een advocaat voor je had neergelegd? Die van adoptiebureau Gunnison?' informeerde ze.

'Ja. Bedankt. Als ik wat meer tijd heb, moet ik al die advocaten terugbellen. Ik ben van plan het volgende week te doen. O, ik heb nog niets te drinken. Wil jij ook wat? Claire heeft een voorraadje in de koelkast staan.'

Het ontging Maura niet dat haar dochter razendsnel van onderwerp veranderde. Ze vermoedde dat Sage inmiddels was gaan twijfelen, en ze hoopte maar dat dat niet het geval was. 'Ik haal wel iets te drinken voor ons. Blijf jij maar zitten,' zei ze. 'Waar heb je zin in?'

'Eigenlijk in Mountain Dew, maar het lijkt me nu beter om gewoon water te drinken.'

'Vanwege de cafeïne?'

'Ja. Voor de rest kan ik makkelijk alles laten staan. Ik rook niet en ik drink niet, maar de cafeïne mis ik vreselijk.'

'Je doet het fantastisch, schat. Je zult zien dat deze maanden zo snel voorbijgaan dat je het gemis van de Mountain Dew vlug vergeten bent.'

'Dat hoop ik maar.'

'Ik ben zo terug.' Maura liep naar de winkel, waar Claire net een klant had geholpen. Omdat Maura haar niet wilde storen, wachtte ze tot de klant de winkel had verlaten. 'Mag ik een paar flesjes water van je bietsen?' vroeg ze. 'Ik heb vanochtend alleen maar brood ingepakt. Ik trek het wel van je rekening bij de boekhandel af.'

Haar vriendin lachte. 'Je mag nemen wat je wilt, zolang je mij 's ochtends maar koffie blijft inschenken.'

'Natuurlijk. Ik heb de Sumatra-French roast speciaal voor jou in de zaak.'

'Wat gezellig dat jullie vandaag de hobbytafel hebben geboekt. Het is leuk om jullie samen aan het knutselen te zien,' zei Claire. 'Hoe voelt Sage zich?'

'Prima.'

'Die middelste drie maanden van een zwangerschap zijn een zegen, vind ik. Ik hoop dat de rest van de zwangerschap rustig en probleemloos verloopt. Dat maakt de toekomst misschien wat makkelijker te verteren.'

Maura was Claire dankbaar voor haar begrip en haar medeleven, maar desondanks wilde ze liever niet over de adoptieplannen praten. Zelf had ze zich er ook nog niet bij neergelegd dat ze de baby zouden moeten afstaan. 'Bedankt, Claire.'

'Neem maar lekker wat water. Weten jullie al wat jullie vandaag gaan maken?'

'Misschien alleen een paar oorbellen. We hebben allebei niet veel tijd.'

'Ik heb net mooie nieuwe houten kralen binnen. Heb je die al gezien?'

Maura schudde haar hoofd. 'Waar liggen die?'

'Pak jij maar flesjes water, dan breng ik jullie wel wat voorbeelden en kunnen jullie beginnen zodra je je brood op hebt.'

'Bedankt.'

Maura voelde zich in String Fever net zo thuis als in haar eigen winkel en liep Claires nette kantoortje binnen, waar een kleine koelkast onder een bureau stond. Ze pakte een paar flesjes water en hoorde de telefoon overgaan. Net op het moment dat Claire opnam, klonk de bel van de winkeldeur, ten teken dat er nieuwe klanten binnenkwamen. Met de flesjes in de hand liep ze naar de deur van het kantoor. Inwendig kreunde ze toen ze zag wie de nieuwe klanten waren.

'Hallo!' zei Genevieve Beaumont. Ze had haar arm door die van Sawyer Danforth gehaakt, haar verloofde.

De twee jonge mensen zagen eruit als Barbie en Ken: lang, beeldschoon en uit hetzelfde hout gesneden. Als Maura Gens stralende glimlach en mooie klassieke gezicht zag, voelde ze zich altijd klein en groezelig, de rare trol in de speelgoedkist.

Claire glimlachte vriendelijk naar Genevieve, ook al wist Maura dat zij ook inwendig kreunde. Ze legde haar hand op de telefoon. 'Hallo, Gen. Ik kom zo bij je,' zei ze.

Hope's Crossing had nu al meer dan een jaar te maken met Gens grootse veranderlijke huwelijksplannen. Ze was een ramp voor haar omgeving, ronduit onredelijk of pruilerig als haar ideeën niet meteen konden worden gerealiseerd. De plannen voor haar trouwdag waren al verschillende keren aangepast. Over een paar weken zou de grote dag eindelijk aanbreken, tot grote opluchting van alle plaatselijke winkeliers die al tijden onder druk stonden om Gen de perfecte trouwdag te bezorgen. De bruidegom was Sawyer Danforth, de zoon en erfgenaam van een politiek machtige familie in Denver.

Claire had de pech gehad bij de voorbereidingen betrokken te worden toen ze had toegezegd dat ze de kralenborduursels op Genevieves prachtige bruidsjurk zou maken. Claire had prachtig borduurwerk geleverd – twee keer zelfs, omdat de eerste jurk was vernield door Layla, Taryn Thorne en de andere tieners die een onbegrijpelijke winkeldiefstal hadden gepleegd en vervolgens een auto-ongeluk hadden gekregen.

Maura had helemaal geen zin om te praten met Gen, de oudere zus van Charlie Beaumont. De relatie tussen de twee gezinnen was op zijn zachtst gezegd gespannen sinds Charlie schuld had bekend en in de jeugdgevangenis was beland. Ze probeerde vlug door de winkel te lopen. Gelukkig stond de hobbytafel helemaal achter in de hoek, waar de meeste klanten hem niet zagen staan. Misschien zou Gen haar en Sage niet eens in de gaten hebben.

Toen ze bij de hobbytafel kwam, zag ze tot haar schrik dat Sage heel bleek was geworden. Ze had haar handen plat op de tafel gelegd, alsof ze steun nodig had.

'Hier is je water. Sorry dat het wat langer duurde.'

Haar woorden leken Sage uit een trance te schudden. Ze knipperde met haar ogen, balde haar handen tot vuisten en stond op. Dat deed ze zo abrupt dat haar stoel bijna achteroverviel. 'Ik moet hier weg.'

Maura staarde haar aan. 'Wat is er? Voel je je niet goed?'

Sage keek naar de winkel, waar het verloofde paar naar de grote collectie kettingen van Claire stond te kijken. Ze trok haar jas aan en knoopte die stevig dicht. 'I-Ik heb behoefte aan frisse lucht. En ik moet weer terug naar kantoor. Ik was vergeten dat ik van Jack wat papieren naar het kantoor in San Francisco moest faxen.'

'We zouden toch samen oorbellen gaan maken?'

'Dat gaat nu niet. Een ander keertje, misschien. Sorry, ik moet nu echt weg.' Ze wierp nog een paniekerige blik op de winkel voordat ze zich omdraaide, haar rugzak pakte en zich naar de achterdeur haastte. Als ze snel terug wilde naar Jacks kantoor, liep ze de verkeerde kant op.

Claire keek verbaasd op toen ze de achterdeur hoorde dichtslaan en onderbrak haar gesprek met Genevieve en Sawyer. Even wist Maura niet wat ze moest zeggen. Ze raapte de overblijfselen van hun lunch bij elkaar en zette de tijdschriften terug op het rek. Ze hadden er nog niet zoveel gepakt, dus daar was ze snel mee klaar. Toen ze alles had opgeruimd, trok ze haar jas aan en liep ze met tegenzin naar de winkel, waar het groepje nog altijd stond te praten. Ze had nog steeds geen zin om met Gen en Sawyer te praten, maar ze vond het onbeleefd tegenover Claire om te vertrekken zonder afscheid te nemen.

'Sorry dat ik jullie gesprek onderbreek, maar we zijn hier kennelijk alleen maar geweest om te lunchen en een paar flesjes water van je te pikken,' zei ze. 'Bedankt daarvoor.'

'Gaan jullie niets maken?' vroeg Claire teleurgesteld.

'Een andere keer. Sage voelde zich niet zo goed. Ze had behoefte aan frisse lucht.'

Sawyer verstijfde. Als hij niet naast Maura had gestaan, had ze het misschien niet eens opgemerkt. Ze keek naar zijn gezicht, dat ze als jong meisje knap zou hebben gevonden als ze op dat soort perfectie was gevallen. 'Sage? Bedoelt u Sage McKnight?'

'Ja. Mijn dochter.'

'Ze is toch niet ziek?'

'Nee hoor. Sorry, ik wist niet dat je haar kende.'

'Nou, ik ken haar niet zo heel goed. We hebben elkaar afgelopen zomer op een feestje ontmoet. Ik was hier een paar weken om te helpen bij de herverkiezingscampagne van Gens vader. Weet je dat nog, Gen? We hadden een feestje bij het meer. Bijna alleen maar studenten.'

'Ja, dat weet ik nog wel. Het verjaardagsfeestje van Rachel Zeller.'

'Precies. We gingen erheen omdat we hoopten dat haar vader geld aan de campagne wilde schenken, maar de meeste aanwezigen waren aan de jonge kant. Jij wilde zonnen, en toen ben ik met Sage gaan wakeboarden.'

'Goh, dat je dat allemaal nog zo goed weet. Het zal je in Washington wel van pas komen dat je zo goed namen kunt onthouden.' Gen zei het met een glimlach, maar Maura vond haar blik gespannen.

'Wilt u Sage de groeten doen?' Sawyer lachte vriendelijk naar haar, een charmante lach die elk meisje hartkloppingen zou bezorgen.

In Maura's hart ontstond een onheilspellend vermoeden. 'Dat zal ik zeker doen.'

'Laat je me weten of ze opknapt?' vroeg Claire bezorgd.

'Er is vast niets ernstigs. Bedankt, Claire. Sorry dat de plannen zijn gewijzigd.'

'Dat maakt niet uit. Dat betekent dat jullie nog een keer terugkomen. Gezellig!' Claire was er goed in om tegenvallende situaties van een positieve kant te bekijken. Soms was dat ronduit ergerlijk.

'Dat is waar. Tot gauw.' Maura liep de koele, maartse middag in en wandelde rechtstreeks naar Jacks kantoor. Ze had een raar gevoel in haar maag en maakte zichzelf wijs dat dat met haar bezorgdheid om haar dochter te maken had, en niet met het feit dat ze Jack weer tegen het lijf kon lopen.

Toen ze bij Lange & Associates aankwam, zag ze Sage aan haar bureau zitten. Het meisje staarde naar haar handen en reageerde niet toen Maura binnenkwam.

'Oké, voor de draad ermee. Wat is er aan de hand?'

Eindelijk keek Sage op. Haar gezicht was bleek en gespannen. 'Mam! Je hoefde me niet te volgen,' zei ze, knipperend met haar ogen.

'Je rende weg uit String Fever alsof je moest overgeven. Dan is het toch niet zo vreemd dat ik me zorgen om je maak? Wat is er aan de hand?'

'Niets. I-Ik ben gewoon een domoor.'

'Laat dat oordeel maar aan mij over.'

'Nee, ik meen het. Ik ben een sufferd. Het is een puinhoop.' Sage begon te huilen. De tranen stroomden over haar wangen.

Maura had vreselijk met haar te doen. Ze stak haar hand naar haar uit en trok haar tegen zich aan. 'Dit gaat om Sawyer, hè?'

Sage maakte zich van haar los en staarde haar aan. Ze zei niets, maar er ontsnapte een snik aan haar keel die alles verklapte.

'O, schatje toch.' Maura trok haar weer tegen zich aan, en Sage klemde zich aan haar vast alsof ze vijf jaar oud was en bang was voor monsters onder haar bed.

'Zeg maar niets. Ik weet het. Ik ben een idioot.'

Sawyer Danforth was dus de vader van de baby. Wat een ongelooflijk gecompliceerde situatie. Hij was al meer dan een jaar verloofd met Genevieve. Eigenlijk had de bruiloft in de herfst moeten plaatsvinden, maar na het ongeluk waren de feestelijkheden uitgesteld. Zijn familie had geld, macht en veel invloed. Zijn ouders zouden niet blij zijn als hun zoon en erfgenaam een onwettig kind had verwekt bij een meisje dat in hun ogen waarschijnlijk onbelangrijk was.

Maura voelde alleen maar verdriet voor haar dochter en wist niet wat ze moest zeggen om haar te helpen. 'Kunnen we er samen over praten? Hadden jullie iets samen?' vroeg ze.

Sage snufte. 'Ik was niet verliefd op hem. Nou ja, een beetje, misschien. Maar ik wist vanaf het begin dat het onverstandig was. Ik bedoel, hoe kan ik nu wedijveren met Genevieve Beaumont? Ze ziet eruit als een supermodel, en ik ben een dwerg uit het sprookje van Sneeuwwitje.'

Ondanks haar verdriet moest Maura glimlachen, omdat zij zichzelf met een trol had vergeleken. 'Gen Beaumont is veel te mager, en ze is ook niet half zo intelligent of interessant als jij.'

Even dacht Maura dat Sage daarom zou glimlachen. De mondhoeken van het meisje trilden even, maar haar ogen bleven somber. 'We gingen deze zomer allemaal naar het verjaardagsfeestje van Rachel Zeller, de oudere zus van Josie. Volgens mij zit ze in hetzelfde dispuut als Genevieve. Rachel, Gen en Josie wilden de hele dag alleen maar zonnen. Gen is niet eens in het water geweest. Ik had nog nooit op een wakeboard gestaan, dus Sawyer liet me zien hoe het moest. We hebben heel veel plezier gehad, maar verder ging het niet.' Ze klemde haar handen in elkaar. 'We zaten op de boot over muziek te praten, en hij wist niet wat hij hoorde toen ik zei dat Chris mijn stiefvader is. Sawyer is een grote fan van Pendragon. Ik vertelde dat de band eind augustus in Boulder zou optreden, aan het begin van het schooljaar, en dat ik voor hem en Gen waarschijnlijk wel backstagepasjes kon regelen.'

Maura ging meestal naar de concerten in Colorado, maar die ene keer was ze niet gegaan. Haar relatie met Chris was uiterst vriendschappelijk, maar Chris' huidige vriendin had er moeite mee dat hij op zo'n goede voet stond met zijn ex. Maura had door alle omstandigheden geen zin gehad in haar gepruil.

'Sawyer was helemaal opgetogen over dat concert, dus we wisselden e-mailadressen en telefoonnummers uit,' vervolgde Sage. 'We hielden contact, gewoon voor de lol. Oké, soms flirtten we wat met elkaar, en dat hadden we niet moeten doen. Per slot van rekening was hij verloofd, maar het leek allemaal heel onschuldig.' Ze zuchtte diep. 'Ik regelde bij Chris kaartjes voor het concert, maar toen bleek Gen die avond een andere afspraak te hebben. Sawyer wilde het concert niet missen, vooral niet na alle moeite die ik had gedaan, dus hij vroeg of wij samen konden gaan. Ik zei ja. We gingen samen naar het concert en ik nam hem mee backstage. Het werd een avond die ik niet snel zal vergeten. We bleven een poosje kletsen bij Chris en de band, en daarna gingen we naar Sawyers hotel. Nou ja, van het een kwam het ander.' Sage zag er zo ongelukkig uit dat Maura's hart bijna brak. 'Ik wist dat hij verloofd was met Genevieve, maar we hadden echt veel plezier samen,' zei ze. 'Zelfs voordat we... Je weet wel. Ik denk dat ik het gevoel had dat hij me echt leuk vond.'

'Waarschijnlijk was dat ook zo,' zei Maura.

Sage schudde haar hoofd. 'Nee. Hij heeft me gebruikt. In meerdere opzichten. Hij ging de volgende ochtend al heel vroeg weg. Er lag een briefje: bedankt voor de leuke avond en ik zie je nog wel eens. Ik heb nog geprobeerd hem te bellen en te sms'en, maar hij reageerde niet eens meer. Het was ontzettend dom van me.'

Sawyer was aantrekkelijk en charmant en veel ouder dan Sage. Hij was nota bene al advocaat. Wat moest hij met een meisje van negentien, dat nog maar net van de middelbare school was? Ze verkeerden niet alleen in totaal verschillende kringen, maar ook in verschillende fasen van hun leven. Maura wilde onmiddellijk aannemen dat hij Sage op allerlei manieren had gebruikt. Sage was vereerd geweest dat zo'n mooie jongen haar zoveel aandacht had geschonken.

'Wat moet ik nu doen?' vroeg Sage zachtjes.

Maura slaakte een diepe zucht. 'Dit is niet wat je wilt horen, maar ik vind dat hij het moet weten.'

'Dat gaat niet! Hij gaat over een paar weken trouwen!' Dus dat was de reden dat Sage al die tijd hun vragen over de vader had ontweken. Ze had geweten dat er een golf van problemen zou losbarsten als het nieuws bekend werd.

'Dan heb je des te meer reden om het hem te vertellen. Hij moet het weten. Dat is niet meer dan eerlijk tegenover hem en Genevieve.'

Sage leek nog bleker te worden. 'Genevieve? Die heeft hier toch niets mee te maken?'

'Natuurlijk wel,' zei Maura zacht. 'Stel dat jij op het punt stond te trouwen. Zou jij het dan niet willen weten als je verloofde je had bedrogen en een kind bij een ander had verwekt? Stel dat je altijd had gedacht dat jij de enige voor hem was.'

'Het was een domme vergissing,' jammerde Sage. 'We hadden te veel gedronken en hij dacht er niet bij na. Dit had nooit mogen gebeuren.'

Maura verstrengelde haar vingers met die van Sage, die koud aanvoelden. Ze had zin om ze tegen haar hart te drukken en te verwarmen. Twee jonge mensen die beter hadden moeten weten, hadden zich een avond laten meeslepen. Die onnadenkendheid had verstrekkende gevolgen gehad.

'Sage, luister. Ik kan je een uniek perspectief hierop bieden. Ik ben een vrouw die twintig jaar geleden in dezelfde situatie verkeerde. Achteraf weet ik dat ik het Jack had moeten vertellen, ongeacht de gevolgen. Ik heb geprobeerd mijn stilzwijgen met smoesjes en rationele argumenten goed te praten. Dat was een domme manier om mijn eigen lafheid te verhullen. Nu heb ik daar spijt van, meer spijt dan ik je ooit kan zeggen. Ik begrijp nu dat je hem vanaf het begin in je leven nodig had. Als ik de moed ervoor had gehad, had ik het hem verteld. Hij had kunnen zeggen dat hij niets met je te maken wilde hebben, maar dan had hij in elk geval een keuze gehad. Die keuze heb ik hem ontnomen. Dat was verkeerd. Tegenover hem en tegenover jou.'

Dat had Maura nog nooit hardop gezegd, maar ze wist dat het de waarheid was. De woorden galmden zo luid door haar hoofd dat ze de deur van het kantoor niet had horen opengaan. Toen ze achter Sage iets zag bewegen, draaide ze haar hoofd.

Jack. Natuurlijk. Wat had hij precies opgevangen? Aan zijn gezicht te zien, stond hij er al even. Hij keek haar secondenlang indringend aan, en ze wist niet wat ze moest zeggen. Ze kon en wilde haar woorden niet terugnemen. Ze had de waarheid lang geleden al onder ogen moeten zien. Ze had hem onrecht aangedaan, en ze wilde niet dat Sage dezelfde fout zou maken.

Sage had hem nog niet gezien, want ze had haar gezicht tegen Maura's schouder aan gedrukt.

'Wat is er?' waren de woorden die hij geluidloos met zijn mond vormde.

Straks, gebaarde Maura voordat ze haar aandacht weer naar Sage verplaatste. 'Ik weet niet wat je met de baby wilt. Ik weet niet of je hem of haar wilt houden of wilt afstaan voor adoptie. Ik denk dat je nog twijfelt, want anders had je die advocaten wel teruggebeld. Hoe dan ook, ik vind dat je het aan jezelf, Sawyer en de baby verplicht bent om Sawyer bij je beslissing te betrekken.'

'Hij is vast woedend op me. Ik bederf alles voor hem.'

'Je bent niet in je eentje verantwoordelijk voor deze situatie, schat. Hij is een volwassen man. Hij heeft zijn eigen keuzes gemaakt.'

'Maar ze gaan volgende maand trouwen!'

Maura was niet bepaald dol op Genevieve Beaumont, en ook niet op haar familie, maar dat betekende nog niet dat ze de bruiloft wilde bederven. Er was door heel veel mensen maandenlang gewerkt om het feest voor te bereiden. Ondanks haar eigen verdriet wist ze echter dat dit de enige weg was. Genevieve kon het beter nu te horen krijgen dan na haar jawoord. Ze moest weten dat haar verloofde haar ontrouw was geweest.

Misschien zou het Gen niet eens uitmaken. Het was geen geheim in Hope's Crossing dat Sawyers politieke ambities nog verder reikten dan die van zijn vader, die ooit voorzitter van de staatssenaat was geweest. Misschien wist ze als politieke echtgenote-in-opleiding dat zulke dingen erbij hoorden en ging ze ervan uit dat Sage niet zijn enige scheve schaats was. Het kon best zijn dat ze bewust de andere kant op keek.

'Ik wil het niet,' zei Sage met een klein stemmetje.

Maura moest opeens terugdenken aan de gebarsten blindedarm van haar dochter. Het meisje was negen jaar geweest en had halsoverkop onder het mes gemoeten, maar ze was doodsbang geweest en had zich hevig verzet. 'Dat begrijp ik best, schat.' Ze omhelsde haar, in de wetenschap dat Jack alles kon zien. 'Het blijft jouw keuze. Ik ben ervan overtuigd dat dit de enige juiste manier is, maar je bent volwassen en moet zelf beslissen. Als je wilt zwijgen, is dat aan jou.'

Sage pakte een tissue uit een doosje op haar bureau en snoot haar neus. ‘Als ik het hem ga vertellen, ga jij dan mee?’

Maura’s hart zwol op van trots. ‘Natuurlijk.’

‘Mag ik ook mee?’ vroeg Jack zacht.

Sage draaide zich om en werd vuurrood toen ze haar vader achter zich zag staan. ‘Heb je alles gehoord?’

‘Het laatste stuk. Volgens mij ben je de… spermadonor tegengekomen en probeer je uit te maken of je hem moet feliciteren.’

‘Het ligt iets ingewikkelder, maar daar komt het wel op neer,’ zei Sage.

‘Hij gaat over een maandje trouwen met Genevieve Beaumont, de dochter van de burgemeester,’ legde Maura uit. ‘Het wordt het grootste evenement in Hope’s Crossing sinds het eerste Silver King Ball.’

‘Aha. Ik weet niet hoeveel gewicht mijn mening in de schaal legt, maar ik ben het met je moeder eens. Je moet het hem vertellen, ook al kunnen de gevolgen erg onaangenaam zijn.’

Sage zuchtte. ‘Waarom is alles toch zo moeilijk?’

‘Als het zo makkelijk was om de juiste keuzes te maken, zou iedereen dat wel doen,’ zei Maura.

Die wijze moederlijke raad kon Sage nog niet zo waarderen, maar Jack glimlachte.

‘Ik denk dat we het maar zo snel mogelijk moeten regelen. Ik ga hem vanavond opzoeken, nu ik het nog durf.’

‘Zal ik een paar telefoontjes plegen?’ vroeg Maura. ‘Ik ben er zo achter of hij bij de familie Beaumont slaapt of dat hij een hotelkamer heeft.’

‘Dat hoeft niet. Ik heb zijn telefoonnummer nog, tenzij hij dat heeft veranderd. Ik zal hem een sms sturen en vragen of we ergens kunnen afspreken. Ik vertel het hem liever eerst zonder

Genevieve erbij. Dan kan hij zelf uitmaken of ze het moet weten.'

Maura wist niet of dat een goed idee was, maar ze was oprecht van mening dat Sage zelf moest beslissen.

Hoofdstuk 13

'Nou, op hoop van zegen dan maar.'

Sage maakte het portier van Jacks SUV open. Een vlaag koude wind waaide van onder de zuilengang van de grote Silver Strike Lodge naar binnen.

'Weet je zeker dat we niet mee naar binnen hoeven, schat?' vroeg Maura vanaf de achterbank. Ze had erop gestaan achterin plaats te nemen, zodat Sage voorin naast Jack kon zitten. Met een uiterst bezorgde blik keek ze naar haar dochter.

Sage veegde een lok haar achter haar oor, die door de wind was losgeraakt. 'Het lijkt me het beste als ik alleen ga. Ik ben al heel blij dat jullie me hierheen hebben gebracht. Ik weet niet of ik hier in mijn eentje naartoe had durven rijden, maar nu we er zijn, vind ik dat ik in mijn eentje met Sawyer moet praten.'

Jack wenste dat hij het allemaal wat makkelijker voor haar kon maken. Zouden alle ouders last hebben van het verlangen om het leven van hun kind zo aangenaam mogelijk te maken? Verstandelijk wist hij natuurlijk dat hij dat onmogelijk kon doen. Bovendien was het gezonder om een kind zelf over hindernissen heen te laten klimmen, maar toch wenste hij dat hij iets van haar last kon overnemen. 'Ik ga de auto parkeren, en dan wachten we in de lobby van het hotel op je, goed?'

'Dat hoeft niet, hoor. Ik bel jullie wel als ik klaar ben. Dan kom ik naar de parkeerplaats.'

'We wachten in de lobby van het hotel op je.' Zijn stem klonk bijna streng, want dit wilde hij per se voor haar doen. Hij had er al die jaren niet voor haar kunnen zijn, ook niet tijdens die vreselijke periode dat ze haar zusje had verloren. Nu hij de kans kreeg om in elk geval in haar buurt te zijn terwijl ze iets moeilijks moest doen, liet hij zich die kans niet ontnemen.

'Bedankt.' Sage boog zich naar hem toe en gaf hem een kus op zijn wang. Daarna gaf ze Maura een kus. 'Ik denk niet dat het lang duurt. Ik bedoel, hoeveel tijd heb je nodig om iemands leven te ruïneren?' Met een nerveuze glimlach deed ze het portier dicht. Ze rechtte haar schouders en liep het hotel binnen.

Als Maura er niet bij was geweest, had Jack waarschijnlijk met zijn vuist op het stuur geslagen. 'Verdorie nog aan toe. Waarom laat ze ons niet meegaan? Ik zou die ellendeling ook wel even willen spreken.'

'Misschien wil ze juist daarom in haar eentje naar binnen. Ze wil niet dat jij de boze vader speelt.'

'Maar ik hoef niets te spelen. Ik bén boos. Hij is zesentwintig, Maura. Een volwassene. Onze dochter is nog niet eens twintig, zo groen als gras, en ze is uiterst kwetsbaar door alles wat ze heeft meegemaakt. Hij had van haar af moeten blijven.'

Maura legde haar hand op zijn arm, en dat kleine gebaar was al voldoende om iets van zijn woede weg te nemen. 'Ze weet wat ze doet. Laat dit maar aan haar over.'

'We zullen wel moeten. Ze is erg koppig.'

'Dat heeft ze van ons allebei geërfd. Dat arme kind was al voor haar geboorte kansloos.'

Jack glimlachte. Hij speelde met de gedachte om zijn auto door iemand van het hotel te laten wegzetten, maar hij had het gevoel dat Sage straks misschien snel weg wilde. Hij had geen zin om voor het hotel in de kou te wachten tot zijn auto werd opgehaald, dus daarom reed hij naar het parkeerterrein.

Maura was een beetje stilletjes toen hij het portier voor haar opende en haar uit de auto hielp.

'Voorzichtig, het is glad,' zei hij, haar arm vasthoudend. Hij hield zichzelf voor dat hij dat alleen maar deed om te zorgen dat ze niet kon vallen.

Na een paar tellen maakte Maura zich van hem los om haar arm door de zijne te steken. Ondanks zijn bezorgdheid om Sage en zijn woede op Sawyer Danforth vond hij het heel plezierig dat ze hem een arm wilde geven. Het was een teken dat ze vertrouwen in hem had.

Het was een prachtige, heldere avond. Overal om hen heen zagen ze de indrukwekkende ruige bergen. Jack was vergeten hoe helder de sterren hier konden zijn. Ondanks de lampen van het hotel en alle bebouwing eromheen kon hij ze boven zijn hoofd zien fonkelen. In zijn jeugd was dit er allemaal nog niet geweest. Zijn moeder had het grasland op deze plek vaak geschilderd. In de zomer zag je er alleen maar wilde bloemen en vogels, en heel af en toe een nieuwsgierig muildierhert. Hij herinnerde zich dat hij in het hoge gras had gespeeld, in de veilige wetenschap dat zijn moeder vlakbij was. Nu bevond hij zich op een propvolle parkeerplaats. Ongelooflijk dat er in twintig jaar zoveel kon veranderen.

'Het hotel doet goede zaken dit weekend.'

Hij keek omlaag naar Maura. 'Je klinkt verbaasd.'

'De skiliften blijven tot april in gebruik, maar vanaf maart wordt het rustig.'

'Ben jij voor je klandizie erg afhankelijk van de toeristen?'

'Niet zo afhankelijk als je denkt. Onze clientèle bestaat voor zeventig tot tachtig procent uit mensen die hier wonen. Maar in een slecht skiseizoen hebben alle middenstanders minder omzet.'

'Dan is het maar goed dat jullie hier zelden een slecht skiseizoen hebben.'

Ze glimlachte. 'Dat is het voordeel van wonen in de Rocky Mountains, maar ook het nadeel. We moeten ervan uitgaan dat we van oktober tot april sneeuw hebben.'

Zwijgend liepen ze verder naar het hotel. Het gebouw was hoog, indrukwekkend en op een vreemde manier ook heel elegant. Met het donkere naaldhout en de hoge glazen ramen deed het Jack denken aan de gebouwen die vroeger bij het oude nationale park hadden gestaan.

'Heb je hier al een van de restaurants geprobeerd?' vroeg Maura. 'Ze zijn allemaal erg goed.'

Hij schudde zijn hoofd. 'Zal ik je eens iets grappigs vertellen? Dit is de eerste keer dat ik het hotel zie.'

Ze zette grote ogen op. 'Echt waar? Je bent alweer maanden terug in Hope's Crossing. Was je helemaal niet nieuwsgierig naar wat je vader hier heeft gebouwd?'

'Nee, niet echt.' Hij rook haar zoete, citrusachtige geur en genoot van haar aanwezigheid en haar warmte tegen zijn arm. 'Ik had er geen behoefte aan. Ik wist dat hij in elk geval niet had gedaan wat mijn moeder voor ogen had toen ze het land aan mij naliet.'

Jacks moeder was een directe afstammeling geweest van Alice en Harvey Jackson, die hier samen met de familie Van Duran de originele zilverbaronnen waren geweest. Bethany was de laatste afstammeling van haar generatie. Toen Jack werd geboren, had hij dat stokje van haar overgenomen, en na hem zou de eer dus aan Sage te beurt vallen.

Zelfs toen de zilvermijnen uitgeput raakten en de Jacksons het merendeel van hun fortuin verloren, behielden ze bijna al hun land, in tegenstelling tot de Van Durans. Bethany had vele hectares bergland geërfd, waarin de originele mijnen ooit hadden gelegen. Ze had het land bestemd voor haar zoon, Jack, maar Harry en William Beaumont hadden die beschikking nietig laten verklaren, omdat ze vonden dat Bethany door haar geestelijke problemen niet in staat was dergelijke beslissingen te nemen. Het land had naar haar echtgenoot moeten gaan, niet naar een tienerjongen, had Harry met succes in de rechtszaal betoogd.

Dat verraad was na de jarenlange teleurstellingen en Harry's afstandelijkheid de laatste druppel voor Jack geweest. Hulpeloos, woedend en verdrietig was hij voorgoed uit Hope's Crossing vertrokken. Pas sinds zijn terugkeer was het tot hem doorgedrongen wat hij allemaal had achtergelaten.

'Het ziet er niet zo erg uit als je had gedacht, hè?' zei Maura. 'Het is allemaal erg beschaafd gebleven. We hebben ook geen opzichtig casino in de stad, alsof het hier Las Vegas is.'

'Nee, het ziet er best mooi uit,' moest hij erkennen.

'Dat vind ik ook. Je vader heeft vele fouten, maar hij heeft wel een goede smaak. Hij is trouwens ook degene die heeft gezorgd dat het centrum zijn historische karakter behoudt. Hij heeft voorkomen dat daar grote winkelcentra en warenhuisketens kwamen.'

Hij wilde helemaal geen positieve berichten over zijn vader horen. Hij vond hem een verrader en een manipulatieve leugenaar, die op een achterbakse manier zijn zoon had bedrogen.

De deuren gingen geluidloos open en hij wandelde met Maura de lobby in, die werd gedomineerd door een enorme open haard en ijzeren kroonluchters die waarschijnlijk evenveel wogen als zijn auto. Te oordelen naar de kleding van de mensen in de lobby trok de Silver Strike Lodge – die was vernoemd naar de originele zilvermijn – vermogende gasten.

'Als je het over de duivel hebt... Je vader is er,' zei Maura zachtjes.

Jack keek abrupt om en zag zijn vader uit het steakrestaurant van het hotel komen. Hij was in het gezelschap van een paar mannen die dezelfde weldoorvoede welvaart uitstraalden. 'Bedankt voor de waarschuwing.'

'Als je liever teruggaat naar de auto, wil ik wel in mijn eentje op Sage wachten,' bood ze aan.

Hij trok een wenkbrauw op. 'Ik ben een volwassen man. Denk je echt dat ik voor mijn vader op de vlucht sla?'

'Dat zou niet de eerste keer zijn.'

Ai, die was raak. Jacks gezicht betrok. Waarschijnlijk vond Maura dat hij had moeten blijven en voor zijn erfenis had moeten vechten. Helaas was de situatie niet zo simpel geweest. Hij was destijds een jongen van achttien geweest, zonder macht, invloed of geld. Hij zou een heel team van goede advocaten nodig hebben gehad om zijn vader te bestrijden, en dat kon hij niet betalen. Natuurlijk had hij wel wat advocaten benaderd, maar niemand durfde het op te nemen tegen Harry en diens consortium. Wat de zaak nog ingewikkelder maakte, was dat Harry direct na de uitspraak van de rechter bulldozers op het terrein aan het werk had gezet.

Uiteindelijk had Jack besloten dat zijn moeders nagedachtenis wel genoeg was besmeurd. Tijdens de rechtszaak had Harry elke diagnose, elke manische periode en elk waanbeeld de revue laten passeren om zijn standpunt te onderstrepen. Tegen de tijd dat zijn advocaten waren uitgepraat, dacht de hele rechtszaal dat Bethany gek was geweest. Jack herinnerde zich haar als een lieve, geestige, creatieve vrouw, die hem vaak mee de bergen in had genomen om bramen te zoeken, wilde bloemen te plukken of vogels te bekijken. Na de rechtszaak had Harry al Jacks herinneringen aan haar verpest. Dat nam hij zijn vader nog kwalijker dan de diefstal van het land.

'Volgens mij heeft hij ons gezien. Hij komt deze kant op.'

Ondanks alles moest hij lachen om Maura's overdreven gefluister. Hij herinnerde zich dat ze er altijd goed in was geweest om hem aan het lachen te maken, zelfs toen hij diep ongelukkig was geweest. 'Vlug. Misschien kunnen we nog wegduiken achter de bank,' fluisterde hij terug.

Ze kreeg geen tijd om daarop te reageren, want Harry was al bij hen.

'Wat een verrassing. Eten jullie vanavond in het hotel?' vroeg hij.

Jacks rug verstijfde en hij voelde een stoot adrenaline door zijn lijf gaan, alsof hij zich opmaakte voor een flinke ruzie. Zijn reactie ergerde hem, maar het ging helemaal vanzelf. Tot zijn verbazing kwam Maura naast hem staan. Toen hij naar haar keek, zag ze dat ze Harry aankeek met de blik van een strijdlustig hondje dat het wilde opnemen tegen een poema. 'We wachten op onze dochter,' antwoordde hij. 'Ze moet het een en ander bespreken met… een van je gasten.'

Harry tuitte zijn lippen. 'Het gerucht gaat dat ze zwanger is.'

Jack voelde dat Maura verstrakte, maar het leek hem onzin om tegen zijn vader te liegen. Waarschijnlijk wist Harry er al meer van dan hij. 'Dat gerucht klopt,' zei hij.

'Is ze van plan met de vader te trouwen?'

'Geen sprake van,' zeiden Maura en Jack tegelijkertijd. Toen Jack haar aankeek, dacht hij even een geamuseerd vonkje in haar ogen te zien. Daarna draaiden ze hun hoofd weer naar Harry.

'Dat verbaast me niets. Niemand neemt tegenwoordig nog de moeite te trouwen,' mompelde Harry. Jack merkte dat hij wachtte op een ongevoelige opmerking als 'zo moeder, zo dochter'. Dan kon hij zijn vader een flinke dreun verkopen, maar Harry was zo verstandig om dat niet te zeggen. 'Ik wil die jongedame graag beter leren kennen. Per slot van rekening is ze mijn kleindochter,' ging hij verder. Hij keek naar Maura. 'Kom morgen maar met haar bij mij eten.'

'Helaas hebben we morgen al plannen.' Ze zei het heel rustig, maar Jack wist heel zeker dat ze loog.

'Dan verwacht ik je zondagavond tegen zessen.' Hij keek Jack aan. 'Jij mag ook komen.' Voordat ze een andere smoes konden verzinnen, draaide hij zich om en liep hij weg.

Jacks staarde hem hoofdschuddend na. 'Je hoeft niet te gaan, als je niet wilt,' zei hij tegen Maura. 'In tegenstelling tot wat hij lijkt te denken, is hij niet de baas van alle mensen in dit stadje.'

Ze haalde haar schouders op. 'Misschien is het nog niet eens zo'n slecht idee. Tegen zessen heb ik meestal trek, en ik vind het wel prettig als ik niet hoef te koken.'

'Als dat je enige argument is, wil ik ook wel voor je koken.'

'Ik dacht dat jij alleen maar boterhammen met kaas en omeletten kon klaarmaken.'

'Klopt, maar het zijn wel verrukkelijke boterhammen en heerlijke omeletten. Lekkerder dan alles wat Harry's beroemde kok je kan voorzetten.'

Ze glimlachte. 'Je mag het niet tegen je vader zeggen, maar ik wil dat mausoleum van hem dolgraag eens vanbinnen zien. Hij schijnt meer dan tien originele schilderijen van Sarah Colville te hebben, en hij is de enige die ze ooit ziet. Dat is misdadig. Sarah heeft een vakantiehuis hier in Hope's Crossing, en ik ben al jaren fan van haar.'

'Oké. Wat vind je van dit voorstel: jij gaat met Sage van de Franse keuken en de onbetaalbare kunst genieten, en daarna komen jullie bij mij om alles te vertellen en bij de open haard marshmallows te roosteren.'

'Je hebt nooit verteld dat marshmallows roosteren ook een van je culinaire vaardigheden was.'

'Ik hou het graag spannend voor een vrouw. Voor noodgevallen moet je altijd een paar indrukwekkende culinaire trucs achter de hand hebben.'

Ze schoot in de lach, en hij keek gefascineerd naar haar mooie gezicht. 'Het aanbod klinkt heel verleidelijk, maar ik vrees dat ik het moet afslaan,' zei ze. 'Als ik met Harry aan tafel moet, moet jij het ook.'

Hij zuchtte. Ja, daar was hij al bang voor geweest. Hij kon maar weinig dingen bedenken waar hij minder zin in had. Anderzijds cirkelden zijn vader en hij als vechtlustige elanden om elkaar heen sinds hij terug was in Hope's Crossing. Het was alsof ze allebei wachtten tot de ander aanviel, maar ze waren waarschijnlijk allebei bereid hun geweien te gebruiken. 'Misschien heeft Sage er geen zin in. Dan hoeven wij ook niet,' zei hij.

'Leuk geprobeerd, maar die vlieger gaat niet op,' zei ze hoofdschuddend. 'Ik dacht dat je onze dochter inmiddels wel beter kende.'

Onze dochter. Hij wist heel zeker dat ze dat voor het eerst zei. Waarom raakten die twee simpele woorden hem zo diep? 'Tja, dan zitten we eraan vast,' zei hij schor.

Er was warmte in haar ogen te zien voordat ze haar blik afwendde. 'Maak je maar geen zorgen, Jack. Ik hou je hand vast en help je er wel doorheen.'

Geschokt besefte hij dat ze met hem flirtte. Zou ze het zelf wel hebben gemerkt? 'Daar hou ik je aan,' zei hij. Hij kreeg de indruk dat hij al aan méér vastzat dan alleen een etentje met zijn vader.

Harry liep met bonkend hart door de lobby van zijn hotel. Deze keer roffelde zijn hart niet door zijn ziekte, maar van de spanning. Hij verheugde zich op het etentje en had last van een zware, knagende spijt dat hij door zijn hebzucht zoveel jaren had verknoeid. Telkens wanneer hij Jack zag, werd hij verteerd door het verlangen om zijn zoon weer terug te krijgen. Hij kreeg echter de indruk dat Jack niets met hem te maken wilde hebben. Dat kon hij hem niet kwalijk nemen. Twintig jaar geleden had hij domme keuzes gemaakt. Hij had zijn macht en zijn invloed gebruikt om zijn zin te krijgen, maar hij had naar zijn hart moeten luisteren. Nu betaalde hij de prijs voor zijn eigen kortzichtigheid.

Hij was alleen, en de afgelopen jaren had hij gemerkt dat hij dat helemaal niet prettig vond.

Wanneer hij terugdacht aan zijn angst na zijn hartaanval, werd hij niet blij. Hij had helemaal alleen in zijn ziekenhuiskamer gelegen, in de wetenschap dat het niemand interesseerde of hij doodging. Alleen zijn advocaten maakte het misschien iets uit. Zij ontvingen immers geld voor het behartigen van zijn zaken, maar Harry vermoedde dat ze verder ook niet graag met hem omgingen. Op dit moment had Jack geen behoefte aan Harry in zijn leven. Harry zou dus zelf alle hindernissen uit de weg moeten ruimen en een plaatsje in Jacks hart moeten verdienen. Hij was bereid daar alles voor te doen.

Hij ging op weg naar zijn suite boven in het hotel. Zijn huis, het grootste in de wijde omtrek, lag vlakbij, maar deze avond kon hij de weergalmende leegte niet aan. Hij drukte op de knop van de lift, blij dat niemand een praatje met hem aanknoopte. Hij vond het niet fijn om alleen te zijn, maar hij had ook geen zin om onzingesprekken te voeren met mensen die hem niet interesseerden. Tot zijn ergernis stopte de lift op de tweede verdieping. De deuren schoven open en een jonge vrouw in een dikke parka stapte in de lift. Ze draaide zich meteen met haar gezicht naar de deur, maar hij zag dat haar gezicht vlekkerig en rood was. Hij herkende haar onmiddellijk.

Zijn kleindochter.

Hij wist inmiddels alles over Sage McKnight. Vanaf het moment waarop hij in de boekhandel had gehoord dat ze zijn kleinkind was, had hij zijn best gedaan om alles over haar te weten te komen. Hij wist dat ze geïnteresseerd was in sterrenkunde, wie haar vriendje op de middelbare school was geweest en welke cijfers ze voor haar toelatingsexamen in Boulder had gehaald. Hij wist dat ze architecte wilde worden en dat ze sinds de kerst voor Jack werkte. Wat hij níét wist, was waarom ze zo van streek was.

'Wat is er?' vroeg hij. Hij was weliswaar een oude man met een slecht hart, maar hij had nog steeds veel invloed.

Ze draaide zich een stukje om. In haar ogen, die er in haar fijne gezichtje groot en gekwetst uitzagen, zag hij dat ze hem herkende. 'Wat doet u hier?' vroeg ze.

'Dit is mijn hotel.' Op de noodknop drukkend om de lift stil te zetten, herhaalde hij zijn vraag. 'Wat is er?'

Ze deed haar ogen dicht en leunde tegen de wand van de lift. 'Ik heb een rotdag achter de rug en wil graag naar huis. Wilt u de lift alstublieft weer aanzetten?'

'Wie heeft jou zo gekwetst?'

Haar lach klonk schor en beverig. 'Het is mijn eigen schuld dat ik in de problemen zit. Ik kan niemand anders iets verwijten. Wilt u de lift alstublieft verder laten gaan?' Ze stak haar wijsvinger uit naar het knopje.

Harry drukte op het knopje om de lift in beweging te zetten. 'Ik heb hier een appartement. Je ziet eruit alsof je wel een borrel kunt gebruiken.'

Ze legde haar handen op haar buik en trok haar trui strak, waardoor hij kon zien dat ze zwanger was. 'Ik krijg een baby, opa. En ik ben wettelijk gezien nog te jong om te drinken. Maar bedankt.'

Opa. Ze noemde hem opa. Hij had een hekel aan het woord, maar niet aan de gedachte die erachter zat. 'Loop toch maar even mee. Dan krijg je een glas water van me en kun je je gezicht wassen en je neus snuiten.'

'Bedoelt u dat ik er beroerd uitzie?'

'Dat heb ik niet gezegd. Ik dacht alleen dat je misschien een glas water wilde.'

Ze lachte en veegde over haar wang. 'Bedankt voor het aanbod, maar mijn vader en mijn moeder wachten beneden op me.'

'Dat weet ik. Ik heb hen net gesproken. Ze kunnen nog wel even wachten, dan kun jij op adem komen. Een Lange gaat liever dood dan dat hij zwakheid toont.'

'Mooi. Hebt u dat ergens geborduurd op een kussen staan?'

'Nog niet. Misschien kun jij het voor me borduren en het met Kerstmis aan je lieve oude opa geven.'

Ze schoot in de lach, en tot zijn genoegen zag hij weer wat kleur op haar wangen terugkomen. 'Oké, ik ga wel even mee,' zei ze. 'Ik kan wel een paar minuten gebruiken om mijn gedachten op een rijtje te zetten. En ik moet nodig plassen. Dat is een van de ergste dingen van zwanger zijn. Ik moet voortdurend naar de wc.'

Dat laatste had hij liever niet willen weten, maar hij zei niets. Hij haalde zijn pasje door de sleuf bij zijn appartement en de deur ging open. Ze keek om zich heen, maar hij zag dat de chique, kostbare inrichting geen indruk op haar maakte.

'Waar is de wc?'

'Door de gang en dan de eerste deur rechts.'

'Dank u wel.'

Toen ze weg was, liep hij naar de keuken om te kijken of hij iets geschikts in huis had voor een zwangere tiener. Hij pakte een flesje water, maar bij nader inzien bedacht hij dat ze misschien wel zin had in een troostend kopje thee. Die ellendige huishoudster had meestal wel een voorraadje thee voor de zeldzame keren dat hij bezoek kreeg, maar waar bewaarde ze de zakjes? Hij rommelde door de kasten en vond uiteindelijk een mooi mandje naast een kruidenrek waarvan hij niet eens wist dat hij het bezat. Wat hij wél wist, was dat hij een kraan voor kokend water had. Een halve minuut later had hij een dampende mok waarin een theezakje dobberde.

Hij liep Sage tegemoet in de woonkamer en gaf haar de thee. 'Alsjeblieft. Citroenthee. Schijnt heel rustgevend te zijn.'

'Dank u wel.' Met de mok tussen haar handen ging ze op het puntje van de bank zitten. 'U vraagt zich zeker af waarom ik eruitzie alsof ik een allergische reactie heb.'

'Nee hoor,' loog hij. Hij had het gevoel dat ze zich sneller op haar gemak zou voelen als hij zijn toon luchtig hield.

Sage schoot inderdaad in de lach. 'Inderdaad. Het is vast iets voor meisjes om te willen weten wat er aan de hand is.'

Hij zweeg even, zoekend naar woorden. Hij was bang dat ze zich ongemakkelijk zou gaan voelen als hij niets zei.

'Ik heb de vader van mijn baby zojuist verteld dat ik zwanger ben,' flapte ze eruit. 'Het was een... onaangenaam gesprek.'

'O ja?' Hij zorgde dat zijn stem zacht en vriendelijk klonk, alsof hij een zwerfkat probeerde te lokken met een schoteltje melk.

'Hij was er niet erg blij mee, want hij heeft een vriendin. Een verlóófde, moet ik zeggen. Zij weet niet wat er tussen ons is voorgevallen, en dat wil hij graag zo houden.' Nu ze eenmaal aan haar verhaal begonnen was, leek de woordenstroom niet meer te stuiten. 'Het was heel akelig. Hij gelooft me niet en zei dat hij onmogelijk de vader kon zijn. We hadden namelijk voorzorgsmaatregelen genomen. Ik was wel maagd, maar niet gek, snapt u. Kennelijk hebben die voorzorgsmaatregelen echter niet gewerkt, want ik ben toch zwanger geraakt.'

Ze vertelde hem wéér veel meer dan hij wilde horen, maar hij kon de stroom woorden niet onderbreken. Het was alsof ze alles eruit wilde gooien. 'Hij zei dat ik met opzet zwanger was geraakt om geld van zijn familie los te peuteren. Alsof ik zijn stomme geld wil hebben! Hij had zelfs het lef om te beweren dat ik alles van tevoren had gepland. De kaartjes voor het concert van mijn stiefvader, de pasjes om backstage te mogen – volgens hem had ik alles geregeld om zijn trouwplannen te kunnen saboteren. Dat is toch niet te geloven?'

'Heeft hij je bedreigd?' wilde Harry uiterst kalm weten. Hij wist precies over wie ze het had. Hij wist altijd wie er in zijn hotel logeerden, en er was maar één persoon die in haar verhaal kon passen. Sawyer Danforth. Hij had net gegeten met de aanstaande schoonvader van dat rotjoch.

'Nee, dat niet. Maar hij begon te schreeuwen en gooide als een driftige kleuter spullen door de kamer. Achteraf begrijp ik niet dat ik hem leuk genoeg vond om met hem naar bed te gaan.'

Harry wilde de kleindochter die hij nog maar net kende helemaal niet associëren met seks. In plaats daarvan nam hij een slokje van de enige borrel die hij zichzelf dagelijks toestond en dacht na over hoe hij Sawyer Danforth uit zijn hotel kon trappen.

'Kennelijk heb ik zijn leven verpest. Hij wil dat ik abortus laat plegen, maar ik ben al ruim vijf maanden zwanger.'

'Wat ga je nu doen?'

'Ik laat het kind in elk geval niet weghalen.' Ze nam eindelijk een slokje thee en vond die kennelijk lekker genoeg om nog een slokje te nemen. Hoewel het volkomen belachelijk was, was Harry trots op zichzelf. 'Ik weet nog niet wat ik ga doen. Dat is inderdaad een goede vraag. Moet ik de baby houden of afstaan voor adoptie? Die beslissing is wel wat moeilijker dan de vraag welke vakken ik dit semester moet volgen.'

'Dat is waar.'

Ze zuchtte. 'Hoe dan ook, ik heb het hem verteld. Mijn moeder en Jack waren ervan overtuigd dat ik dat moest doen, maar nu twijfel ik of ik er goed aan heb gedaan. Misschien was het beter geweest als hij het niet had geweten.'

'Als je de baby houdt, heb je de vader toch helemaal niet nodig? Het is jouw moeder ook prima gelukt om jou in haar eentje groot te brengen.'

Ze nam weer een slokje thee. Naarmate ze langer op zijn bank zat, werd ze steeds rustiger. Dat deed hem veel genoegen. 'Ik ben mijn moeder niet. Ik ben stapelgek op haar, maar ik geloof niet dat ik hier wil blijven wonen om naar ouderavonden te gaan en speelafspraakjes te maken. Ik wíl al die dingen wel, maar nu nog niet. Eerst wil ik nog een aantal andere dingen doen.'

Ze zou het in elk geval heel moeilijk krijgen, en dat allemaal door een paar dwaze momenten met de verkeerde persoon. Het leven was hard. Het afgelopen jaar had Harry eens wat beter om zich heen gekeken en gemerkt dat mensen zich echt hopeloos konden voelen als ze tegen al het verdriet in hun leven moesten vechten.

'Je neemt vast een wijs besluit. Je bent een slimme meid.'

Ze snoof minachtend. 'Hoe weet u dat nu? U weet helemaal niets over me.'

Hij besloot haar niet te vertellen dat hij juist heel veel over haar wist. Misschien zou ze dat griezelig vinden en niet begrijpen dat een oude man erg nieuwsgierig was naar zijn kleinkind. 'Dat zit in je genen. Je bent toch mijn kleinkind?'

'Nou, zo slim ben ik niet, want anders had ik dit probleem wel kunnen voorkomen.'

'Ik weet zeker dat je een manier vindt om je erdoorheen te slaan. Zo zit je vader ook in elkaar. Jullie overdenken alles en bekijken problemen van alle kanten. Daarom word je waarschijnlijk een fantastische architect, net als hij.'

Ze hield haar hoofd schuin en kneep met haar ogen. Even vroeg Harry zich af hoeveel hij met die opmerking had verraden. 'Ik hoop het maar. Ik moet trouwens weg. Mijn ouders worden vast ongerust. Dank u wel voor de thee. En voor het gesprek. Beide hebben me goed gedaan.'

'Graag gedaan, meisje. Je bent altijd welkom. Dat meen ik.'

Ze knipperde met haar ogen en glimlachte aarzelend naar hem. De lach schoot als een pijl zijn beschadigde hart in. 'Dank u wel. Misschien hou ik u daar wel aan.'

Hij stond op, blij dat zijn bijna zeventigjarige botten niet te hard kraakten. Samen met haar liep hij naar de lift, en onderweg vroeg hij zich af hoe hij dit kwetsbare gekwetste kind kon beschermen tegen al het verdriet dat haar wachtte. 'Als je wilt, kan ik Sawyer Danforth zo dadelijk mijn hotel uit trappen en hem en zijn snobistische ouders verbieden hier ooit nog voet over de drempel te zetten.'

Haar mond viel open en haar ogen werden groot van ontzetting. 'Hoe weet u... Ik had u helemaal niet verteld dat het om Sawyer ging.'

'Ik zei toch dat je goede genen had? Jij bent niet de enige slimmerd in deze familie, meisje. Ik weet precies wat er in mijn hotel gebeurt.'

Hij had spijt van die woorden toen haar schouders verstrakten en ze in paniek naar de lift keek. 'U mag niets tegen hem zeggen. Alstublieft,' smeekte ze. 'Hij zei dat hij het op het juiste moment zelf wel tegen Genevieve zou zeggen. Hij zou woedend zijn als ze het voor die tijd te horen kreeg.'

Dat zou Harry Sawyers verdiende loon vinden. Het interesseerde hem totaal niet of hij Danforth in de wielen reed, maar hij wilde zijn kleindochter niet nog meer verdriet bezorgen. 'Ik kan mijn mond wel houden,' beloofde hij. Dat betekende echter niet dat hij zijn personeel niet kon vragen ruwe lakens op Danforths bed te leggen of diens shampoo te vervangen door jeukpoeder.

'O, gelukkig. Dank u wel.'

'In ruil daarvoor kun je ook iets voor mij doen.'

Meteen was ze op haar hoede. 'Wat dan?'

'Ik heb je ouders en jou uitgenodigd zondag bij mij te komen eten. Ik betwijfel of ze daar blij mee waren. Jij kunt zorgen dat ze komen.'

'De geruchten kloppen dus. U bent echt een malle oude man. Hoe moet ik dat nu voor elkaar krijgen? Jack heeft een hekel aan u, en u staat ook niet op mijn moeders lijstje van favoriete personen.'

'Je bent een slimme meid,' herhaalde hij toen de liftdeuren opengingen. 'De Lange-genen, weet je nog? Je verzint er vast wel iets op.'

Ze schudde meewarig haar hoofd, maar hij was enorm verrast toen ze een stap naar voren zette en hem een kus op zijn wang gaf. 'Nogmaals bedankt voor de thee en uw luisterende oor,' zei ze. Ze stapte vlug in de lift, en de deuren gingen voor haar neus dicht.

Harry bleef lange tijd naar de liftdeuren staan staren, met zijn vinger op het plekje dat ze zojuist had gekust. Hij vond het dwaas van zichzelf dat hij haar geur nog dacht te kunnen ruiken, een combinatie van frisse citrus en tranen.

Zijn kleindochter had hem verdorie nodig. En haar ouders ook. Het afgelopen jaar was hij heel goed geworden in geheime missies. Wat kon hij doen om hen drieën te helpen?

Hoofdstuk 14

'Wáár ga je eten?'

Maura zuchtte en zette een paar boeken over woninginrichting recht. Ze was zich heel goed bewust van Mary Ella's ontzette blik. 'Je had me wel verstaan. Ik zou liever vanavond met je naar de film gaan, maar ik heb plannen. Harry heeft ons uitgenodigd om bij hem te komen eten. Natuurlijk heb ik mijn best gedaan om daaronderuit te komen. Wat dacht jij dan? Maar Sage zeurde dat ze haar opa beter wil leren kennen, en nu zit ik eraan vast.'

'Sage kan zeuren wat ze wil, maar ik zou nog liever mijn tong afbijten dan met die man aan tafel gaan zitten.'

Ondanks haar gemengde gevoelens over de uitnodiging van die avond moest Maura glimlachen om haar moeders dramatische reactie. 'Je hebt nog wel zoveel met hem gemeen! Jullie houden allebei van kunst, muziek en boeken, en nu hebben jullie zelfs een gezamenlijk kleinkind!'

'Fijn dat je me daaraan herinnert.'

'Waarom heb je toch zo'n hekel aan Harry? Je bent aardig tegen iedereen in Hope's Crossing, zelfs tegen die chagrijnige Frances Redmond, maar je doet alsof Harry je hond heeft doodgereden. Waaraan heeft hij die woede te danken?'

Mary Ella leunde met een peinzende blik tegen de boekenkast. 'Dat komt door Jack.'

'Jack?'

'Hij was een van mijn favoriete leerlingen. Ja, ik weet het: leraren moeten elke leerling waarderen en horen geen lievelingetjes te hebben, maar dat is makkelijker gezegd dan gedaan als je humeurige tieners lesgeeft over literatuur en essays schrijven. Ik heb honderden jongeren voorbij zien komen. Misschien wel duizenden. Maar Jack heeft altijd een speciaal plekje in mijn hart gehad. Hij was gekwetst en beschadigd, maar hij deed zijn uiterste best om dat te verbergen. Ik besefte dat hij een moeilijke jeugd moest hebben gehad met een labiele moeder als Bethany Lange.'

'Labiel is nog zachtjes uitgedrukt, mam. Ze was schizofreen.'

'Ik weet het. Ik wou dat je haar had meegemaakt voordat haar ziekte zich openbaarde. Ze was een geweldige vrouw. Iedereen was dol op haar.' Er klonk een melancholieke ondertoon door in Mary Ella's stem.

Maura liet een stilte vallen, tot haar nieuwsgierigheid het won van haar tact. 'Maar vanwaar dan die ruzie met Harry?' vroeg ze.

'O ja, daar hadden we het over. Jack had les van mij in die vreselijke lente dat Bethany zelfmoord pleegde. Ik probeerde hem niet te overladen met huiswerk, maar hij stond erop om alle opdrachten te maken. Mijn hart ging naar hem uit. Hij is maar één dag niet op school geweest, en dat was omdat hij naar haar begrafenis moest.'

'Dat verbaast me niets.' Maura voelde opeens iets warms en teders in haar borstkas. Ze zag de achttienjarige Jack voor zich, intens verdrietig om zijn moeder, maar vastbesloten om zijn diploma te halen.

'Een van de laatste opdrachten van dat schooljaar was een opstel over een onderwerp naar keuze. Jack schreef een zeer aangrijpend stuk over een mooie vogel die hij met bebloede vleugels in een doornstruik had zien zitten. Het dier was verstrikt geraakt en probeerde wanhopig los te komen. Jack had zijn best gedaan de vogel te helpen, maar die had met zijn snavel naar hem uitgehaald en wilde hem niet in zijn buurt hebben. Het was wel duidelijk dat het hele stuk een metafoor was voor zijn relatie met zijn moeder. Hij leek zo met zichzelf in de knoei te zitten dat ik het opstel aan zijn vader liet zien. Achteraf weet ik dat dat dom was, maar op dat moment dacht ik dat Harry misschien maatregelen kon treffen. Ik dacht dat hij rouwtherapie kon aanvragen, om Jack ervan te verzekeren dat Bethany's zelfmoord niet zijn schuld was.'

'Harry reageerde zeker niet erg aardig.'

Mary Ella snoof. 'Hij begon te lachen. Dat is toch niet te geloven? Het verdriet van zijn zoon droop van de pagina's af, maar die rotzak begon te láchen. Hij zei dat het maar goed was dat Jack architect wilde worden in plaats van schrijver. Hij vond het opstel maar sentimentele onzin. De vogel was verzwakt en zou toch wel zijn doodgegaan, ook als Jack hem uit de struik had kunnen bevrijden.'

Lieve help, en met die man moest Maura vanavond aan tafel! Ze vocht tegen haar woede en haar weerzin. 'En sindsdien heb jij dus een hekel aan hem.'

'Jack was een lieve, gevoelige jongen. In dat opzicht leek hij op Bethany. Ik vond het vreselijk dat Harry hem zo slecht behandelde. Iedereen in het stadje wist dat hij de ziekte van zijn vrouw misbruikte om het land in handen te krijgen dat ze aan haar zoon had willen nalaten.'

'Waarom heeft dan niemand ingegrepen?'

'Jack was weggegaan. Wat konden we nog voor hem doen? Hij liet alles achter zich, en niemand had de wettelijke middelen om de beslissing terug te draaien. En eerlijk gezegd leek het iedereen ook makkelijker om Harry en William Beaumont hun zin te geven. Laf, maar waar. Economisch gezien ging het slecht met Hope's Crossing. De jongeren gingen weg, en het skihotel kon ons een nieuwe toeristische impuls geven. Of we het nu leuk vonden of niet, Harry kon Hope's Crossing redden.' Maar tegen welke prijs? Of het nu een goede beslissing was geweest of niet, Hope's Crossing was voorgoed veranderd door de toeristen en de economische groei.

Voordat Maura kon reageren, zag ze dat Mary Ella scherp naar een nieuwe klant in de winkel keek. Enigszins verbaasd draaide Maura zich om, en meteen kreeg ze een knoop in haar maag. Laura Beaumont, Genevieves moeder, kwam met kordate passen op hen af, en ze zag er beslist niet uit alsof ze geïnteresseerd was in de recentste bestseller. Haar doorgaans zo perfecte haar piekte aan alle kanten, en voor het eerst zagen ze haar zonder haar onberispelijke make-up. Toen Laura dichterbij kwam, leek ze even onvast op haar benen te staan, en Maura rook dat ze had gedronken.

Ze haalde diep adem en hield zichzelf voor dat ze geen conflict had met Laura. Na het ongeluk had ze nog maanden een enorme hekel aan de hele familie Beaumont gehad, maar na het proces van Charlie, toen de hele verknipte waarheid over het ongeluk naar buiten was gekomen, was haar woede gezakt. Ze had niet vaak met Laura te maken, maar ze probeerde vriendelijk te blijven en er niet aan te denken dat Laura vrijspraak voor haar zoon had gewild, ondanks het feit dat hij verantwoordelijk was voor Layla's dood en Taryns zware verwondingen. 'Dag, Laura. Kan ik iets voor je doen?'

'Ja. Ik ben op zoek naar het snoepje van de week,' antwoordde Laura sarcastisch. Ook aan haar woorden was te horen dat ze alcohol had gebruikt.

Maura merkte dat Mary Ella verstijfde, en ze wist dat ze een confrontatie met de Beaumonts niet meer kon ontlopen. Waarschijnlijk zou Laura een onaangename scène maken. Met opzet deed ze of ze haar verkeerd begreep. 'Als je snoep zoekt, moet je in een andere winkel zijn. Ik verkoop alleen maar wat vers gebak in de koffiehoek.'

Laura Beaumont knipperde met haar ogen. 'Ik ben niet op zoek naar zoetigheid, sufferd. Ik wil die slettenbak spreken. Jouw dochter heeft alles verpest!'

Maura werd woedend. Ze drukte haar nagels in haar handpalmen om te voorkomen dat ze de burgemeestersvrouw zou slaan en hardhandig naar buiten zou duwen. 'Ik stel voor dat je je excuses aanbiedt voor het feit dat je mijn dochter uitscheldt, en dat je dan mijn winkel verlaat.'

'Ik peins er niet over! Waar is ze? Ik hoop dat ze trots op zichzelf is. Drie weken. Over drie weken zou mijn Genevieve de echtgenote zijn geworden van Sawyer Danforth, de erfgenaam van de Danforths uit Denver. Weet je hoelang we bezig zijn geweest met de voorbereidingen van die rotbruiloft?'

Kennelijk had Sawyer de moed bijeengeraapt om Genevieve over zijn misstapje te vertellen. En kennelijk had Genevieve de moed bijeengeraapt om de bruiloft weer uit te stellen. Misschien had ze hem nu wel definitief afgelast. Maura hoopte dat Gen zo verstandig was om de verloving voorgoed te verbreken. Ze wist dat mensen fouten maakten, maar een verliefde man kéék tijdens zijn verloving niet eens naar een andere vrouw. Als een man tijdens zijn verloving niet eens trouw kon blijven, was er niet veel kans dat hij dat na het huwelijk wél zou zijn.

'Gaat de bruiloft niet door?' vroeg Mary Ella fronsend.

'Nee, natuurlijk niet! Hoe kan ze nou met Sawyer trouwen als hij die domme sloerie Sage zwanger heeft gemaakt?'

Mary Ella's mond zakte open, en even voelde Maura zich schuldig dat ze het haar moeder niet had verteld. Ze wist echter dat het niet aan háár was om het geheim te verklappen.

'Nou, Sawyer beweerde anders dat hij de vader niet kon zijn. Hij suggereerde dat Sage in Boulder met tientallen mannen had geslapen,' merkte ze ijzig op. Ze voegde er maar niet aan toe dat Jack zin had gehad om het hotel in te rennen en Danforth in elkaar te beuken toen Sage dat had verteld. Ze hadden hem bijna letterlijk in bedwang moeten houden.

'O, dat zou me helemaal niet verbazen,' snauwde Laura Beaumont. 'Maar het feit dat hij de vader van de baby zou kúnnen zijn, was voor Gen al genoeg reden om de bruiloft af te blazen. Waar is dat kind? Ik wil weten waarom ze het nodig vond om mijn dochters leven te ruïneren. Dat kreng wist dat mijn dochter verloofd was! Ik durf te wedden dat ze met opzet met Sawyer naar bed is geweest en gaatjes in het condoom heeft geprikt. Ze wil natuurlijk geld zien, en het interesseert haar geen fluit of ze daarbij levens ruïneert.'

Hm, kennelijk had Laura een kwade dronk. Ze leek opeens totaal niet meer op de elegante burgemeestersvrouw die nuffig door het stadje liep alsof ze koningin Elizabeth was.

Maura dacht koortsachtig na en kwam tot de conclusie dat ze een paar keuzes had. Ze kon nu met Laura op de vuist gaan, en in deze staat zou ze het gevecht zeker winnen. Ze kon ook proberen de angel uit Laura's woede te halen en haar kind te beschermen. Het draaide nu om de veiligheid van Sage. Laura was in staat om naar Maura's huis te rijden en de confrontatie aan te gaan. Of, erger nog, ze zou Sage bij een vriendin kunnen opsporen en daar een scène kunnen maken. Dat wilde Maura natuurlijk niet. Misschien kon ze een escalatie voorkomen door haar troef uit te spelen – de enige troef die Laura Beaumont en haar echtgenoot vreesden. 'Sage is er niet, sorry. Waarschijnlijk is ze zich thuis aan het omkleden voor een etentje met haar grootvader. Je weet hoe Harry is,' zei ze. 'Hij is erg ongeduldig en wil waarschijnlijk niet dat we te laat komen.'

Als een gestoorde uil knipperde Laura met haar ogen. 'Harry?'

Maura wist dat ze het verdiende om door de bliksem getroffen te worden nu ze Harry's naam zo misbruikte, maar ze wilde alles doen om haar dochter te beschermen. 'Harry Lange. O, ik dacht dat heel Hope's Crossing het wist. De vader van Sage is Jackson Lange, Harry's zoon. Ze hebben hun familiebanden weer aangehaald. Het is hartverwarmend om het te zien.'

Naast haar schraapte Mary Ella haar keel. Maura deed een schietgebedje dat haar moeder haar mond zou houden.

Laura staarde hen beiden met gefronste wenkbrauwen aan, alsof ze een podium op was gelopen en ontdekte dat ze de hoofdrol had in een toneelstuk dat ze niet had gerepeteerd. 'E-Echt waar? Dat wist ik niet.'

'Ja, het is echt waar. We hebben het niet geheimgehouden, maar we hebben het ook niet van de daken geschreeuwd. Harry en Sage hebben inmiddels een heel goede band.' Dat was een leugen, maar Sage had verteld dat ze een kopje thee had gedronken in het appartement van haar opa. Het interesseerde Maura niet of ze hemel en aarde bij elkaar moest liegen om haar dochter te helpen.

'O.' De verontwaardiging zakte zichtbaar uit Laura weg, alsof er een ballon leegliep.

Hoewel Maura wist dat het belachelijk was, had ze heel even medelijden met Gens moeder. Doorgaans maakte Laura gebruik van haar positie en liet ze iedereen naar haar pijpen dansen. Harry was de enige die ze niet tegen zich in het harnas wilde jagen, omdat ze zich dat niet kon veroorloven. Maura had weinig reden om compassie te tonen aan Laura, maar ze besloot dat een beetje tact geen kwaad kon. Dat was de invloed van Claire, haar vriendin en kersverse schoonzus. Op dit soort momenten vroeg ze zich af hoe Claire zou reageren, want die zou nooit gemeen zijn of mensen tegenslagen onder de neus wrijven. Voor haar gevoel kon Maura daar wel iets van opsteken. Op dit moment zou Claire proberen iets aardigs te zeggen, hoe moeilijk dat ook was.

Na een paar lange pijnlijke seconden pakte ze Laura's hand. 'Ik vind het heel erg dat de bruiloft niet doorgaat. Ik weet dat Genevieve en jij keihard hebben gewerkt om er een perfecte dag van te maken. Ik hoorde dat het een droombruiloft zou worden. Misschien kunnen zij en Sawyer alles nog uitpraten.'

Laura sloot haar ogen, en ondanks de botox probeerde haar kin te trillen. 'Ik denk het niet. Ze is ontzettend kwaad op hem. Ik heb haar nog nooit zo meegemaakt. Haar vader en ik hebben vannacht tot drie uur met haar gepraat, maar ze wil niet luisteren. Ze zegt dat ze geen toekomst wil met een man die ze niet kan vertrouwen. Ze is ervan overtuigd dat het vertrouwen voorgoed beschaamd is.'

Maura wilde zeggen dat Laura trots kon zijn op zo'n verstandige dochter, maar ze kon zich niet voorstellen dat Laura die opmerking zou waarderen. Ze dacht aan de keren dat ze het verloofde stel samen had gezien. Gek genoeg had ze altijd het gevoel gehad dat Genevieve Beaumont niet zo enthousiast was over haar huwelijk als haar omgeving. Misschien had Gen wel een excuus gezocht om de huwelijksachtbaan te saboteren. Nou, Sage had haar een goede reden gegeven.

'Ik denk dat we onze kinderen hun eigen keuzes moeten laten

maken,' zei Mary Ella zacht. Ze stapte naar voren en omhelsde Laura. Het was een lief, beschermend gebaar, oprechter dan alles wat Maura op dit moment kon opbrengen. 'Natuurlijk zouden we hen het liefst bij de hand nemen, maar een goede moeder weet dat het haar taak is om haar kinderen uit te rusten met de moed en de vaardigheden om de moeilijke keuzes in hun leven het hoofd te bieden. We moeten hen hun gang laten gaan, ook als we zelf vinden dat ze een andere keuze moeten maken.'

'Maar dat is zo moeilijk,' zei Laura snikkend.

'Ik weet het, Laura. Ik weet het. Ben je met de auto gekomen? Ik breng je wel even naar huis. Als je bent uitgerust en alles nog eens goed met William hebt doorgesproken, kijk je er vast heel anders naar.'

'Oké, Mary Ella.'

'Verstandige meid. Ga maar mee.'

'Dank je wel.' Geluidloos vormde Maura de woorden met haar mond.

'Je staat bij me in het krijt,' fluisterde Mary Ella zo zacht dat Laura het niet kon horen. 'Blijkbaar heb je het een en ander voor me verzwegen. Ik wil een volledig verslag van het etentje van vanavond. Als er met messen wordt geworpen, wil ik zelfs een sms tíjdens het etentje.'

Laura ving die laatste zin op. 'Messen?' vroeg ze verward.

'Niets belangrijks,' suste Mary Ella. Ze sloeg haar arm om Laura heen en liep met haar de winkel uit. 'Ik ga jou naar huis brengen.'

Nadat haar moeder en Laura vertrokken waren, bleef Maura nog even staan. Door de etalageruit keek ze de twee vrouwen na, en ze vroeg zich af waar haar rustige leventje gebleven was.

Waarom was ze toch altijd te laat?

Maura had eens op de radio gehoord dat mensen die altijd te laat kwamen op een passief-agressieve manier controle over hun omgeving probeerden te houden. Dat was haar bedoeling helemaal niet. Er zaten gewoon te weinig uren in een dag.

Na Laura's scène in de boekwinkel moest Maura haastig verder met haar werk, en uiteindelijk verliet ze de zaak twintig minuten te laat. Ze had al veel eerder weg willen gaan om zich op het etentje voor te bereiden. Ze overschreed de maximumsnelheid toen ze naar huis reed en parkeerde de auto op de oprit. Ze had nog maar een kwartiertje de tijd voordat Jack hen kwam ophalen.

'Sage, ik ben thuis!' riep ze, naar binnen rennend en haar tas en haar sleutels op het tafeltje in de hal gooiend. 'Ik zal zorgen dat ik zo klaarsta. Geef me nog een paar minuten.'

De enige reactie kwam van Puck, die om haar heen danste.

'Hallo, Puck. Waar is Sage? Hm? Waar is onze Sage?'

Het hondje blafte en likte haar.

'Sage?'

Er kwam geen antwoord.

Er verscheen een bezorgde rimpel op Maura's voorhoofd, ondanks het feit dat het dreigende gevaar van Laura's komst was afgewend. Toen ze even goed luisterde, hoorde ze verder in de gang de douche lopen. Geen wonder dat Sage niet had gereageerd. Blijkbaar was Maura niet de enige die een beetje laat was. Ze tilde de hond op en droeg hem mee naar haar slaapkamer. Eigenlijk vond ze het zelf raar dat ze het zo fijn vond om dat warme wezentje tegen zich aan te voelen. 'Jij mag helpen beslissen wat ik aantrek,' zei ze tegen de hond, die bij het voeteneinde van het bed op de grond ging liggen.

Natuurlijk had ze de hele dag al nagedacht over de vraag wat ze zou aantrekken. In gedachten had ze zich al tien keer verkleed en combinaties teruggehangen, dus nu duurde het niet lang meer om wat kleren uit de kast te halen. Ze koos een getailleerde witte blouse, een bruine lange broek die haar extra slank deed lijken en een lange ketting en oorbellen in rood- en ambertinten, die ze een paar jaar eerder in String Fever had gemaakt. Terwijl ze haar make-up bijwerkte, vroeg ze zich af hoe ze in vredesnaam al oud genoeg kon zijn om iemands oma te worden. Ze had nog geen enkele grijze haar, en ook geen rimpels.

Ze had net haar haar geborsteld toen het tot haar doordrong dat de douche niet meer liep. Met de hond op haar hielen liep ze door de gang. Ze klopte op de deur. 'Sage? Alles goed?'

Haar dochter deed de deur open. Ze had een handdoek om haar opzwellende lijf geslagen, en haar haar piekte net zo wild als dat van Laura Beaumont. 'Nee. Jack kan elk moment komen, maar ik ben nog lang niet klaar. Ik wilde vanmiddag even een dutje doen, en ik heb door de wekker op mijn telefoon heen geslapen. Nu moet ik mijn haar nog drogen en me aankleden. Misschien heb ik die stomme telefoon wel uitgezet toen ik ging liggen.'

'Dat zou kunnen, want ik heb vanmiddag een paar keer geprobeerd je te bellen.'

'Sorry.' Sage draaide zich om, maar op dat moment ging de bel. 'O nee! Daar is Jack al.'

Maura deed haar best om het rare sprongetje van haar hart te negeren. 'Geen paniek. Kleed je maar aan. Ik hou hem wel even bezig tot je klaar bent.'

Puck was natuurlijk meteen naar de deur gerend, want hij vond het altijd leuk als er iemand kwam. Maura wierp nog een haastige blik in de spiegel boven het haltafeltje. Nadat ze wat laatste lokjes haar had gladgestreken, dwong ze zichzelf adem te halen en de deur open te doen.

'Goedenavond.'

'Hallo, Jack. Kom binnen.' Mooi. Dat klonk zowaar coherent. Dat viel mee, want ze had gedacht dat ze alleen nog maar onzin zou kunnen uitbrengen toen ze hem zag staan.

Hij zag er sexy en onweerstaanbaar uit in zijn overhemd, dat de kleur van dennennaalden had, en zijn bruine jack. Puck begon opgewonden te blaffen toen Jack binnenkwam en drukte zijn kop tegen zijn broekspijp. Glimlachend tilde Jack het dier met één hand op. 'Dag Puck.'

'Sage is nog niet klaar,' kondigde Maura aan, vechtend tegen de impuls om net zo blij te reageren als Puck. 'Sorry, we waren allebei een beetje laat. Ze zal zo wel klaar zijn.'

'Ze mag de tijd nemen, hoor. Ik vind het niet erg om te laat te komen.'

'Ik ben al blij dat je er überhaupt bent.'

'Ik heb het Sage beloofd,' zei hij. 'Met tegenzin, maar onze dochter is tamelijk vasthoudend.'

'Ik weet er alles van.' Onze dochter. Weer kreeg ze de kriebels van die twee woorden. Of werden die kriebels veroorzaakt door zijn geur? Het was een mengeling van ceder en bergamot en iets opwindends – iets wat rook naar buitenlucht en Jack.

'Ik denk dat ik te weinig fantasie heb. Ik kon werkelijk geen enkele smoes bedenken om onder het etentje uit te komen zonder haar teleur te stellen.'

'Als je eenmaal aan de gedachte gewend bent dat je een dochter hebt, kom je erachter dat we onze kinderen voortdurend teleurstellen. Dat hoort bij de taakomschrijving van een ouder.'

Hij lachte en aaide Puck over zijn kop. 'Aha, dus ik val haar nu al tegen.'

'Dat denk ik niet. Sage is gek op je, Jack.' Het viel haar niet mee om dat hardop te zeggen, maar als hij zijn vijandige gevoelens jegens zijn vader voor Sage opzij kon zetten, moest zij het kunnen opbrengen om hem de waarheid te vertellen.

'Dat gevoel is geheel wederzijds,' zei hij.

Maura vond de slanke vingers die Puck achter de oren krabden veel te fascinerend. 'Eh... wil je misschien iets drinken? Ik heb bier, witte wijn, gingerale of ander fris.'

'Gingerale, alsjeblieft.'

'Goed, ik zal het even inschenken.' Als ze niet zo belachelijk nerveus was geweest, zou ze zich haar manieren herinneren en hem vragen op de bank plaats te nemen. Dat kwam echter pas bij haar op toen hij haar al naar de keuken was gevolgd.

De gedachte verdween trouwens weer uit haar hoofd toen ze op het kookeiland een enorme kleurige bos bloemen zag staan. Het boeket rook even heerlijk als een zwoele avond op een tropisch strand. 'O, wat prachtig!' riep ze uit. Bewonderend keek ze naar de strelitzia's, de heliconia's en de alpinia purpurata.

Hij zette de wriemelende hond neer, die onmiddellijk naar zijn voederbak liep. 'Heb je een geheime bewonderaar?'

Was het maar waar... 'Ze zijn vast voor Sage. Anders had ze wel iets gezegd toen ik thuiskwam.'

Jack kneep zijn ogen tot spleetjes en was opeens op en top de beschermende vader. 'Ze zullen toch niet afkomstig zijn van die rotzak, Danforth? Gisteren heeft hij haar als oud vuil behandeld. Zit er een kaartje bij?' Hij begon tussen de stelen te zoeken.

'Niet doen! Je mag het kaartje niet lezen zonder haar toestemming,' zei ze. 'Misschien is het iets heel persoonlijks.'

Grimmig trok hij een kaartje uit het midden van het felgekleurde boeket, dat iets heel bijzonders was op een maartse avond in de Rocky Mountains. 'Dan had ze het niet tussen de bloemen moeten laten zitten,' zei hij.

Ondanks haar protest schoot Maura in de lach. 'Leg dat kaartje eens terug.'

'Ik wil eerst kijken of Danforth zo dom is om weer met haar aan te pappen.'

Het kaartje zat niet in een enveloppe, en Maura moest erkennen dat Sage het kaartje wel weggelegd zou hebben als de boodschap privé was. Ze wist dat het niet netjes was om nieuwsgierig te zijn, maar ze was heel benieuwd wie de gever was. 'Nou? Van wie zijn ze?' vroeg ze.

'Dat staat er niet op.'

Bevreemd probeerde ze het kaartje ondersteboven te lezen, maar vanaf haar plaats kon ze de woorden niet goed zien. 'Wat staat er dan wél op?'

Met een verbaasde blik las hij de tekst voor. 'John Wayne definieerde moed als volgt: doodsbang zijn, maar toch je paard zadelen. Je bent een pittige dame, meisje.'

'Wát?'

'Dat staat er. Geen naam. Alleen een getekende engel.'

'Echt waar? Laat eens zien!' Ze trok het kaartje uit zijn hand en las de woorden nog eens. 'Ongelooflijk! De Engel van de Hoop heeft Sage bloemen gestuurd.'

'Misschien zijn ze voor jou.'

'Ik ben geen meisje meer, voor het geval het je niet was opgevallen.'

'Dat was me wel opgevallen,' zei hij zacht. Hun ogen vonden

elkaar, en ze voelde de spanning in het vertrek onder haar voetzolen kriebelen.

Ze vermande zich en wendde haar blik af naar het boeket. Zachtjes streek ze over een van de bloemen. 'Het lijkt wel of de Engel helderziend is. Hoe kan hij nu weten dat Sage het op dit moment niet makkelijk heeft?'

Jack zweeg even. 'Er waren gisteravond heel wat mensen in de lobby van het hotel,' zei hij. 'Misschien heeft iemand gezien dat ze van streek was.'

'Dat zou kunnen.'

Na de scène in de boekwinkel wist haar moeder ook wat er aan de hand was. Inmiddels wist het halve stadje het waarschijnlijk. Laura zou vast niet discreet zijn als ze alle bestellingen voor de bruiloft annuleerde, ook al had Mary Ella nog zo haar best gedaan om haar te kalmeren. Ze wreef weer met haar duim over de bloem en snoof de zoete geur op. Ze wenste dat ze op dit moment op een prachtig strand in Kauai was en niets te maken had met ongewenste zwangerschappen, Harry Lange en dat verraderlijke zwak voor Jack dat ze liever kwijt dan rijk was.

Iets te drinken. Ze was naar de keuken gelopen om iets te drinken in te schenken. Ze liep naar de koelkast om een fles gingerale te pakken. 'Genevieve Beaumont heeft vandaag haar bruiloft met Sawyer afgeblazen,' zei ze, haar hand uitstekend naar een glas.

'Hoe weet jij dat?'

'Mrs. Beaumont kwam een paar uur geleden naar de boekhandel. Ze schold Sage uit, omdat zij volgens haar Genevieves leven heeft verpest.'

'En kon ze daarna nog zelf de winkel uit lopen? Hoefde er geen ambulance te worden gebeld?'

Ze glimlachte bij zijn terechte veronderstelling dat ze als een tijgerin voor haar dochter wilde vechten. 'Eerlijk gezegd had ik medelijden met haar. Al haar plannen voor haar dochter zijn van de baan. Ik weet een beetje hoe dat voelt.' Met een zucht gaf ze hem het glas. 'Het feit dat de bruiloft niet doorgaat, wordt natuurlijk een groot schandaal in Hope's Crossing. De reden voor de verbroken verloving zal als een lopend vuurtje rondgaan. Ik wou dat ik Sage daartegen kon beschermen.'

'Ik zou niet weten hoe je dat moest doen. Misschien zijn er daarom bloemen bezorgd. Iemand wil haar een hart onder de riem steken voordat de storm losbarst.'

'Dat zou een lief gebaar zijn, maar ik vind het akelig dat er over haar geroddeld en gefluisterd zal worden.' Ze wist zelf maar al te goed hoe dat voelde. Ze hoopte maar dat ze haar dochter kon leren dat ze haar neus in de lucht moest houden en de roddelaars recht in de ogen moest kijken. Dat had Maura zelf ook gedaan. Met een zucht schonk ze zichzelf een glas ijswater in uit de filterkan in de koelkast. 'Ik vind het allemaal zo oneerlijk. Ze heeft het afgelopen jaar al genoeg meegemaakt.'

'Jij ook.'

'Dat klopt. Om je de waarheid te zeggen, weet ik niet hoeveel ik nog aankan.'

'Ben je bang voor het schandaal?'

'Welnee, je weet wel beter. Dat schandaal interesseert me niet.' Ze nam een slokje ijswater en zette haar glas op het aanrecht. Ze twijfelde of ze hem wel zoveel persoonlijke dingen moest vertellen, maar de zachte blik in zijn ogen en zijn begripvol medeleven van de afgelopen tijd leidden ertoe dat ze alle geheimen prijsgaf die ze nauwelijks aan zichzelf had durven toegeven. 'Ik weet niet of ik nog meer verliezen aankan,' zei ze zachtjes. 'Volgens mij heeft ze besloten afstand te doen van de baby. Dat is de juiste oplossing, dat weet ik, zowel voor Sage als voor het kind, maar het lijkt mij vreselijk om mijn kleinkind kwijt te raken.'

De laatste woorden kwamen bijna fluisterend uit haar mond, en na één blik op haar gezicht zette hij zijn glas neer en trok haar tegen zich aan. Hij sloeg zijn armen om haar heen en omringde haar met zijn kracht. Ze leunde tegen hem aan, troost puttend uit zijn warmte. 'Dat begrijp ik heel goed,' mompelde hij.

Om verschillende redenen vocht ze tegen haar tranen – ook om de belachelijke reden dat ze haar make-up niet wilde ruïneren. 'Ik heb zin om me een paar maanden lang in mijn slaapkamer te verschansen en me voor de buitenwereld te verstoppen.'

'Dat doe je niet. Je biedt deze tegenslag het hoofd, zoals je dat altijd hebt gedaan.'

Nu ze hem tegen zich aan voelde, zakte de drang om in tranen uit te barsten. Hij was een rots, zijn spieren voelden hard aan tegen haar zachte vlees. Ze wilde hier voor altijd blijven staan en van zijn kracht genieten. 'Dank je,' zei ze nauwelijks hoorbaar.

'Geen dank.' Zijn stem klonk laag en aangedaan.

Toen ze hem diep in de ogen keek, zag ze vuur in de blauwe diepte opvlammen. Met ingehouden adem bleef ze hem verwachtingsvol aanstaren, tot hij eindelijk zijn hoofd boog en haar met een diepe zucht kuste.

Zijn mond was koud van zijn drankje, en ze huiverde toen zijn tong over de hare gleed. Haar binnenste smolt van verlangen. Wekenlang had ze zich afgevraagd of ze zijn kus ooit nog zou proeven. Nu kuste hij haar nota bene terwijl ze zich hevig zorgen maakte om Sage en nerveus was voor hun etentje bij Harry.

Jack kussen was tot haar verbazing net zoiets als op een koude winteravond langzaam in de *hot tub* glijden. Het was rustgevend, troostrijk en ontspannend. Ondanks haar honger naar méér wist hij onmiddellijk de scherpe kantjes van haar nervositeit weg te nemen. Ze begon weer verliefd op hem te worden. Waarschijnlijk was ze dat al sinds hij terug was. Dat onwelkome besef diep weggestoppend, concentreerde ze zich op het heerlijke gevoel om weer in zijn armen te kruipen, zijn mond te kussen en de warmte naar alle koude hoekjes van haar lichaam te voelen stromen.

'Ik ben klaar, hoor!' hoorden ze Sage roepen. 'Waar zijn jullie?'

De woorden drongen door de mist in haar hoofd heen. Opeens besefte ze dat hun dochter elk moment kon binnenkomen. Ergens haalde ze de kracht vandaan om achteruit te stappen en zich van Jack los te maken. Haar ademhaling was onregelmatig en ze voelde haar hartslag in haar oren kloppen.

Hij leek al net zo ondersteboven te zijn als zij. Zijn pupillen waren vergroot en zijn haar was warrig. Waarschijnlijk had ze er onbewust met haar handen doorheen gewoeld.

'In de keuken,' antwoordde ze. Haar stem was schor en schraperig, en ze moest even hoesten om haar normale stemgeluid terug te krijgen. 'In de keuken!' riep ze wat harder.

Sage kwam binnen. 'Wat doen jullie híér?'

'Iets te drinken halen. Ik, eh… Ik had dorst, en Maura heeft wat gingerale voor me ingeschonken,' antwoordde Jack, zoekend naar zijn glas. Toen hij het op het aanrecht zag staan, hield hij het triomfantelijk omhoog. Vlug nam hij een slokje, maar hij kreeg een flinke hoestbui omdat de frisdrank het verkeerde keelgat in schoot.

'Okeee,' zei Sage. 'Hoe dan ook, het spijt me dat ik jullie heb laten wachten.'

Hij keek even opzij naar Maura. 'Geen probleem. Ik vond het helemaal niet erg.'

Maura bloosde en hoopte maar dat Sage het niet zag. 'Je ziet er heel leuk uit, lieverd,' zei ze oprecht.

Sage droeg positiekleding, een zachtroze blouse die Maura nog niet eerder had gezien. Ze had haar golvende haar in een losse knot gebonden en droeg een paar lange zilveren met roze oorbellen, die Maura een paar jaar eerder voor haar verjaardag had gemaakt. 'Jullie hebben mijn bloemen dus zien staan.'

Nadat Maura nog een paar keer diep had ademgehaald, hadden haar hersens weer genoeg zuurstof gekregen om normaal te kunnen nadenken. 'Ze zijn prachtig. Een cadeau van de Engel van de Hoop. Dat is iets om te koesteren.'

Om de lippen van haar dochter verscheen een sluw, geheimzinnig lachje. 'Vind ik ook.'

'Maar hoe weet de Engel nu wat er aan de hand is? Ik vraag me af of het iemand is die we kennen.'

Sage haalde haar schouders op, maar haar ogen leken te suggereren dat ze er meer van wist. 'Die geheimzinnigheid is de helft van de lol. Dat zeggen jij en oma toch altijd?' Ze keek op haar horloge. 'We moeten gaan. Ik wil opa niet te lang laten wachten.'

'Nee, zeg, het idee alleen al,' reageerde Jack droog.

Sage liep voorop naar de voordeur, en natuurlijk stond Jack erop om de dames in hun jassen te helpen. Toen hij Maura aanraakte, ging er een huivering door haar heen. Ze hoopte dat hij het niet merkte, maar door de manier waarop hij zijn adem inhield, wist ze dat ze er niet in was geslaagd haar reactie voor hem te verbergen. Gelukkig zag ze in elk geval niet meer op tegen haar ontmoeting met Harry. Ze was veel bezorgder over de vraag hoe het nu verder moest met Jack.

Het was helemaal niet fijn dat ze na al die jaren weer naar hem verlangde. Want als hij Hope's Crossing verliet, zou ze weer een verlies te incasseren krijgen.

Hoofdstuk 15

Die kus.

Wauw.

Terwijl Jack Maura en Sage in hun jassen hielp en achter hen aan liep naar zijn auto, voelde hij de hitte door zijn lichaam koersen. Opeens was hij weer achttien en bevond hij zich op een zonovergoten stuk grasland op een berg, met het gevoel dat hij de grootste bofkont van de wereld was omdat het mooiste meisje van de middelbare school hem wilde kussen.

Nee, dat was onzin. Hij was geen achttienjarige jongen meer en had inmiddels het een en ander bijgeleerd. Hij wist nu dat het geen kwestie van boffen was geweest dat ze hem had gekust, trillend haar armen om hem heen had geslagen en haar zachte lichaam tegen hem aan had gedrukt.

Het was een uiterst kostbaar geschenk geweest.

Hij had het gevoel dat hij jarenlang door de wildernis had gedwaald. Hij had zichzelf wijsgemaakt dat hij gelukkig was en dat het hem aan niets ontbrak, maar nu hij in Hope's Crossing was, merkte hij hoe dwaas die veronderstelling was. Hij was helemaal niet gelukkig geweest. Al die tijd had hij iets moois, iets wezenlijks, iets belangrijks, gemist.

Maura.

Hij was verliefd op haar. Zijn gevoelens waren verward en gecompliceerd, en hij wist niet wat hij ermee aan moest.

Sage stapte achter in de auto, waardoor de stoel naast de bestuurder vrij bleef voor haar moeder.

'Ik ga wel achterin zitten,' zei Maura. 'Jij bent zwanger. Ik denk dat je de beenruimte wel kunt gebruiken.'

'Ik zit achterin prima, hoor. Stap maar in, mam. Ik meen het. Anders komen we nog te laat.'

Als kind moest ze een heel koppig meisje zijn geweest. Jack voelde weer een pijnlijke steek in zijn hart nu hij dacht aan alles wat hij had gemist. Deze keer probeerde hij de pijn echter niet weg te stoppen, want die herinnerde hem aan de werkelijkheid. Hij had heel veel van zijn dochters jeugd gemist, omdat Maura hem geen rol in haar leven had gegund. Hij voelde zich vreselijk tot Maura aangetrokken, maar hoe kon hij haar ooit nog volledig vertrouwen na dat grote verraad?

Het was een koele, heldere avond. Boven Woodrose Mountain bescheen de volle maan het laatste laagje sneeuw met een parelmoeren glans. Er werd nauwelijks een woord gewisseld tijdens de rit naar de Silver Strike Canyon. Jack had het adres van zijn vaders huis in zijn navigatiesysteem geprogrammeerd. Hij dacht er niet te lang over na dat hij niet eens wist hoe hij naar zijn vaders huis moest rijden.

'Wij hadden je wel kunnen vertellen hoe je moet rijden, hoor,' zei Maura toen een zwoele vrouwenstem hem aanwijzingen gaf. 'Als je in de canyon bent, kun je Harry's huis moeilijk missen.'

'O, dat geloof ik best,' zei hij. Het drong op dat moment pas tot hem door dat hij Maura en Sage de weg had kunnen vragen. 'Ik ben gewoon gewend aan mijn navigatiesysteem.' Hij vertrouwde alleen op zichzelf en wilde alles op zijn eigen manier uitzoeken. Dat was zijn leidraad geweest sinds hij uit Hope's Crossing was vertrokken. Hij had al vroeg geleerd dat hij niet op andere mensen kon rekenen. Bethany had de helft van de tijd in haar eigen wereldje geleefd, en Harry... Tja, Harry had nooit iets om zijn zoon gegeven.

Korte tijd had Jack steun gezocht bij Maura. Een van de redenen waarom hij zo abrupt was weggegaan, was dat hij had gemerkt dat hij haar misschien té hard nodig had.

'Lieverd, voordat je het van iemand anders hoort, wil ik je wat vertellen,' zei Maura toen ze nog zo'n anderhalve kilometer van Harry's huis verwijderd waren. 'Het kan zijn dat Harry erover begint, en ik wil dat je erop voorbereid bent.'

'Wat is er aan de hand?' vroeg Sage geschrokken. 'Er is toch niets met oma, hoop ik?'

'Nee, met oma is niets aan de hand.' Maura haalde diep adem en vertelde vlug wat ze kwijt wilde. 'Genevieve heeft de bruiloft afgelast.'

Een paar seconden bleef het stil op de achterbank. Toen Jack via de achteruitkijkspiegel naar zijn dochter keek, zag hij dat ze ineengedoken op de bank zat en haar armen over haar buikje had geslagen. 'Echt waar?' vroeg ze met een klein, verslagen stemmetje.

Maura knikte. 'Ja. Het spijt me.'

'Dan heeft hij het haar dus verteld. Na ons gesprek was ik ervan overtuigd dat hij zou wachten tot de baby geboren was, omdat hij dan een DNA-test kon laten doen.'

'Zo zouden heel veel mannen het aanpakken,' zei Jack. 'Waarom zou je je leven op zijn kop zetten als de baby misschien niet eens van jou is?'

'Dat snap ik wel, maar Sawyer is echt de vader. Hij was de eerste voor me, en na hem is er niemand meer geweest. Ik denk niet dat ik ooit nog met iemand naar bed ga. Blijkbaar raak ik heel makkelijk zwanger, en wie wil mij nog nu ik het leven van een man heb verpest? En je zult zien dat ik zwangerschapsstriemen op mijn buik krijg.'

Jack wist niet hoe hij daarop moest reageren, maar gelukkig nam Maura het woord. 'Ik stel voor dat we ons daar vanavond niet druk over maken. Eerst gaan we bij Harry eten, vervolgens slaan we ons door de laatste maanden van je zwangerschap heen, en daarna gaan we ons pas zorgen maken over zwangerschapsstriemen en je toekomst.'

Sage zuchtte. 'Ja, je hebt wel gelijk.'

Hoe kreeg Maura dat voor elkaar? Ze haalde moeiteloos het lontje uit een explosieve situatie. Jack vroeg zich af of je dat automatisch leerde als je tienerdochters had.

De stem van het navigatiesysteem kondigde aan dat ze hun bestemming hadden bereikt, en Jack remde af voor een paar imponerende zwarte hekken. Waarschijnlijk had iemand hen zien aankomen, want de hekken schoven onmiddellijk open. Met bonkend hart gaf hij gas en reed hij over een lange oprit, die werd geflankeerd door bomen en een groot terrein. Over een maand zou er waarschijnlijk een mooie tuin te zien zijn, maar nu werd alles nog bedekt met een laagje sneeuw. De goed verlichte oprit liep met een boog naar de voordeur van de grote hoge villa.

Het huis was moderner dan het hotel en was gebouwd in een stijl die Jack 'eigentijdse western' zou noemen. Het opvallendste kenmerk van het huis was een rond lopende wand van glas, die zo hoog was als het huis en uitzicht bood naar alle kanten. Het was een enorme, indrukwekkende villa, die totaal niet leek op het bescheiden huis waarin hij was opgegroeid.

'Zo, we zijn er,' zei hij. 'Weten jullie zeker dat jullie naar binnen willen? Het hek is achter ons dichtgegaan, maar ik ben ervan overtuigd dat ik het wel kan rammen.'

'Ik ga mee. Wegwezen!' zei Maura. 'Ik hoop dat je airbags werken.'

Sage hief haar ogen ten hemel, maar Jack was blij dat ze grinnikte en dat de verdrietige uitdrukking uit haar ogen verdween. 'Schei toch uit. We zijn er nu, dus we kunnen net zo goed blijven eten.'

'Misschien is dat wel een goed idee. En de auto is nog vrij nieuw. Het is zonde als de verzekeringspremie omhooggaat. Schade aan de voorkant van de auto is lastig uit te leggen.' Toen hij uitstapte, vroeg hij zich echter af of een verhoging van de premie toch niet de moeite waard was, want hij zag erg op tegen de ontmoeting met zijn vader. Hij opende de portieren voor de beide vrouwen. Maura stapte uit voordat hij haar kon helpen, maar hij stak zijn arm uit naar Sage. 'Voorzichtig maar. Er kan nog wat ijs liggen.'

'Denk je echt dat Harry dat zou tolereren?' vroeg Maura. 'Het zou me niet verbazen als de oprit verwarmd was.'

Daar kon ze best eens gelijk in hebben, maar toch hield Jack de arm van zijn dochter vast. Hij stak zijn andere arm uit naar Maura, die na enige aarzeling inhaakte en met hem naar de voordeur liep.

De brede bewerkte eiken dubbele voordeur ging al open voordat ze konden aanbellen. Harry stond in de deuropening, omlijst door licht. In niets leek hij meer op de hartpatiënt die Jack een paar weken eerder had gezien. Hij zag er sterk en fors uit en droeg een lange broek en een trui die waarschijnlijk meer hadden gekost dan de maandelijkse afbetaling van Jacks auto. 'Jullie zijn laat.'

'Dat was mijn schuld, opa,' zei Sage met een ondeugende glimlach. Jack zag nog steeds donkere schaduwen in haar ogen, maar desondanks kon ze veinzen dat er niets aan de hand was. Waarschijnlijk had ze dat talent van haar moeder geërfd. Tot Jacks grote schrik maakte ze zich van hem los en boog ze zich naar voren om Harry een kus op zijn wang te geven. 'Ik ging vanmiddag een dutje doen en ben door de wekker op mijn telefoon heen geslapen. Het spijt me vreselijk.'

Blijkbaar had Harry geen verweer tegen de charmes van Sage, want hij zei: 'Het geeft niet, hoor. Zo laat zijn jullie nu ook weer niet. Kom binnen!'

Sage glimlachte warm naar hem en liep de enorme woonkamer in, op de voet gevolgd door Maura.

'Dag Mr. Lange,' zei ze met een flauw lachje.

'Noem me maar Harry.'

'Daar moet ik nog even over nadenken. Ik heb u jarenlang Mr. Lange genoemd, en daar voel ik me het meest bij op mijn gemak.'

'Je hebt me vast ook nog wel andere namen gegeven.'

'Jawel, maar ik probeer mijn leven te beteren en een goed voorbeeld voor Sage te zijn. Ik wil mijn dochters taalgebruik netjes houden.'

Harry schaterde het uit. Blijkbaar was hij niet beledigd door haar opmerking. 'Prima. Bekijk zelf maar hoe je me noemt.'

'Dat was ik ook van plan.'

Grinnikend ging Harry hen voor. 'Willen jullie nog iets drinken voor het eten?'

'Een glas mineraalwater, graag,' zei Maura.

'Dat lijkt mij ook lekker.' Sage glimlachte.

'Ik hoef niets,' zei Jack.

Harry leek iets te willen zeggen, maar bedacht zich. Hij liep naar een dressoir en maakte een deurtje open, waarachter een koelkastje bleek te zitten. Hij haalde er een flesje Evian uit en gaf het aan Maura. Daarna gaf hij er een aan Sage. Een paar minuten lang werd er over koetjes en kalfjes gepraat. Jack nam niet aan het gesprek deel. Hij kon er nog steeds nauwelijks bij dat hij na al die jaren opeens in zijn vaders huis stond.

'Ik denk dat we bijna aan tafel kunnen. Zal ik mijn kok laten weten dat jullie er zijn?'

'Graag. Ik rammel van de honger,' zei Sage.

Harry verliet het vertrek, waarschijnlijk om zijn kok instructies te geven. Tijdens zijn afwezigheid liep Jack de kamer rond om alle kunst aan de muren te bewonderen.

'Dat is een schilderij van Sarah Colville. Prachtig, hè?'

Hij bestudeerde het olieverfschilderij, een zeer gedetailleerd landschap dat hij herkende als Snowflake Canyon, een uitloper van de Silver Strike Canyon. 'Ja, erg mooi,' zei hij.

'Ze is ontzettend goed. Ik vraag me af waar je vader de rest van zijn collectie heeft opgehangen.'

'Overal in huis,' klonk de stem van Harry achter hen. 'Een schilderij in mijn werkkamer en een in de televisiekamer. Er hangt er zelfs een in mijn slaapkamer, maar als je dat tegen die oude zeurkous zegt, snij ik je tong af en voer ik hem aan de honden.'

'Die oude zeurkous? Ze is een ontzettend aardige vrouw.'

'Het verbaast me niet dat je dat zegt. Zij en je moeder zijn van hetzelfde laken een pak.'

Jack had verwacht dat Maura haar moeder zou verdedigen en iets onaardigs zou zeggen, maar ze glimlachte alleen maar koeltjes naar Harry. 'Als u zo'n hekel aan Sarah hebt, verbaast het me dat u haar werk in uw huis hebt hangen,' zei ze.

'Ik kan de kunst los zien van de persoon. Ik zou nog wel meer schilderijen van haar willen kopen, maar ze weigert me nog iets te verkopen. Dat doet ze vast om me te pesten. Nu moet ik ze via via zien te bemachtigen.'

Jack bedacht dat hij toch eens Sarah Colville moest polsen of ze hem een schilderij wilde verkopen.

'De eetkamer is deze kant op.' Harry gaf Sage een arm, waardoor Jack naast Maura moest lopen. Haar schouder streek langs zijn arm, maar ze keek niet naar hem. Toch voelde hij de spanning tussen hen zinderen.

De eetkamer was een gigantisch vertrek met een rijkelijk versierd plafond en een lange tafel, die eruitzag alsof er makkelijk twintig mensen aan konden zitten. Zou Harry vaak gasten ontvangen? Jack kon het zich niet voorstellen. Sinds hij terug was in Hope's Crossing, kreeg hij de indruk dat zijn vader nogal een kluizenaar was, die afstand hield van de plaatselijke bevolking en niet makkelijk te benaderen was.

Aan één uiteinde van de tafel was voor vier personen gedekt. Hij had verwacht dat Harry aan het hoofd zou plaatsnemen, om aan te geven dat hij heer en meester van dit wereldje was, maar tot zijn verbazing hielp Harry Sage in de stoel. Hij ging naast haar zitten en liet twee plaatsen naast elkaar over voor Jack en Maura. Zodra ze hadden plaatsgenomen, kwam er een oud vrouwtje met een donker knotje binnen. Ze droeg een dienblad waarop bordjes met hun voorgerecht stonden. Ze zette voor iedereen een salade neer.

'Dank u wel, Mrs. Kingsley.'

'Met alle plezier, Mr. Lange,' zei de vrouw zacht. Daarna verdween ze weer naar de keuken.

'Wauw. Dit ziet er geweldig uit!' riep Sage uit.

'Ik hoop dat jullie van Italiaans eten houden. Daar had ik zin in. Dit is een van mijn favoriete salades, panzanella met champagnevinaigrette. Onze *primo*-gang bestaat uit gesmoorde ribbetjes met pasta, en de *secondo* is gebakken tong met citroen. Dat heb ik ook gegeten bij Dante's, even buiten Milaan. Het was een van de beste maaltijden die ik ooit heb gehad.'

Jack wist niet wat hij hoorde. Hij kende dat restaurant. Het was vlak bij het hotel en het conferentiecentrum waar hij een paar jaar eerder aan had gewerkt. Tijdens het project had hij een paar keer bij Dante's gegeten. Het was vreemd dat Harry juist datzelfde restaurant had ontdekt.

Ze genoten van de heerlijke salade met brood, die Jack tijdens zijn verblijf in Italië ook zeer was gaan waarderen. Het gesprek was luchtig en beleefd, totdat de rustige vrouw in de donkere kleding de saladebordjes had afgeruimd en de pasta had gebracht. Toen nam Sage opeens het woord.

'Dat zou ik bijna vergeten, opa. Heel hartelijk bedankt voor de bloemen.'

'Graag ge –' Harry hield abrupt op met praten, en zijn ontzette blik was bijna komisch te noemen.

'Zie je, ik wist het!' riep Sage triomfantelijk uit. Opeens zag Jack dat ze ook op zijn moeder leek. 'Toen ze werden gebracht, wist ik meteen dat ze van u afkomstig moesten zijn. U bent de Engel van de Hoop, hè?'

Harry zag eruit alsof hij zich in zijn pastagerecht had verslikt. Hij at zijn mond leeg en nam een slokje wijn, maar zijn gezicht was vuurrood geworden.

Maura wilde net haar wijnglas neerzetten en gooide het van schrik bijna om, maar ze kon nog net voorkomen dat het viel. 'Harry? De Engel van de Hoop? Dat kan niet.'

'En toch is het zo,' zei Sage zelfvoldaan, alsof ze dat al die tijd al had vermoed. 'Geef het maar toe, opa. U hebt de naam de grootste mopperpot van Hope's Crossing te zijn, maar u speelt toneel, hè? U bent degene die al die mensen in dit stadje helpt. Volgens mij hebt u gewoon een heel klein hartje.'

'Doe niet zo gek,' bromde Harry.

Normaal gesproken zou Jack net zo ongelovig hebben gereageerd als Maura, maar hij herinnerde zich die avond vlak na Kerstmis, toen hij naar zijn B&B was gelopen. Toen had hij iemand geld zien neerleggen bij een slecht onderhouden huis in de buurt. Hij herinnerde zich dat hij aan zijn vader had gedacht toen hij de donkere gedaante over zijn borst zag wrijven. Harry was een paar dagen daarvoor uit het ziekenhuis ontslagen.

'De bloemen móésten wel van u afkomstig zijn,' zei Sage. 'Afgezien van mijn vader en mijn moeder wist niemand wat er speelde met Sawyer.'

'Ik begrijp er helemaal niets van.' Maura leek werkelijk ontdaan te zijn door de ontdekking dat Harry de Engel was. Jack herinnerde zich dat Sage en zij bijna eerbiedig over hem of haar hadden gesproken. Ze hadden verteld dat de Engel na het vreselijke ongeluk de stemming in het hele stadje had veranderd. Hij kon zich voorstellen dat het een enorme schok voor haar moest zijn dat Harry achter al die aardige, onbaatzuchtige gebaren zat.

'Het is logisch, mam. Verder is er toch niemand die genoeg tijd, geld en lef heeft om de dingen te doen die de Engel voor elkaar heeft gekregen?' zei Sage. 'Hij heeft Caroline Bybee een nieuwe auto gegeven! Opa is toch de enige die zoiets cadeau kan doen?'

'Jullie zijn allemaal niet goed bij je hoofd,' hakkelde Harry, en op dat moment wist Jack heel zeker dat Sage gelijk had, hoe ongelooflijk het ook leek. Die oude rotzak was de Engel van de Hoop. De avond begon steeds surrealistischer te worden. 'Ik heb gehoord dat je het sportcomplex mag gaan ontwerpen.' Het was een wel zeer doorzichtige poging om van onderwerp te veranderen, maar die werkte wonderwel.

Maura verstijfde en keek verrast opzij.

Sage hield haar adem in en zette grote ogen op. 'Echt?' riep ze. 'Dat heb je me helemaal niet verteld!'

'Ik kreeg het bericht vrijdagmiddag, toen jij al naar huis was,' vertelde Jack. 'Later hadden we allerlei andere dingen aan ons hoofd, dus het leek me beter om een geschikt moment af te wachten.'

'Je had het toch tijdens de rit hierheen kunnen vertellen?'

Dat was waar, maar hij was Maura's keuken in gelopen en had haar gekust tot hij niet eens meer wist hoe hij heette. Hij was dat hele sportcomplex vergeten. 'Ik was afgeleid,' zei hij.

'Ik vind het fantastisch nieuws!' jubelde Sage. 'Dat betekent dat je nog langer in Hope's Crossing blijft.'

Theoretisch gezien hoefde dat niet, maar het was een goed excuus om bij Sage in de buurt te blijven. Hij wilde in elk geval zijn best doen om te blijven tot de baby was geboren. Afhankelijk van haar keuze had hij haar dan willen overhalen om een poosje naar San Francisco te komen en een nieuwe start te maken, maar nu hij met Maura had gepraat, wist hij echter niet meer of dat verstandig was. Op dit moment kon hij het Maura niet aandoen om haar dochter mee te nemen.

'Nou, dan heeft dat domme stadsbestuur eindelijk iets slims gedaan,' zei Harry. 'Ze hebben de juiste man gekozen. Ik weet zeker dat het een mooi project wordt.'

'Ik ga mijn best doen,' zei Jack. Het drong pas tot hem door dat zijn stem kortaf klonk toen hij een gekwetste blik in Harry's ogen zag.

De blik was weer heel snel verdwenen. Jack had ook al geen idee wat hij met die blik aan moest. Te oordelen naar dit etentje en Harry's pogingen om een gesprek aan te knopen, wilde zijn vader de strijdbijl begraven. Jack had geen idee of Harry het oprecht meende of dat dit weer een van zijn vele trucjes was. Hoe dan ook, hij wist niet of hij wel bereid was vrede te sluiten.

Waarom zou hij? Zelfs als Harry de Engel van de Hoop was, betekende dat niet dat hij opeens in een vriendelijke verkeerd begrepen oude man was veranderd. Hij was meedogenloos en arrogant, en Jack had geen reden om aan te nemen dat dat door de jaren heen was veranderd.

Wat een snertavond.

Tegen de tijd dat het dessert werd geserveerd – een verfijnde chocolademousse met gesuikerde sinaasappelschilletjes – was Harry in staat om zijn gasten de deur uit te duwen en zich in de bibliotheek te verschansen met een sigaar en de fles Bushmills 1608 die hij voor zijn huishoudster verborgen hield.

Wat was zijn zoon toch een verschrikkelijk koppige jongen. Hij had bijna de hele avond een stoïcijnse stilte bewaard. Hij gaf antwoord als er een vraag werd gesteld, maar verder droeg hij niets bij aan het gesprek. Naarmate de tijd verstreek, werd Harry steeds bozer. Kon Jackson het verdorie niet eens opbrengen om een beleefd gesprek te voeren?

En dan dat probleem van de Engel. Hij was een sufferd geweest. Hij had dat slimme meisje gelegenheid gegeven hem uit zijn tent te lokken, terwijl hij er maanden in was geslaagd zijn identiteit geheim te houden. Ondanks zijn protesten dat hij de Engel niet was, had hij gezien dat zijn gasten hem niet geloofden. Dat betekende dat zijn geheim was uitgekomen. Straks wist heel Hope's Crossing de identiteit van de Engel, en dan zou hij zich nooit meer in een winkel of een restaurant kunnen vertonen zonder dat iedereen over hem fluisterde en naar hem wees. Het was zijn eigen schuld. Hij was zelf met het toneelstukje van de Engel begonnen. Het was een beetje uit de hand gelopen en een van de belangrijkste dingen in zijn leven geworden.

Na zijn eerste hartaanval had hij aan allerlei slangetjes in een ziekenhuisbed gelegen en zich verschrikkelijk eenzaam gevoeld. Jack was al jaren weg en hij ging alleen nog maar om met zakenrelaties, die het niets uitmaakte of hij overleed. Hij was stinkend rijk, maar hij had niets aan al dat geld als hij eenzaam en bang in dat bed doodging. Hij herinnerde zich dat hij te midden van het gezoem van de machines en de druk redderende verpleegkundigen opeens een idee had gekregen. Gelovige mensen zouden het misschien een visioen hebben genoemd. Hij besefte dat het niemand zou interesseren als hij stierf omdat hij zichzelf in de loop der jaren was kwijtgeraakt.

En hij wist precies wanneer dat was gebeurd: tijdens die vreselijke laatste jaren van Bethany's leven. Haar ziekte begon zich steeds duidelijker te manifesteren en de medicijnen hielpen niet meer. Tot zijn schaamte had Harry willen veinzen dat er niets aan de hand was. Hij had zijn blik afgewend van zijn vrouw en zijn zoon, en al zijn tijd en aandacht gericht op zijn eigen leven. Hij had zijn best gedaan om van zijn zakelijke projecten een succes te maken om te verbergen dat het thuis een puinhoop was. Het was hem niet gelukt om Bethany te helpen, en daarom had hij zich gericht op datgene wat hem wél lukte: geld verdienen.

Ooit was hij een fatsoenlijk mens geweest. Toen hij ruim een jaar eerder in dat ziekenhuisbed lag, was het tot hem doorgedrongen dat hij zijn laatste restje fatsoen had ingeleverd toen hij bezit had genomen van het land dat Bethany aan Jackson had willen nalaten. Op het land had hij het Silver Strike Ski Resort gebouwd, waarmee hij Hope's Crossing voorgoed had veranderd. Door die hele gang van zaken waren er méér mensen rijk geworden, onder wie de Beaumonts en een groepje investeerders. Er was echter ook iets verloren gegaan: de rust en de sereniteit van het stadje. Er waren geen mensen meer die zich om hun buurtgenoten bekommerden. Hij hoopte dat zijn bescheiden gebaren als de Engel bijdroegen aan de genezing van die lelijke littekens. Zelf was hij in elk geval blij met zijn goede werk. Sinds Bethany's ziekte was hij niet meer gelukkig geweest, maar door zijn goede daden begon hij zich weer prettiger te voelen.

In het ziekenhuis was hij van plan geweest om maar een paar mensen te helpen. Het idee was geboren omdat hij iets nodig had om hem van zijn eigen sterfelijkheid af te leiden. Hij had meer geld dan hij ooit kon opmaken, en misschien kon hij een aantal van zijn fouten goedmaken als hij wat mensen blij maakte. Hij had echter zoveel plezier beleefd aan zijn rol dat hij niet meer kon stoppen. Het werd een spelletje voor hem, net als geld verdienen. Hij zocht uit wie er hulp nodig had en bedacht een manier om die persoon te helpen. Toen hoorde hij geruchten over goede daden van de Engel waar hij niets mee te maken had. Tot zijn genoegen ontdekte hij dat andere mensen zijn voorbeeld volgden en de hulp toeschreven aan de altruïstische geheimzinnige figuur die hij uit angst en zelfhaat had bedacht.

Maar ja, of hij het nu leuk vond of niet, hij moest nu stoppen met zijn werk als de Engel. Hij wilde niet dat iedereen naar hem keek en hem als een halve heilige beschouwde, want hij was uit egoïstische motieven met het project gestart. Hij had alleen maar de leegheid in zijn binnenste willen verdrijven. Het was een filosofisch punt dat hij toch eens moest aanroeren als hij dominee Wilson op de golfbaan sprak. Hij zou de vraag natuurlijk puur hypothetisch maken. Zijn mensen onbaatzuchtig wanneer ze anderen helpen omdat ze zelf van de voldoening genieten? Hoe kun je altruïstisch zijn wanneer je indirect alleen maar een behoefte in je eigen hart bevredigt? Daar wilde hij nu niet over nadenken. Hij wilde dat zijn gasten naar huis gingen, zodat hij kon overdenken wat hij nu moest doen.

'Hartelijk bedankt voor het eten, Harry. Het was heerlijk.' Sage glimlachte naar hem, en hij voelde een belachelijke teleurstelling dat die ondeugende meid hem geen opa had genoemd.

'Ik ben blij dat je hebt genoten.'

'Hartelijk bedankt voor de uitnodiging,' zei haar moeder. Op haar gezicht stond weer die rustige glimlach die geen emoties verraadde. Harry vroeg zich af wat ze werkelijk dacht.

Jack nam een slokje wijn. 'Ja, Harry, bedankt.'

'Jullie hebben Mrs. Kingsley erg blij gemaakt. Ze vindt het fijn als er eens iemand van haar kookkunst komt genieten.'

'Kookt ze altijd zo uitgebreid?' vroeg Sage. 'Het was heerlijk. Ik zou dolgraag het recept van die chocolademousse willen hebben.'

'Ik zal zorgen dat ze het naar je toe stuurt. En nee, ze kookt niet altijd zo uitgebreid. Dit was een speciale gelegenheid. Zoals je misschien wel weet, heb ik hartproblemen. Ik moet dus op mijn eten letten.'

'Maar zijn die machtige Italiaanse gerechten dan geen probleem?' vroeg Sage.

'Ik denk niet dat ik vanavond een hartaanval krijg, als je dat bedoelt.' Omdat Harry het niet prettig vond om het over zijn gezondheid te hebben, veranderde hij snel van onderwerp. 'Maar goed, je weet dus inmiddels wat die ellendeling van je zwangerschap vindt. Heb je er al over nagedacht of je de baby wilt houden?'

Aan de andere kant van de tafel rechtten Maura en Jack tegelijkertijd geschrokken hun rug. Harry keek verbaasd naar hen.

Mocht hij dat soms niet vragen? De baby was zijn achterkleinkind. Dat gaf hem toch het recht naar het besluit te informeren?

Tot zijn genoegen keek Sage even naar haar ouders en richtte ze haar blik vervolgens op hem. Haar directheid stond hem wel aan. Ze was brutaal, maar hij meende wat hij op het kaartje bij de bloemen had geschreven. Ze was een pittig meisje. 'Op dit moment neig ik naar adoptie. De baby moet degelijke toegewijde ouders krijgen, die hem of haar alles kunnen geven. Zelf kan ik dat nu niet. Het lijkt mij de beste optie. Vindt u niet?'

'Mijn mening doet er niet toe. Jij moet een beslissing nemen.'

Ze keek hem dankbaar aan. 'Dat weet ik. De Engel heeft me wijze woorden over moed geschonken. Die probeer ik te onthouden.'

'Goed idee,' mompelde hij.

Misschien was het etentje toch niet helemaal mislukt. Het lukte hem weliswaar niet om door te dringen tot zijn zoon, al deed hij nog zo zijn best, maar hij kreeg in elk geval een soort band met zijn kleindochter. Dat was ook iets waard.

Sage schoof haar stoel naar achteren. 'Sorry, maar mag ik even naar de wc?'

'Natuurlijk. Je moet teruglopen naar de voordeur en dan links de gang in. Het is de derde deur aan je rechterhand.'

Maura schoof haar stoel ook naar achteren. 'Dat klinkt ingewikkeld. Misschien kunnen we beter met zijn tweeën gaan. Genetisch gezien zijn vrouwen ook zo geprogrammeerd: ze gaan zelden alleen naar de wc.'

Pas toen de vrouwen verdwenen waren, besefte Harry dat hij voor het eerst die avond alleen was met zijn zoon. Hij vroeg zich af of Maura om die reden het vertrek had verlaten. Hij keek Jack aan. 'Ik ben blij dat je gekomen bent. Dank je wel. Ik weet dat je mijn uitnodiging met tegenzin hebt geaccepteerd.'

'Sage is goed in mensen overreden.'

Misschien was dit de enige kans die Harry vanavond zou krijgen om een van zijn doelen te bereiken, dus hij besloot hem te grijpen. 'Ik heb iets voor je. Ik wil er al over beginnen sinds je terug bent, maar ik had er nog niet het goede moment voor gevonden. Ik heb jullie allemaal uitgenodigd omdat ik mijn kleindochter beter wil leren kennen, maar ook omdat ik je dit wilde geven.'

Hij hield er rekening mee dat Jack niets van hem wilde aannemen, maar tot zijn opluchting keek zijn zoon hem nieuwsgierig aan. 'Waar gaat het om?'

'Ik zal het even pakken. Ogenblikje.' Harry stond op, en zijn gezicht vertrok toen zijn knieën kraakten. Hij was nog niet eens zeventig. Te jong om af te takelen. Voor het eerst in lange tijd had hij het gevoel dat hij ergens voor kon leven. Hij had een kleindochter, die hem niet haatte, en daar wilde hij van genieten. Van het dressoir pakte hij een eenvoudig houten kistje, dat helemaal niet bij zijn luxueuze huis leek te horen. 'Alsjeblieft,' zei hij, het voor zijn zoon op tafel zettend.

Jack fronste zijn wenkbrauwen. 'Wat is het?'

'Dagboeken van je moeder, en ook nog een paar andere dierbare bezittingen van haar. Voornamelijk snuisterijtjes.' Voor Harry hadden ze totaal geen waarde, maar hij nam aan dat ze voor haar iets hadden betekend. Of ze ze door haar ziekte belangrijk had gevonden, wist hij niet, maar hij vond dat Jack ze moest hebben. 'Van veel spullen weet ik niet eens hoe ze eraan kwam. Gekleurde stenen, een stukje versteend hout, een paar gedroogde bloemen.'

'Ze was dol op de natuur.'

'Ja.' Harry zweeg even en dacht terug aan de artistieke vrouw met wie hij was getrouwd. Ze was dol geweest op kunst, muziek en haar zoon. Zelfs voordat haar ziekte was verergerd, was Harry op een bepaalde manier altijd jaloers geweest op de band tussen Bethany en Jack. Bij hen had hij zich altijd een buitenstaander gevoeld. 'Ik hield van je moeder,' zei hij. 'Ik weet dat jij het belachelijke idee hebt dat ik niets om haar gaf, maar voordat ze ziek werd, voordat de stemmen in haar hoofd zo luid werden dat ze ons niet meer hoorde, was ze alles voor mij. Mijn engel.'

'Je sloot haar op,' zei Jack beschuldigend. 'Ze was het liefst buiten, maar jij sloot haar op in een kamer en stopte haar vol met kalmerende middelen. Uiteindelijk was ze net een zombie.'

'Ik heb haar nooit opgesloten. Ze kon door het hele huis lopen. Ik heb de buitendeuren inderdaad op slot gedaan om te voorkomen dat ze ging zwerven. Dat moest wel. Ze had zichzelf niet in de hand en had iemand iets aan kunnen doen. Weet je hoe moeilijk het was om haar thuis te houden? De artsen wilden haar in een psychiatrische inrichting laten opnemen, maar dat wilde ik niet. Dat zou ze vreselijk hebben gevonden. Zodra ik het kon betalen, huurde ik zorg aan huis in.' Hij verwachtte niet dat zijn zoon hem begreep. Jack was destijds een tiener geweest, nog behept met het idealisme van de jeugd. Waarschijnlijk dacht hij dat hij alle problemen van de wereld kon oplossen als hij zijn best deed. Hij had het druk gehad met school en had niet gezien dat Bethany suïcidaal was. 'Kun je echt niet geloven dat ik naar eer en geweten heb gehandeld? Dat ik deed wat volgens mij het beste voor jullie was?'

Jack leunde achterover in zijn stoel. 'Je deed vooral wat het beste was voor jou. Vergeet dat niet.'

Dat kon Harry inderdaad niet ontkennen. In het begin was hij stapelgek geweest op zijn vrouw. Toen ze twintigers waren, had hij haar het mooiste wezen op aarde gevonden. Tegen de tijd dat ze zelfmoord pleegde, had hij zich gevangen, woedend en hulpeloos gevoeld. Dat was een onaangename positie voor een ambitieuze man die zichzelf doelen had gesteld. 'Ik heb fouten gemaakt, zowel in mijn omgang met haar als met jou. Dat erken ik, en dat spijt me vreselijk, jongen. Ik heb ook erg veel spijt van alles wat er daarna is gebeurd,' zei hij. 'Echt waar.'

Jack keek hem secondenlang aan, en Harry kreeg bijna het gevoel dat hij hem geloofde. Hij wist niet of zijn zoon hem nog terug wilde, maar hij zou blij zijn met elke kruimel aandacht, en het meer dan genoeg compensatie vinden voor alle goede daden die hij de afgelopen maanden als de Engel had gepleegd. Maar goed, dit was geen drama op televisie met een happy end. Zijn zoon sloot hem nu niet in de armen.

'Bedankt voor het kistje,' zei Jack ijzig en afstandelijk.

Harry vocht tegen de neiging om over de pijnlijke plek in zijn borstkas te wrijven. Hij wist dat deze pijn niets met zijn ziekte te maken had. 'Graag gedaan,' zei hij, en op dat moment kwamen Maura en Sage terug naar de eetkamer.

'Wat een prachtig huis,' zei Sage. 'Als ik hier een feestje gaf, zou ik iedereen in onze studentenflats kunnen uitnodigen. De wc is al groter dan mijn slaapkamer in Boulder.'

Harry dwong zichzelf naar haar te glimlachen. Jacks vijandelijke pantser was door de jaren heen steeds dikker geworden, en misschien zou het hem nooit lukken erdoorheen te breken. Maar hij had nu onverwachts een kleindochter gekregen. Als hij bij haar op zijn tellen paste, hoefde hij misschien niet altijd meer alleen te zijn.

Hoofdstuk 16

'Dat viel toch best mee?' vroeg Sage vanaf de achterbank van Jacks Lexus. 'We zijn geen van allen door Harry vergiftigd.'

'Dat weet je niet,' zei Jack. 'Heb je enig idee hoeveel soorten gif er zijn die pas na een paar uur werken?'

Maura lachte, en dat was precies zijn bedoeling geweest. 'Wat ben jij toch een optimist.'

'Dus als ik doodga, kun jij me dat onder de neus wrijven,' plaagde Sage.

De spanning gleed langzaam uit zijn schouders bij hun luchtige gesprek. Hij vond het fijn om bij Maura en Sage te zijn. 'Maar je hebt gelijk, het viel best mee,' zei hij. 'Ik heb lekker gegeten.' Al had hij niet veel door zijn keel kunnen krijgen.

'Vooral die chocolademousse. Die moet ik echt eens maken. Vind je het niet aardig van Harry dat hij zijn huishoudster om het recept heeft gevraagd?'

O, vreselijk aardig. Het was vast heel veel moeite geweest om haar uit de keuken te roepen en haar te vragen het recept uit te printen.

'Volgens mij wordt Harry op zijn oude dag nog mild,' zei Maura. 'Ik kan nog steeds nauwelijks geloven dat hij de Engel van de Hoop is. Als ik had moeten raden wie het was, had ik hem helemaal onder aan het lijstje gezet.'

'Hij heeft het ontkend, weet je nog?' zei Jack. 'In alle toonaarden.'

'Jack, jij hebt achttien jaar bij hem in huis gewoond. Je zag toch wel dat hij loog?'

Het probleem was dat Harry vroeger heel vaak had gelogen, en dat Jack op een gegeven moment niet meer had geweten wanneer hij hem moest geloven. Hij wist echter dat Maura nu gelijk had. Harry had niet erg overtuigend ontkend dat hij de Engel was. En Jack had hem met eigen ogen in de buurt van Maura's huis gezien.

'Ik denk dat we niemand moeten vertellen dat hij de Engel is,' zei Sage. 'Zullen we het geheim bewaren?'

Tot Jacks verbazing knikte Maura. 'Dat lijkt me een goed idee,' zei ze. 'Hij heeft maanden zijn best gedaan om zijn identiteit te verbergen. Dit moet onder ons drieën blijven.'

'Waarom?' vroeg Jack.

'Omdat het idee van een geheimzinnige altruïstische Engel het stadje goed heeft gedaan,' antwoordde Maura. 'De wetenschap dat hij een chagrijnige oude man is die al zijn fouten wil compenseren, verknoeit de lol en het mysterie. Vind je niet?'

Zou dat de reden zijn waarom Harry in het geheim anderen wilde helpen? Probeerde hij iets goed te maken?

'Ben jij bereid te zwijgen?' vroeg Sage.

'Ik kan wel een geheim bewaren, als jullie denken dat dat het beste is,' antwoordde hij. 'Aan wie zou ik het moeten vertellen?'

'Bedankt,' zei Sage blij. 'Ik zal Harry laten weten dat we allemaal onze mond zullen houden.'

Jack wist niet goed wat hij daarvan moest vinden. Het was vreemd om een geheim over zijn vader te delen.

'Hij heeft heel veel goed werk gedaan in Hope's Crossing,' zei Maura. 'Ik kan nog steeds nauwelijks geloven dat hij overal achter zat.'

'Misschien wil hij je die indruk geven om aandacht van de

echte Engel af te leiden,' zei Jack, maar eigenlijk geloofde hij dat zelf niet.

'Dat zou ik beter te verteren vinden dan de gedachte dat Harry Lange door Hope's Crossing sluipt om mensen geld te geven of hun rekeningen te betalen. Dat is echt verwarrend. Alsof ik Katherine Thorne en mijn moeder midden in het café met elkaar op de vuist zie gaan,' zei Maura.

Jack glimlachte bij dat beeld. Het was erg onwaarschijnlijk dat de elegante wethouder en zijn vroegere lerares Engels, die allebei al over de zestig waren, elkaar te lijf zouden gaan.

Sage schaterde het uit. 'Ik zou er geld voor overhebben om dat te zien. Dat geldt voor meer mensen, denk ik. Wacht eens, misschien kunnen we oma en Mrs. Thorne vragen een gevecht te houden. Dan storten we de opbrengst in het schoolfonds dat we uit Layla's naam hebben opgericht.'

'Waag het niet om er tegen oma over te beginnen,' zei Maura grinnikend. 'Ik zie het al helemaal voor me. Straks krijg ik de schuld als een van beiden een heup breekt.'

Jack schoot ook in de lach. Toen hij de oprit van Maura's huis op reed, voelde hij iets heel vreemds en prettigs in zijn borstkas opzwellen. Het duurde een paar tellen voor het tot hem doordrong dat hij zich gelukkig voelde. Dat had hij nooit verwacht. Hij was in Hope's Crossing en had net twee uur in het gezelschap van zijn vader doorgebracht, maar nu was hij bij twee vrouwen die hem aan het lachen maakten, aan zijn bezorgdheid appelleerden en hem aan het denken zetten.

Twee vrouwen om wie hij heel veel was gaan geven.

Hij zette de motor af en liep om de auto heen om hen eruit te helpen. Binnen hoorden ze Puck een paar keer opgewonden blaffen.

Maura maakte de voordeur open en de hond kwam keffend naar buiten. Ze tilde hem op en kriebelde hem onder zijn kin. 'Brave hond,' zei ze zachtjes, en Jack glimlachte. Sage had hem verteld dat Maura eigenlijk geen huisdier wilde. Blijkbaar had het bolletje wol inmiddels toch haar hart gestolen.

Kon hij dat ook maar.

Hij schrok van de gedachte. Wilde hij dat werkelijk? Hij had nog steeds een goede reden om kwaad op haar te zijn. Ze had hem vele jaren met Sage afgepakt. Kon hij dat vergeten en zich richten op de zachtaardige, lieve, moedige vrouw die ze was geworden?

'Nogmaals bedankt dat je bent meegegaan,' zei Sage. 'Ik weet dat je het niet makkelijk vond, en ik vind het heel fijn dat je het voor mij hebt gedaan, pap.'

Pap. Zo had ze hem nog niet eerder genoemd. Hij staarde naar haar en voelde het geluksgevoel weer opzwellen. 'Graag gedaan,' zei hij schor.

Sage stak haar armen uit en omhelsde hem spontaan. Even wist hij niet goed wat hij moest doen, maar toen sloeg hij zijn armen om haar heen. Over de schouder van zijn dochter zag hij Maura's blik. In haar ogen was een wirwar van emoties te zien, die hij niet goed kon plaatsen.

'Je hoeft niet meteen weg, hoor,' zei ze tegen hem. 'Blijf nog maar even gezellig bij Sage. Ik zal jullie zelfs met rust laten. Ik ga wel een wandeling maken met Puck, want die heeft hier de hele avond in zijn eentje gezeten.'

Sage maakte zich van Jack los en schudde haar hoofd. 'Mijn vriendin Jennie heeft me net voor ons vertrek een sms gestuurd. Ze vroeg of ik na het eten bij haar een film kwam kijken. Ik heb al ja gezegd. Ik heb haar al een tijdje niet meer gesproken, maar ik kan wel afzeggen, als je wilt.'

‘Nee, dat hoeft niet. Je hoeft je plannen niet te wijzigen.’ Kijkend naar Maura en naar de hondenriem dacht Jack aan het lege huis dat op hem wachtte. Hij wilde nog niet naar huis, en Maura en hij hadden ook nog geen gelegenheid gehad om over die vonkende kus in de keuken te praten. ‘Na die chocolademousse kan ik wel een wandeling gebruiken,’ zei hij. ‘Vind je het goed als ik meega, Maura?’

Haar mond verstrakte even, maar ze herstelde zich snel. ‘Natuurlijk,’ zei ze. ‘Puck vindt het alleen maar gezellig om met zijn drieën te gaan.’

Jij niet? De vraag lag op zijn lippen, maar hij wilde niet dat ze in het bijzijn van Sage nee zou zeggen.

‘Ik maak het vanavond niet laat, want ik ben tegenwoordig snel moe,’ zei Sage. ‘Maar als je terugkomt voordat ik thuis ben, hoef je niet op me te wachten.’

Maura glimlachte en gaf haar dochter een kus op haar wang. ‘Goed, schat. Als ik je straks niet meer zie, spreken we elkaar voordat je morgenochtend naar kantoor gaat.’

‘Oké. Fijne wandeling.’

Maura keek alsof ze niet veel plezier aan de wandeling zou beleven, maar ze maakte de riem zwijgend aan Pucks halsband vast. De hond stond bijna te stuiteren van blijdschap dat hij naar buiten mocht. Jack hield de deur voor haar open, en met hun drietjes liepen ze de koele maartse avond in.

Dit was helemaal geen goed idee.

Maura greep de riem vast alsof het nog geen vier kilo wegende hondje haar opeens over straat zou kunnen slepen. Haar schouders deden pijn van de moeite om voorzichtig uit Jacks buurt te blijven. Ze wilde voorkomen dat ze per ongeluk tegen hem aan zou stoten. Een wandeling door de rustige straten van Hope's Crossing met Jackson Lange was niet bepaald de zen-achtige ervaring die ze voor ogen had gehad toen ze had bedacht dat ze met Puck wilde wandelen. Ze was zich pijnlijk bewust van Jacks aanwezigheid. Ze kon alleen maar denken aan die kus in de keuken, die ze eeuwig had willen laten duren.

'Mooie avond,' zei hij nadat ze langs een paar huizen waren gewandeld.

O ja? Dat was haar helemaal niet opgevallen. Ze haalde diep adem en probeerde zich te concentreren op de sterren en de volle maan boven Woodrose Mountain. Het viel echter niet mee om niet te letten op de hevige aantrekkingskracht die bij elke stap sterker leek te worden.

'Het wordt bijna lente. Waarschijnlijk krijgen we nog wel een paar sneeuwbuien, maar ik denk dat we het ergste van de winter wel achter de rug hebben.'

Ze wist eigenlijk niet of ze al klaar was voor de lente. Dat jaargetijde stond voor hoop, leven en nieuwe groei, zaken die het voortschrijden van de tijd illustreerden. Het was een proces dat nooit stilgezet kon worden. Binnenkort zouden ze vaker zon zien dan sneeuw, zouden de toeristen vertrekken en zouden de bergen groen en fris worden.

Waarom hadden ze het eigenlijk over het weer? De spanning tussen hen leek te vonken en te knetteren. Ze probeerde koortsachtig een gespreksonderwerp te bedenken en flapte het eerste eruit wat haar te binnen schoot. 'Wat zat er in dat doosje dat je van je vader hebt gekregen?'

Hij zweeg een paar tellen en staarde naar de weg. Ze wist niet of ze antwoord zou krijgen en vroeg zich af of het een onbeleefde vraag was geweest. Nee. Nieuwsgierig, dat wel, maar niet onbeleefd. 'Een paar spulletjes van mijn moeder. Dagboeken en snuisterijtjes. Tenminste, dat zei Harry. Ik kon er alleen maar een vluchtige blik op werpen voordat jullie terugkwamen. Misschien liggen onder die spullen van mijn moeder de nog kloppende harten van mijn vaders zakelijke concurrenten.'

Ondanks haar verwarde emoties schoot ze in de lach. 'Nee maar, je maakt een grapje.'

Zijn mondhoeken gingen omhoog. 'Dat was ik nog niet verleerd.'

'Vroeger maakte je me altijd aan het lachen,' zei ze zacht. 'Dat was ik vergeten.'

'De laatste tijd herinner ik me allerlei dingen die ik in de loop der jaren was vergeten.' Zijn stem klonk zacht, oprecht, en een heel subtiele intimiteit leek zich als een rookpluim om hen heen te wikkelen.

Ze wist dat het laf was om over iets anders te beginnen. 'Wanneer begin je aan het sportcomplex?'

'Morgen,' antwoordde hij. 'Het stadsbestuur wil binnen een week of zes de eerste plannen zien. Ik ga later deze week naar Singapore en ga daar vast beginnen. Wanneer ik terugkom, ga ik er extra hard tegenaan.'

'Zo'n sportcomplex wordt echt iets waardevols voor Hope's Crossing,' zei ze.

'Denk je dat echt?'

'Claire en de anderen bij String Fever hebben geprobeerd de stad te verenigen met de Dag van de Hoop en andere liefdadigheidsevenementen, maar ik weet niet of dat genoeg was. Als er in de winter tien keer zoveel toeristen als permanente inwoners zijn, valt het niet mee om een gemeenschap te vormen. Dit complex kan precies zijn wat we nodig hebben om een band tussen de inwoners te smeden.'

'Daarmee leg je wel een zware last op mijn schouders.'

'Die uitdaging kun je vast wel aan,' zei ze.

'Bedankt voor het vertrouwen,' zei hij met een lachje, en toen zag hij tot zijn verbazing dat ze al bij Sweet Laurel Falls waren.

Ze hadden alle kanten op kunnen lopen. Was ze hier bewust naartoe gegaan? Maura had geen idee, ze wist alleen dat de avond waarop ze hier in de sneeuw naartoe waren gewandeld het begin van een verandering in hun relatie was geweest.

Door de hogere temperaturen van de afgelopen week was het ijs gaan smelten. Het water stroomde alweer sneller over de rotsen, en op sommige plaatsen was het ijs al helemaal afgebroken. Ze bedacht dat ze net als die waterval was: nog steeds half bevroren, maar ook al bezig aan het pijnlijke ontdooiingsproces. Eigenlijk wilde ze daar liever niet te lang over nadenken. Layla was dood. Daar kon ze niets aan veranderen, en het was ook verkeerd om de herinnering aan haar bruisende dochter te bezoedelen met negatieve gedachten en de wens dat haar eigen leven voorbij was.

Ze ging op het bankje bij de brug zitten en liet de lijn van Puck helemaal uitrollen. De hond maakte gebruik van zijn betrekkelijke vrijheid en snuffelde aan elke steen en elk plukje gras dat door de laatste restjes sneeuw heen stak. Maura was dol op deze plek. De sterren, het stadje, het geluid van het stromende water… Ze snoof de koele avondlucht op en probeerde zich te ontspannen. Dat was onbegonnen werk, vooral toen Jack naast haar ging zitten en zijn lange benen uitstrekte. Om te verbergen dat ze nerveus van hem werd, haalde ze diep adem en deed ze haar best om haar spieren te ontspannen.

'Goed,' zei hij na een beladen stilte. 'Hoelang kunnen we blijven negeren wat er vóór het eten is gebeurd?'

'Een jaar of tien, vijftien?'

Er ontsnapte een hese verbaasde lach aan zijn keel en hij keek opzij. 'Het lijkt me alleen maar fair om je te vertellen dat ik me nog veel meer tot je aangetrokken voel dan in de tijd dat ik nog een domme tienerjongen was.'

Haar maag trok samen, en ze herinnerde zich weer de oplaaiende passie in de keuken. Erger nog, ze herinnerde zich ook die verbazingwekkende, onweerstaanbare tederheid. 'Wat is daar fair aan?' mompelde ze. 'Wat moet ik nu zeggen?'

In het licht van de volle maan zag hij er een beetje bedrukt uit. 'Je kunt zeggen dat ik moet opdonderen. Je kunt zeggen dat ik me niets in mijn hoofd moet halen. Of je kunt zeggen dat die kus je helemaal niets heeft gedaan en dat je net zo goed dat foeilelijke beeld van Silas Van Duran in Miner's Park had kunnen kussen.'

Hm, misschien was dat wel een goed idee. Ze kon ontkennen dat hij haar iets deed. Het zou een leugen zijn, maar misschien ontmoedigde ze hem dan en kon ze hem op een veilige afstand houden. Sinds haar scheiding van Chris Parker had ze iedereen op een afstandje gehouden. De woorden wilden echter niet uit haar mond rollen. 'Dat kan ik niet,' fluisterde ze.

'Wat kun je niet? Zeggen dat die kus je onberoerd liet? Of kun je je niet meer door mij laten kussen?'

Haar hart ging als een razende tekeer en ze gaf geen antwoord. In het maanlicht keek ze hem alleen maar aan. Het leek volkomen natuurlijk toen hij zijn handen uitstak en haar naar zich toe trok. Ondanks de koele avond was hij warm, en ze wilde tegen hem aan kruipen en nooit meer van haar plaats komen. Op dit moment was Jack het veiligste plekje in haar leven. Hoe kon dat?

'Wat moeten we hier nu mee?' vroeg hij zacht.

'Waarom moeten we alles analyseren? Kun je me niet gewoon kussen?'

Weer hoorde ze de hese lach die haar de kriebels bezorgde. 'Dat lijkt me een uitstekend idee.' Hij boog zich naar haar toe en smaakte lekker naar chocolade en sinaasappel. Ook proefde ze nog een vleugje wijn. Maura voelde zich weer als de waterval, waarin warme grillige stromen het ijs van het afgelopen jaar lieten verdwijnen. 'Ik vecht hier al tegen sinds ik terug ben,' mompelde hij. Zijn adem streelde over haar huid. 'Ik begrijp zelf niet waarom je me zo betovert.'

Moest ze nu beledigd of gevleid zijn? 'Ach ja, zo ben ik,' reageerde ze luchtig. 'Ik ben een femme fatale, die elke dag uren nadenkt over hoe ze mannen in haar klauwen kan verstrikken.'

'Ik weet niet wat je hebt gedaan, maar het werkt. Ik krijg je al weken niet meer uit mijn hoofd.'

'Sinds je terug bent, moet ik ook voortdurend aan jou denken.'

Hij keek haar een paar tellen aan. De warmte tussen hen nam bijna voelbaar toe, en toen trok hij haar met een zacht geluid weer naar zich toe. Ze kusten elkaar heel lang. In het maanlicht bij de waterval voelde Maura iets wat ze al heel lang niet meer had gevoeld.

Rust.

Een blafje van Puck bracht haar weer met beide benen op de grond. Het drong tot haar door dat ze praktisch bij Jack op schoot zat. Puck zat een meter of zes van hen vandaan, en de riem lag naast hem in het zand. Was ze echt zo in de kus opgegaan dat ze niet had gemerkt dat ze de riem had losgelaten? Wat dom. Sweet Laurel Creek was niet erg diep of breed, maar voor een klein hondje als Puck was het de Missouri als hij erin viel. Daarnaast had hij in het donker kunnen weglopen en allerlei gevaren kunnen tegenkomen. Met grote tegenzin maakte ze zich van Jack los.

'Puck, hier!' commandeerde ze. 'Nu.'

De hond keek haar vragend aan, alsof hij wilde weten of dit een leuk nieuw spelletje was. Hij wilde ervandoor gaan, totdat Jack hem rustig riep. Meteen rende de hond naar hem toe. Jack tilde hem op en gaf hem aan Maura, die zijn koude pootjes op haar schoot zette. Opeens was ze blij dat de hond wat afleiding bood. Jack leunde achterover op de bank, maar hun vingers bleven verstrengeld.

'Eigenlijk vind ik dat ik razend op je moet zijn, omdat je Sage al die jaren voor me verborgen hebt gehouden,' zei hij. 'Als ik denk aan alles wat ik heb gemist, heb ik zin om met mijn vuist door een muur te slaan. Maar als ik haar zo zie, helemaal alleen, zwanger en geconfronteerd met al die onzekerheid en die pijnlijke keuzes, vraag ik me af hoe je mij in je buurt kunt dulden in de wetenschap dat ik jou ook in die situatie heb achtergelaten. Ik heb je alles in je eentje laten oplossen.'

Ze haalde beverig adem, geschokt door de intense emoties achter zijn woorden. 'We kunnen het verleden niet meer veranderen, Jack. We hebben allebei fouten gemaakt. En voor wat het waard is: ik heb het jou lang geleden al vergeven dat je niet genoeg van me hield om bij me te blijven.'

Hij staarde haar aan. Onder haar hand voelde ze zijn krachtige, snelle hartslag. 'Niet genoeg van je hield? Dacht je dat echt? Ik vond het verschrikkelijk om weg te gaan. Die eerste maand heb ik minstens één keer per dag je nummer ingetoetst, maar ik hing elke keer op voordat je kon opnemen.'

'Het was niet goed geweest als we toen bij elkaar waren gebleven. In de loop der jaren heb ik me vaak afgevraagd wat er zou zijn gebeurd als je me had teruggebeld. Dan was je teruggekomen en had je erop gestaan dat we zouden trouwen. Vervolgens zouden we elkaar diep ongelukkig hebben gemaakt. Jij zou zijn gestopt met je studie om ons te onderhouden. Misschien zou je wel in de bouw zijn gaan werken, maar je zou nooit architect zijn geworden. Uiteindelijk zou je een hekel aan me hebben gekregen omdat ik je je droom had ontnomen.'

'Ja, misschien wel.'

'Hoe dan ook, we kunnen de klok niet terugdraaien. Ik weet trouwens ook niet of ik dat zou doen, als het kon.'

Hij zweeg lange tijd en aaide afwezig Puck over zijn kop. 'Toen ik net klaar was met mijn studie, kreeg ik een opdracht in de buurt van Monterey, op een terrein met een spectaculair uitzicht over de oceaan. Daar stond een lelijk, vervallen gebouw, dat net na de Tweede Wereldoorlog was neergezet. Het was geen goed ontwerp en er was gebouwd met slechte materialen. We zagen meteen dat we dat gebouw niet konden laten staan, maar het had wél een heel stevige, goede fundering. Weet je wat we uiteindelijk hebben gedaan?'

'Nee.'

'We hebben het gebouw afgebroken en een nieuw, mooi hotel op die oude, stevige fundering gezet. Het hotel wint inmiddels voortdurend design- en horecaprijzen.'

'Jack –'

'Ik denk dat wij een sterke fundering hebben, Maura. Ik wil graag kijken wat we daarop kunnen bouwen.'

Er filterde paniek door de aangename mist van verlangen heen. Ze schoof een stukje van hem weg. 'We kunnen de gebeurtenissen van vanavond ook vergeten en verder leven met de kalme, vriendschappelijke sfeer die we sinds je terugkeer hebben gecreëerd,' zei ze.

'Waarom wil je dat?'

Ze zuchtte en voelde zich vreselijk idioot. 'I-Ik weet niet hoe ik dit moet doen.' Ze gebaarde met haar hand naar hem en weer terug.

Verbaasd keek hij haar aan. 'Ik vond dat je het daarnet erg goed deed.'

'Dat bedoel ik niet. Ik heb in mijn leven twee serieuze relaties gehad, een met jou en een met Chris. Ik heb ze allebei verprutst.'

'Ik kan niet oordelen over je huwelijk, maar je hebt niets gedaan om je relatie met mij te verprutsen. We waren allebei jong en dwaas. Daar heeft het aan gelegen. Hoelang ben je al gescheiden?'

'Officieel acht jaar,' verzuchtte ze. 'Maar daarvoor zat het al niet goed. De tournees eisten hun tol, maar waarschijnlijk was ik ook niet de echtgenote die ik had moeten zijn. Waarschijnlijk kwam dat omdat –' Geschokt hield ze haar mond. Ze had bijna verklapt dat een deel van haar scheiding te wijten was aan het feit dat haar hart nog steeds aan Jack toebehoorde.

'Wat wilde je zeggen?'

'Chris en ik pasten niet goed bij elkaar,' zei ze. Dat was echt zo, maar het was niet de volledige waarheid. 'Op papier waren we het ideale stel. We hielden allebei van muziek, poëzie en gesprekken over boeken. Hij was zo'n geweldige vader voor Sage dat ik echt dacht dat we bij elkaar zouden blijven, maar blijkbaar was ons huwelijk toch niet sterk genoeg om er een succes van te maken. Het valt niet mee om getrouwd te zijn met een muzikant, en het ontbrak ons aan die sterke fundering waar jij het over had.' Eigenlijk wilde ze het niet over Chris hebben, en al helemaal niet met Jack. 'Maar goed, daar hadden we het niet over. We hadden het over ons.'

'Ik wil graag iets met je beginnen, Maura. Ik heb ooit van je gehouden. Sinds ik terug ben, weet ik weer precies waarom.'

In een poging zich te wapenen tegen zijn verleidelijke woorden, sloot ze haar ogen. Ze moest vechten om niet toe te geven en tegen hem aan te leunen. 'Dat was twintig jaar geleden. We zijn heel andere mensen geworden. We houden onszelf voor de gek als we denken dat we de draad zomaar weer kunnen oppakken, alsof al die jaren, al die fouten en al het verdriet nooit hebben bestaan.'

'Ik wil niet terug naar het verleden. Wat wij vroeger hadden, was prachtig en opwindend, maar je hebt gelijk, we zijn veranderd. Ik ben geen wrokkige, sombere jongen meer. Ik ben een man die opeens beseft dat hij twintig jaar ergens naar heeft gezocht. En het is nogal een schok om te ontdekken dat ik het hier kan vinden, op de plek waar ik ben begonnen.'

Ze beefde. Ondanks haar bedenkingen kreeg ze zin om hem te geloven. 'Dat is het verschil tussen ons. Ik ben nergens naar op zoek. Ik heb een klein jaar geleden mijn dochter verloren. Mijn oudste dochter maakt een moeilijke fase door. Ik ben leeg vanbinnen, Jack. Het afgelopen jaar is een hel voor me geweest.' Dat jaar was zo'n achtbaan van emoties geweest dat ze nu weer tranen in haar keel voelde branden. Ze wachtte tot het gevoel zakte, al begreep ze best dat tranen haar argument onderstreepten. 'Ik voel me nog steeds hevig tot je aangetrokken,' vervolgde ze nadat ze de huilbui had weggeslikt. 'Dat merk je zelf ook wel. Maar ik weet niet of ik al in staat ben een relatie te beginnen.

Het zou niet eerlijk zijn, niet tegenover jou en niet tegenover mij.'

'Oké. Ik ben flexibel,' zei hij na een korte stilte. 'We hoeven geen relatie te beginnen, als je dat te gecompliceerd vindt. Wat dacht je van betekenisloze seks?'

Ze schoot geschokt in de lach, en het duurde een paar seconden voordat ze doorhad dat hij haar aan het lachen had willen maken. Ze was een emotioneel wrak, als ze binnen een minuut kon laveren tussen een huilbui, hartstocht en een schaterlach. Ze stootte met haar schouder tegen hem aan. 'Met jou zou het nooit zonder betekenis zijn. Dat weet je best.'

Haar woorden leken kolkend tussen hen in te blijven hangen. Jack zweeg lange tijd terwijl het eindeloze beekje achter hen kabbelde, de lichtjes van de stad twinkelden en Puck op haar schoot lag te snurken.

'Ik kan wachten, Maura,' zei hij uiteindelijk. 'We hebben al die jaren gewacht, dus ik heb nu geen haast.'

'Jack –'

'Ik heb je al verteld dat ik naar Singapore moet. De komende maand reis ik waarschijnlijk voortdurend heen en weer. Ik stel voor dat we deze discussie uitstellen tot ik weer terug ben.'

Ze wilde zeggen dat dat geen zin had. Wat kon er nu binnen een maand veranderen? Anderzijds had het afgelopen jaar haar geleerd dat een mensenleven binnen een paar seconden kon veranderen. 'Goed,' zei ze.

Toen Jack haar hand pakte om haar van de bank te helpen, zag ze dat Puck erg modderige pootjes had. Haar kleren waren vies nu ze hem op schoot had gehad, en waarschijnlijk had ze dus ook modder op Jacks kleren achtergelaten.

Zo was de lente nu eenmaal. Modderig en rommelig en hard.

Net als het leven. Maar als je de kille periodes achter de rug had, kon de lente ook mooi en lieflijk zijn. Zouden Jack en zij de zonneschijn weer vinden? Voor het eerst in maanden wilde ze graag uitzoeken of dat mogelijk was.

Hoofdstuk 17

Eigenlijk wilde ze hier helemaal niet zijn.

Het was de derde week van april, bijna een maand na het etentje met Harry Lange en de wandeling naar Sweet Laurel Falls. Maura stond bij een klein goed onderhouden graf op het kerkhof van Hope's Crossing. Degene die in de ruige zilvermijntijd hier een kerkhof had aangelegd, had een verstandige keuze gemaakt. De begraafplaats lag op een zacht glooiende helling tegenover Woodrose Mountain en straalde rust en sereniteit uit. Het uitzicht over de bergen en het stadje was ronduit prachtig.

Om Maura heen stonden haar familieleden en vrienden, die allemaal waren samengekomen om te herdenken dat Layla een jaar eerder was omgekomen. Bijna iedereen die haar dierbaar was, was aanwezig: haar moeder, haar zussen, April Herrera, een paar van haar andere werknemers, vriendinnen van Layla en bijna al Maura's vriendinnen van de boekenclub. Katherine Thorne was er met Brodie en Evie, die nog maar een paar weken getrouwd waren. Taryn stond naast hen; ze had alleen nog maar een stok nodig om te lopen. In Maura's ogen mocht dat een wonder heten, want Layla's vriendin was bij het ongeluk zwaargewond geraakt. Zelfs Harry Lange stond aan de rand van de groep mensen. Hij had er per se bij willen zijn, maar wilde duidelijk niet echt bij de anderen horen.

Maura was dankbaar voor alle liefde en steun. Het deed haar goed dat zo veel mensen een warm plekje in hun hart hadden voor haar dochter – en voor de mensen die zij had achtergelaten.

Desondanks had ze het afgelopen jaar moeten accepteren dat ze de zware weg door verlies en verdriet in haar eentje moest bewandelen. Niemand kon haar helpen om het pad tussen de stekelige planten en de scherpe rotsen door te zoeken. Onderweg kon haar omgeving haar troosten, maar uiteindelijk moest zij – en iedereen die om Layla rouwde – elke moeizame stap in haar eentje zetten.

Als het aan haar had gelegen, zou ze deze dag op een andere manier hebben herdacht. Met een wandeling in de bergen met Puck, bijvoorbeeld, of met een liefdadigheidsproject met haar vriendinnen. Misschien had ze zelfs wel gewoon willen werken en alleen maar in haar hart aan haar dochter willen denken. Sage had er echter op gestaan om uitgebreid bij de datum stil te staan. Zij had alle details voorbereid en mensen uitgenodigd bij de herdenking te zijn. Ze had zelfs geregeld dat er na afloop bij Harry thuis een buffet zou klaarstaan, dat was verzorgd door een van Brodie Thornes restaurants.

Maura wist waarom dit zoveel voor Sage betekende. Ze twijfelde er niet aan dat Sage haar jongere zus wilde eren, maar ze vermoedde dat het ook een manier was om haar gedachten af te leiden, een excuus om met iets anders bezig te zijn dan de zwangerschap en de aanstaande adoptie. Met die gedachte in het achterhoofd had ze Sage haar zin gegeven. Eén keer mocht Sage de datum herdenken zoals zij dat wilde. Hope's Crossing had op Layla's verjaardag ook al een Giving Hope Day georganiseerd. Inwoners van het stadje hadden elkaar geholpen hekken te schilderen, tuinen van bejaarden te onderhouden en de bermen schoon te maken. Allerlei klussen waren aangepakt. Dat vond Maura een prachtige manier om haar dochter te gedenken en bij haar leven stil te staan.

In tegenstelling tot op de dag van het ongeluk, toen de wegen in de canyon door sneeuw en ijs gevaarlijk glad waren geweest, was het nu prachtig en zonnig, een milde lentedag zoals je die zelden hoog in de Rocky Mountains meemaakte. De lente was vroeg dit jaar. Bijna alle sneeuw was verdwenen; alleen onder brede bomen en aan de noordzijde van een paar gebouwen lag nog wat wit.

De wind speelde met het haar van Sage toen ze het woord nam. Ze was inmiddels bijna zeven maanden zwanger en zag er rond, zacht en mooi uit. 'Hartelijk dank voor jullie komst,' zei ze met een nerveus lachje. 'Layla zou er erg blij mee zijn geweest.' Ze vertelde het een en ander over haar zus en over de mensen voor wie ze iets had betekend. Zelfs na haar dood hielp Layla nog andere mensen, vertelde ze. Het fonds dat uit haar naam was opgericht, had al voor vier oud-leerlingen van Hope's Crossing High School vervolgopleidingen betaald. 'Toen ik dit toespraakje voorbereidde, kwam ik een fantastisch citaat tegen, dat me diep raakte. Ik hoop dat ik het zonder tranen kan voorlezen.' Haar ogen blonken, maar ze slaagde erin niet te huilen.

Maura wilde haar omhelzen, maar ze wist dat Sage in tranen zou uitbarsten als ze dat deed. Ze was apetrots op haar dochter, die diep ademhaalde en snufte, maar zichzelf weer snel onder controle had.

'Het was een grafschrift op een Iers kerkhof, en het lijkt hier perfect te passen. Het luidt als volgt: de dood berooft ons van mensen die ons dierbaar zijn, maar liefde en herinneringen overleven de pijn. Ik hoop dat jullie je mooie herinneringen aan Layla koesteren. Jullie hebben allemaal een enveloppe gekregen met een vlinder erin, die jullie zo meteen mogen vrijlaten. Ik heb speciaal voor vlinders gekozen, in plaats van voor ballonnen.

Vlinders zijn beter voor het milieu en Layla was dol op ze. Toen ze klein was, noemde ze vlinders altijd findes. Vandaag is het perfect weer om de findes de vrijheid te geven.' Met een van Mary Ella's geborduurde zakdoekjes veegde ze een traan weg.

Maura zag dat haar moeder ook een traan wegpinkte. Zelfs Alex, haar jongste zus, had moeite om niet te huilen.

'Op internet vond ik nog een citaat. Ik weet niet van wie het afkomstig is, maar ik vond het perfect: vlinders zijn symbolen van de hoop. Je ziet ze opeens naast je, als zonnestralen, en je mag ze even bij je houden voordat ze weer wegvliegen. We zouden ze langer willen koesteren, maar we voelen ons gezegend dat we ze h-hebben g-gezien.' Er liep weer een traan over haar wang.

Maura, die ook tegen haar tranen moest vechten, gaf haar een kneepje in haar hand. Vandaag dachten ze met vreugde terug aan Layla's leven. Ze wilde dat de blijdschap de overhand kreeg, niet het verdriet.

'Willen jullie nu allemaal je enveloppe openmaken? Volgens het bedrijf dat ze heeft geleverd, kan het zijn dat de vlinders even wakker moeten worden voordat ze wegvliegen.'

Om hen heen klonk geritsel van papier, omdat iedereen zijn enveloppe openmaakte. Maura maakte de hare open en zag de monarchvlinder eruit kruipen. Het beestje bleef even op de rand zitten en klapte zijn kleurige vleugels een paar keer open en dicht. Het zonlicht reflecteerde erop, en vanuit haar ooghoek zag ze al wat oranje-zwarte vlekken van vlinders die wegvlogen. Haar eigen vlinder bleef zich koppig aan het papier vastklemmen. Net toen ze dacht dat het diertje zou blijven zitten, vloog het weg.

Met het hart in de keel keek ze het na. Haar vlinder voegde zich bij de tientallen andere. Een paar vlinders gingen even op de grafsteen zitten voordat ze verder vlogen. Alle aanwezigen bleven even staan kijken. Maura's zus Angie maakte foto's.

'Hartelijk bedankt voor jullie komst,' zei Sage na een paar minuten. 'Mijn moeder en ik zijn er heel blij mee. Natuurlijk mogen jullie nog even hier blijven, als je dat wilt, maar vergeet niet dat we een buffet hebben klaarstaan in het huis van Harry Lange. Als je niet weet waar dat is, leg ik wel uit hoe je ernaartoe moet rijden.' Sage stapte weer tussen de mensen en begon een gesprek met haar oma.

Maura kreeg niet eens de kans om haar te complimenteren met haar speech. Ze draaide haar hoofd om nog een vlinder na te kijken, maar opeens stokte de adem haar in de keel. Er kwam een lange donkerharige man op haar af.

Jack.

Wat deed hij hier? Hij zou toch nog een paar weken in Singapore zitten? Nu stond hij zomaar voor haar neus, krachtig en vreselijk aantrekkelijk. Waar had hij de tijd vandaan gehaald? Een week eerder had hij haar nog verteld dat ze problemen hadden met de bouwvergunningen voor het kantoorcomplex dat hij had ontworpen. Dat betekende dat hij langer in Singapore moest blijven dan hij had gepland.

Ze staarde hem verrast aan, maar haar hart begon te jubelen. Ze had hem nu al een maand niet meer gezien, al mailden ze elkaar elke dag wel een paar keer en belden ze elkaar drie of vier keer per week. Hun telefoongesprekken waren het hoogtepunt van haar dag geworden. Ze lachten en praatten soms uren achter elkaar. Ze had het gevoel dat ze weer zeventien was en stiekem een telefoontoestel uit de slaapkamer van een van haar oudere zussen moest stelen. Verwachtingsvol keek ze naar hem. Onderweg naar haar kwam hij langs Sage. Wijzend op haar ronde buik zei hij iets tegen hun dochter. Ze trok een lelijk gezicht, maar sloeg haar armen om hem heen en omhelsde hem hartelijk.

Dat was natuurlijk de reden voor zijn komst. Hij was de vader van Sage, en waarschijnlijk had zij hem gevraagd hierbij aanwezig te zijn.

'Een prachtige herdenking,' zei Mary Ella, die naar haar toe was gelopen.

Ze glimlachte naar haar moeder. 'Dat vond ik ook.'

'Die vlinders vond ik heel ontroerend. En we boffen dat het warm genoeg is om ze vrij te laten.'

'Het bedrijf waar Sage ze heeft gekocht, zei dat het minstens zestien graden moest zijn. Onderweg hierheen zagen we dat het zeventien graden was. Net genoeg.'

'Gelukkig maar,' zei Mary Ella.

'Ga je mee naar het huis van Harry?'

Haar moeder maakte een afkeurend geluid. 'Die vreselijke man. Ik begrijp nog steeds niet waarom we de ontvangst niet bij mij thuis houden, of bij Claire.'

'Hij heeft meer ruimte dan jullie. Waar of niet?'

'Hij kan alle inwoners van Hope's Crossing wel kwijt, als hij dat wil.'

'Maar dat wil hij niet.'

'Ik zie dat het Jackson is gelukt te komen,' zei Mary Ella.

Maura had het gevoel dat ze een aantal dartele vlinders in haar maag had. Jack had de halve wereld over gereisd om hier te kunnen zijn. Ze kon het nog steeds nauwelijks geloven. 'Ja, ik zie het. Ik heb hem nog niet gesproken.'

'Dan krijg je nu de kans,' zei Mary Ella zacht. Ze liep weg omdat ze Jack zag aankomen.

'Je bent gekomen.' Het was een domme opmerking, maar op

dat moment kon ze niets anders bedenken, ook al hadden ze al wekenlang gesprekken gevoerd en elkaar via de telefoon, met Skype en door e-mails beter leren kennen.

'Ik kon het een en ander regelen. Ik heb mijn schema een beetje veranderd.'

'Dank je wel. Ik weet zeker dat Sage er heel blij mee is.' En ik ook, voegde ze er in gedachten aan toe.

'Maar ondanks al mijn geregel heb ik het merendeel van de plechtigheid gemist. Mijn vlucht naar Denver had vertraging.'

'Dat geeft niet. Je bent er. Daar gaat het om.'

Hij keek haar aan. In zijn blauwe ogen kolkten zo veel emoties dat ze er nerveus van werd – tot hij opeens zijn hand uitstak en haar in zijn armen trok. In zijn omhelzing voelde ze een heerlijke warmte door zich heen stromen. Weer dat rustige, vredige gevoel. Niemand kon de storm in haar binnenste zo afremmen als hij.

'Ik ben zo blij dat je er bent,' zei ze zacht. Ze wenste dat ze de rest van de dag zo bij hem kon blijven staan.

'Ik kan niet lang blijven. Ik vrees dat ik over zesendertig uur alweer terug moet naar Singapore.'

'Zesendertig uur?' Ze maakte zich van hem los en staarde hem aan. 'Ben je helemaal uit Singapore gekomen om anderhalve dag hier te kunnen zijn?'

Hij zei niets, maar ze zag de waarheid in zijn ogen. Hij had Layla niet eens gekend, maar hij was teruggekomen voor Sage én voor haar. Hij gaf zo veel om hen dat hij zijn tijd en zijn energie aan hen wilde schenken. Maura wilde al helemaal niet denken aan het prijskaartje dat aan dergelijke vliegtickets hing. Ze glimlachte beverig, want het besef dat ze belangrijk voor hem was wilde ze diep in haar hart opslaan. Toen hij haar hand pakte en zijn vingers met de hare verstrengelde, voelde ze zich net zo licht als de vlinders, ondanks het verdriet dat nog in haar hart woonde.

'Heeft Sage je verteld dat we iets gaan eten bij Harry thuis?'

Jack zuchtte. 'Ja. Hadden jullie geen leukere omgeving kunnen uitzoeken?'

'Buckingham Palace was helaas niet beschikbaar, dus toen hebben we voor het beste alternatief gekozen.'

Hij gaf haar een duwtje met zijn schouder. 'Bijdehandje.'

Maura glimlachte. Het ging helemaal vanzelf. 'Het spijt me, Jack. Ik had er helemaal niets mee te maken. De plechtigheid is me uit handen genomen. Sage en Harry hebben alles samen bedacht. Ze beginnen een heel hechte band te krijgen.'

'Vind je dat geen onheilspellende gedachte?'

Maura zag dat Sage met haar grootvader stond te praten, die – ze kon haar ogen bijna niet geloven – zowaar moest glimlachen. 'Je wilt dit vast niet horen, maar Harry is ontzettend lief voor Sage. Hij kan haar goed afleiden als ze gestrest raakt door de adoptie en het hele gedoe met Sawyer.' Ze keek om zich heen of ze werden afgeluisterd voordat ze haar verhaal vervolgde. 'En volgens mij spelen ze nu samen de Engel van de Hoop.'

'Waarom denk je dat?'

'Sage is een paar keer zogenaamd boodschappen gaan doen met Harry. Elke keer hoorde ik vlak daarna over een verrassing van de Engel. Ik weet niet of zij met haar dikke buik door de straten sluipt, maar misschien bestuurt ze de ontsnappingsauto.'

Jack grinnikte. 'Ik dacht dat hij zou ophouden nadat we hem met zijn geheim hadden geconfronteerd.'

'Blijkbaar niet. De Engel brengt nog steeds bezoekjes.'

Maura had jarenlang een hekel aan Harry gehad omdat hij de oorzaak was van Jacks vertrek, maar ze kon niet ontkennen dat hij Sage door een heel moeilijke tijd heen hielp. Bovendien bleek hij een zeer gewenste buffer te zijn tegen al het gefluister en de starende blikken die Sage ten deel zouden zijn gevallen als hij níét haar opa was geweest. Net als Laura Beaumont durfden de meeste mensen in Hope's Crossing Harry niet tegen zich in het harnas te jagen. Nu Sage een band met haar grootvader kreeg, merkte ze de gunstige invloed van Harry's macht. Zelf had Maura destijds wél met geroddel te maken gehad.

'Ik begrijp dat je niet graag naar Harry's huis wilt, maar ga je mee?'

Hij gaf haar een kneepje. 'Natuurlijk. Ik heb net een etmaal gereisd en ben twee keer overgestapt. Dan kan ik ook wel een paar uur in Harry's huis uitzingen, zelfs als ik de omgeving niet ideaal vind. Het eten en het gezelschap zijn in elk geval goed.'

Als Harry zijn best deed, was hij een verdraaid goede gastheer.

Hij keek naar het vijftigtal mensen dat naar de herdenking was gekomen. Zijn woonkamer was feestelijk versierd met lentebloemen en paarse heliumballonnen. Daar had Sage op gestaan, en iedereen zag eruit alsof hij het prima naar zijn zin had.

Geen wonder. Er was goede muziek, het eten was heerlijk en hij serveerde gratis drank.

Door het hele verhaal van de Engel had Sage zelfs een activiteit bedacht waarmee ze anderen konden helpen. Harry was apetrots op zijn kleinkind.

Aan één kant van de grote kamer waren materialen voor twee quilts neergelegd. Aan alle kanten waren vrouwen – en een paar mannen – bezig om de quilts te maken. Sage wilde ze doneren aan het veteranenziekenhuis in Denver. Harry vond het een prachtig idee.

Sinds hij dit huis had laten bouwen, had hij maar weinig gasten ontvangen. Hij was van mening geweest dat er maar weinig plaatsgenoten waren met wie hij een paar uur wilde doorbrengen. Nu zag hij in dat hij zich misschien had vergist. Hij had in het verleden wel meer fouten gemaakt. Al zijn vooroordelen leken erg arrogant nu hij met tevredenheid naar de geanimeerde gesprekken om zich heen luisterde.

'Hoi, opa,' zei Sage.

'Je weet dat ik het vreselijk vind als je me opa noemt,' loog hij.

Ze doorzag hem onmiddellijk en knipoogde naar hem. Hij was stapelgek op het meisje. Ze leek erg op Bethany in de tijd dat zijn vrouw nog jong en vrolijk was geweest, zonder de wrede problemen waarvan ze later in haar leven last had gekregen. Wat zat het lot toch vreemd in elkaar. Een jaar geleden was hij getuige geweest van het ongeluk dat vele levens had veranderd. Toen had hij nog niet kunnen dromen dat hij een herdenkingsbijeenkomst zou organiseren voor een meisje dat hij niet kende, en dat hij een kleindochter had die zijn hart had veroverd.

'We moeten nog meer materialen neerleggen. Er is al bijna een hele quilt af. Ongelooflijk, hè? Weet jij waar dat groene garen is dat we hebben gekocht?'

Hij fronste zijn wenkbrauwen. 'Geen idee. Dat was een week geleden. Vraag het maar aan Mrs. Kingsley.'

'Ze zei dat ik het aan jou moest vragen. Volgens haar heeft ze een zakje in de werkkamer zien liggen en wilde ze vragen of ze het moest opbergen, maar nu ligt het er niet meer.'

Hij dacht diep na, de vergeetachtigheid verwensend die hem al een paar jaar plaagde. 'O ja, dat is waar ook,' zei hij. 'Ik heb het in een bureaula gelegd. Ik zal het even halen.'

'Dank je wel.' Sage gaf hem een kus op zijn wang en ging terug naar hun gasten.

Harry liep naar de werkkamer aan de andere kant van zijn huis. Nu hij erover nadacht, had hij ook wel zin in een sigaar. Al die gezelligheid was erg vermoeiend voor een man die meestal liever honden om zich heen had dan mensen.

In zijn werkkamer was het rustig, maar ook warm, omdat de middagzon op de ramen stond. Met een sleutel maakte hij een bureaula open om zijn humidor te pakken. Het was toch te gek voor woorden dat hij zijn sigaren moest verstoppen om te voorkomen dat zijn huishoudster ze zou weggooien? Hij koos er een uit en liep met een knippertje en een doosje cederhouten lucifers naar de schuifdeuren. Die kwamen uit op een klein terras, waar hij graag zat om met een sigaar naar zijn hotel te kijken. De dokters konden naar de pomp lopen. Hij stak zijn sigaar op en liet de schuifdeur openstaan. Mrs. Kingsley kon óók naar de pomp lopen. Met haar gezeur dwong ze hem stiekem op dit terrasje te roken. Zelfs op besneeuwde dagen in januari ging hij naar buiten om te voorkomen dat ze de geur van de sigaren zou ruiken.

Hij nam nog een trekje. Hij stond zichzelf maar vijf of zes trekjes per sigaar toe. Eigenlijk was dat een enorme verspilling, maar hij genoot erg van de smaak. Opeens zag hij vanuit zijn ooghoek iets in zijn werkkamer bewegen. Misschien kwam Sage hem en het groene garen zoeken. Voordat hij de sigaar uitdrukte in de asbak die hij onder een struik had verstopt, tuurde hij om de gordijnen heen om te kijken wie het was.

Tot zijn verbazing zag hij niet Sage, maar haar grootmoeder. Ze had al haar aandacht op de Colville aan de muur gericht. Het was een van zijn favoriete schilderijen, met heldere, volle kleuren. Als hij naar de wolken op het schilderij keek, kon hij de ozon bijna ruiken. Mary Ella McKnight genoot blijkbaar ook van de schilderkunst, want ze had hem niet in de gaten. Ze was gefocust op het schilderij en hield haar handen tegen elkaar, alsof ze een biddende non was. Het was zo'n intiem moment dat hij het gevoel kreeg dat hij haar begluurde. Het volgende moment herinnerde hij zichzelf eraan dat dit zíjn huis was. Mary Ella stond ook nog eens in zijn privéwerkkamer.

Een straal zonlicht scheen door het raam naar binnen en leek haar te omringen en glans te geven. Harry vond haar de mooiste vrouw van heel Hope's Crossing, ook nu ze wat rimpeltjes rond haar ogen en mondhoeken had gekregen. De groene ogen die ze aan al haar kinderen had doorgegeven, stonden helder in haar mooie gezicht. Ze had haar lippen een beetje getuit, alsof ze iets wilde uitroepen. Harry merkte dat hij zijn adem inhield terwijl hij naar haar keek. Desondanks moest hij een geluid hebben gemaakt, want ze fronste en draaide zich om. Toen ze hem zag zitten, flitste er een opmerkelijke mengeling van schuldgevoel en ontzetting over haar gezicht.

'O! Het spijt me. Ik had geen idee dat je hier was. Wat doe je daar?'

Ik kijk naar je. Ik hunker naar je, dacht Harry. Hij hield zijn sigaar omhoog. 'Ik verstop me voor mijn huishoudster. Wil je ook een trekje?'

De opmerking was bedoeld als grapje, maar Mary Ella was er altijd goed in geweest hem te verbazen. Ze dacht even na, maar kwam toen naar het terras en nam de sigaar met een uitdagende blik van hem over. Ze bracht hem naar haar mond alsof ze een geoefende sigarenrookster was. Harry kreeg een vreemd gevoel bij de gedachte dat haar lippen de plek aanraakten die hij zojuist met zijn mond had beroerd. Ze nam maar een klein trekje en hield de rook even in haar mond, zoals het hoorde. Daarna blies ze uit en gaf ze hem de sigaar terug. 'Mijn ex rookte af en toe sigaren. Niet zulke lekkere als deze.'

Haar ex was een narcistische oliebol. Dat had Harry altijd gevonden, en zijn mening was alleen maar onderstreept toen die rotzak Mary Ella en hun zes kinderen in de steek had gelaten. 'Je mag hem wel oproken, als je wilt. Ik heb mijn quotum voor vandaag alweer gehad.'

'Ik heb ze nooit echt leren waarderen,' erkende ze gegeneerd. 'En het spijt me dat ik zomaar naar je kamer ben gelopen, Harry. Ik bewonderde de Colville in de woonkamer, en Maura vertelde dat je er ook een in je werkkamer had. Zelfs als Sarah geen goede vriendin van me was geweest, zou ik haar werk mooi hebben gevonden. Ik heb een landschapje van haar, dat ze me een paar jaar geleden voor mijn verjaardag heeft gegeven. Het is mijn dierbaarste bezit.'

Het kwam niet vaak voor dat Mary Ella vriendelijk tegen hem was, en hij kon de verleiding niet weerstaan om haar nog even bij zich te houden. 'Wil je misschien een rondleiding langs mijn Colvilles?' vroeg hij. 'Ik heb er twaalf.'

Haar mond viel open. 'Lieve help. Echt waar?'

'Als ik iets zie wat ik mooi vind, wil ik het kopen.'

'Je kunt er toch wel een paar voor de rest van de wereld overlaten?'

Haar scherpe opmerking maakte hem bijna aan het glimlachen. Als hij haar nu kuste, zou ze dan zuur smaken als morellen of zoet als zwarte kersen? Hij kwam bijna in de verleiding om het te proberen. 'Kom, dan laat ik je mijn collectie zien. Als je goed bevriend bent met Sarah Colville, kun je haar misschien vertellen dat ik best meeval en dat ze me nog wat schilderijen moet verkopen.'

'Hm.' Ondanks dit minachtende geluid liep ze achter hem aan naar zijn televisiekamer.

Op het schilderij dat daar hing, reageerde ze al net zo enthousiast als op het landschap in zijn werkkamer. Hij bewaarde zijn favoriete schilderij voor het laatst. Het was een landschap van wel drie meter breed, een veld vol sensuele klaprozen op een ondergrond van levendig groen. Hij had het schilderij in zijn slaapkamer gehangen.

'O, wat prachtig!' De uitdrukking op haar gezicht was zo stralend als het kunstwerk.

Er ontstond een bepaalde intimiteit doordat ze net zo weg was van Colvilles werk als hij. Hij kreeg zin om onmiddellijk nog tien schilderijen te gaan kopen, enkel om haar verrukte blik te zien.

'Bedankt voor de rondleiding,' zei ze. Haar stem en haar blik waren zacht, en hij vroeg zich af of zij de veranderende sfeer tussen hen ook had opgemerkt.

'Graag gedaan,' bromde hij. Eigenlijk vond hij dat hij háár moest bedanken. Hij ging zijn kostbaarheden nog meer waarderen nu hij ze door haar ogen zag.

'En nu ik toch mijn trots verbijt en mijn erkentelijkheid uitspreek, wil ik je ook bedanken voor deze bijeenkomst,' zei ze. 'Sage vertelde dat jij deze dag wilde organiseren, en dat heeft ze zeer gewaardeerd. Wij allemaal. Het is verbazend om jou zoiets aardigs te zien doen.'

'Of je het nu gelooft of niet, af en toe kan ik best aardig zijn.'

Ze glimlachte. 'Een paar maanden geleden zou ik dat niet hebben geloofd, zelfs als ik bewijzen van het tegendeel had gezien.'

Ze stonden heel dicht bij elkaar. Harry vroeg zich af wat ze zou doen als hij zijn hand uitstak en dat ene losse lokje haar uit haar gezicht zou vegen. En wat zou ze doen als hij haar kuste? Daar had hij al zin in sinds hij haar voor het schilderij in zijn werkkamer had zien staan. Ze had er met een bijna religieuze eerbied naar gekeken, alsof ze een novice voor de maagd Maria was. Als hij Mary Ella McKnight een beetje kende, zou ze hem een karateslag geven en tegen de grond werken.

'Ik wil je iets vragen.' Haar stem was nu bijna een fluistering.

'Wat dan?' vroeg hij al even zacht.

'Ben jij de Engel van de Hoop?'

Hij verstijfde en bedacht razendsnel tientallen manieren om daar antwoord op te geven. Hij kon ook tientallen vragen bedenken die hij liever wilde horen. Wil je me kussen, bijvoorbeeld. 'Sage heeft het je zeker verteld. De kleine klikspaan. Ze had beloofd dat ze het tegen niemand zou zeggen. De geheimzinnigheid maakte het juist zo leuk, zei ze. En wat doet ze? Ze praat haar mond voorbij tegen haar nieuwsgierige grootmoeder.'

'Sage heeft me helemaal niets verteld,' verzekerde ze hem kalm. 'Het was maar een gok, maar het is fijn dat je mijn vermoeden bevestigt. Ik dacht al een poosje dat jij het was.'

Er rolde een hartgrondige verwensing uit zijn mond. Dat was al de tweede keer dat een vrouw uit de familie McKnight hem te slim af was. Hoe had hij in vredesnaam zó rijk kunnen worden terwijl hij soms zó dom kon zijn? 'Waardoor heb je het geraden?'

Ze haalde haar schouders op. 'Kwestie van namen afstrepen. Het moest iemand zijn die genoeg geld en tijd had om verrassingen te bedenken. En eerlijk gezegd kwam ik een paar maanden geleden langs Mike's Bikes, de fietsenzaak. Door het raam zag ik iets wat me aan het denken zette.'

'O ja?' vroeg hij behoedzaam. Eigenlijk wist hij al wat ze bedoelde.

'Ik vroeg me af waarom Harry Lange in vredesnaam naar kinderfietsjes keek. En een paar dagen later hoorde ik dat de Engel een gloednieuwe kinderfiets op de veranda van Polly Ellis had gezet, op de dag dat het arme mens hoorde dat ze weer chemotherapie kreeg.'

'Stom toeval.'

Haar glimlach was triomfantelijk. 'Klopt, maar je hebt het zojuist bevestigd.'

In het begin had hij al besloten dat hij de meeste boodschappen van de Engel in Denver zou doen, waar de mensen hem niet kenden. In het geval van Polly Ellis had hij vlug moeten handelen, en hij had niet willen wachten tot hij naar Denver kon. Daarom was hij tegen beter weten in naar een plaatselijke fietsenzaak gegaan. Daarmee had hij zichzelf dus lelijk in de vingers gesneden. Hij had zichzelf verraden.

Anderzijds was het misschien niet zo erg dat ze het wist. Meestal keek ze hem ronduit vijandig aan – en terecht – maar nu had ze een zachte glans in haar ogen. Hij hield zijn adem in toen ze haar hand op zijn arm legde.

'Je hebt echt iets goeds gedaan voor Hope's Crossing, Harry. We hadden iets nodig wat ons verenigde. We wisten allemaal dat er iets goeds en positiefs ontbrak, maar niemand wist wat er aan gedaan kon worden. Zoals gewoonlijk heb jij het initiatief genomen.'

Hij kreeg kippenvel op de plaats waar ze hem aanraakte. Omdat hij niet wist wat hij moest zeggen, deed hij het enige wat hij kon bedenken. Hij legde zijn hand boven op de hare. Haar vingers waren slank. Verfijnd. Diep in zijn binnenste voelde hij een doffe, melancholieke pijn. Hij had de zachtheid van een vrouwenhand gemist. Het drong nu pas tot hem door hoezeer hij daarnaar had verlangd. Ondanks zijn hunkering merkte hij dat haar vingers waren verstijfd toen hij haar aanraakte, maar ze trok haar hand niet terug. Als hij zich dan toch in het bijzijn van Mary Ella McKnight voor gek moest zetten, kon hij er net zo goed een schepje bovenop doen. Een kansje wagen. Van de rotsen springen. Door de stroomversnellingen varen.

Leven.

Met bonkend hart stak hij zijn hand uit om het lokje haar uit haar gezicht te vegen, al verwachtte hij dat ze zijn hand elk moment kon wegslaan. Haar haar was zijdezacht, en hij had zin om het tussen zijn vingers heen en weer te wrijven, of misschien zelfs zijn gezicht erin te begraven. In plaats daarvan streelde hij over haar wang, die ondanks de enkele rimpeltjes nog steeds zacht en prettig aanvoelde. Daarna boog hij zich naar haar toe om haar te kussen. Het was de kus waarvan hij al jaren had gedroomd.

'Waag het niet,' zei ze op die bazige leraressentoon die hij eigenlijk altijd geweldig had gevonden. Hij maakte zichzelf wijs dat ze schor en gespannen klonk.

'Hou me maar tegen,' grauwde hij.

Dat deed ze niet.

En toen ze zijn kus beantwoordde met een passie die hem schokte, was het een ervaring die zijn stoutste dromen overtrof.

Tegen de tijd dat ze uit zijn slaapkamer kwamen, waren Mary Ella's wangen rozerood. Haar haar zat een beetje slordig, en hij vermoedde dat hij lippenstift op zijn kaak had.

'Dit verandert helemaal niets,' mompelde ze terwijl ze door het huis naar de woonkamer liepen.

Zijn lach klonk hees en geamuseerd. 'We weten allebei wel beter,' zei hij.

Sage was de eerste die ze tegenkwamen. Ze keek verrast van de een naar de ander, en Harry vroeg zich af of ze de spanning tussen Mary Ella en hem kon zien. 'Aha, daar zijn jullie. Waar bleven jullie nou?'

We hadden het druk met de liefde, jongedame. Al heb je daar niets mee te maken, dacht Harry.

'Heb je dat groene garen gevonden?' vroeg ze toen hij niet meteen antwoord gaf.

Garen? Het duurde een paar tellen voordat hij zich herinnerde dat hij dat zou gaan halen. Eerst was hij afgeleid geweest door zijn sigaar, en daarna door Mary Ella, een verboden vrucht die zelfs nog verleidelijker was. 'Nee, en ik ben het hele huis door gelopen.' Dat laatste was echt waar, maar hij had niet naar het garen gezocht. Hij had Mary Ella de Colvilles laten zien. 'Ik ga nog wel even in mijn werkkamer kijken.'

'Nee, dat hoeft niet. We gebruiken wel rood draad, dat ziet er ook mooi uit.'

'Ik ga toch even kijken.' Hij kuste zijn kleindochter op haar voorhoofd en gaf Mary Ella een kneepje in haar arm. Mary Ella beefde, wat een brede grijns op zijn gezicht veroorzaakte. Hij liep fluitend weg, al kon hij zich niet herinneren wanneer hij voor het laatst had gefloten. Op de melodie van I've Got You Under My Skin wandelde hij naar zijn werkkamer.

Daar rook het opvallend sterk naar sigaren. Met een rimpel op zijn voorhoofd keek hij om zich heen. Het gefloten melodietje stierf weg toen hij Jackson op het terras zag zitten, op de plek waar hij een halfuur eerder zelf had gerookt en Mary Ella had zien binnenkomen.

'Doe of je thuis bent,' zei hij. Hij voelde zich nog steeds zo geweldig nu hij Mary Ella McKnight had gekust dat hij zonder het gebruikelijke verdriet en schuldgevoel naar zijn zoon kon kijken.

'Sage heeft me hierheen gestuurd om je te zoeken. Ze had garen nodig, geloof ik. Ik kon jou niet vinden, maar ik zag wel een openstaande doos met uitzonderlijk goede Corona's. Ik kon de verleiding niet weerstaan.'

Harry maakte zich zorgen om de donkere kringen onder Jacks ogen en de vermoeide lijntjes rond zijn mond. 'Misschien kun je beter een dutje gaan doen in plaats van mijn sigaren stelen. Je ziet er beroerd uit,' zei hij.

Jack haalde zijn schouders op. 'Dat verbaast me niet. Ik ben in Singapore twee nachten opgebleven om te regelen dat ik weg kon, en daarna heb ik tweeëntwintig uur in vliegtuigen gezeten en op luchthavens rondgehangen.'

Het lag op Harry's lippen om te zeggen dat Jack niet dag en nacht moest werken, omdat hij daar eenzaam en ongelukkig van zou worden. Hij slikte de woorden echter in. Dit was niet het moment voor een preek, want hij vond het heerlijk om zijn zoon bij zich te hebben. 'Ik weet zeker dat Sage je heel dankbaar is.'

Jack keek hem even achterdochtig aan, alsof hij bang was dat de woorden spottend bedoeld waren. Toen hij zag dat zijn vader het meende, zei hij: 'Het was wel wat gedoe, maar ik vond het de moeite waard. Maura vertelde trouwens dat jij en Sage een goede band beginnen te krijgen.'

Harry hield inmiddels net zoveel van zijn kleindochter als van zijn zoon. 'Vind je dat erg? Wil je niet dat ze met me omgaat?' Meteen vroeg hij zich af wat hij in dat geval moest doen. Hij had Jack slecht behandeld, en dat kon hij nooit meer goedmaken. Hij was van plan al zijn bezittingen aan hem na te laten en door de jaren heen had hij wel eens kunnen regelen dat zijn zoon mooie opdrachten kreeg, maar hij wist dat het niet genoeg was. Als Jack wilde dat hij uit de buurt van Sage bleef, zou hij dat moeten accepteren. Het zou een straf zijn voor zijn zonden, al zou hij er misschien letterlijk aan kapotgaan.

Gespannen wachtte hij af tot Jack de woorden zou uitspreken, maar zijn zoon nam nog een trekje van zijn sigaar. 'Waarom zou ik dat erg moeten vinden?' vroeg hij. 'Als je mijn dochter goed behandelt, is het voor haar alleen maar fijn om jou te hebben.'

Tot zijn ontzetting merkte Harry dat hij wel kon huilen van dankbaarheid en opluchting. 'Ze is een lieve meid,' bromde hij. 'Ze betekent heel veel voor me.'

'Dat merk ik,' zei Jack. 'Ik heb begrepen dat je niet vaak gasten ontvangt, maar voor Sage zet je de deur wagenwijd open.'

Dat was een kleine moeite geweest. Waarom stond iedereen daar toch bij stil? Was hij echt zo'n wereldvreemde kluizenaar geworden? Hij bleef nog even staan. Jack leek geen bezwaar te hebben tegen zijn aanwezigheid, en Harry merkte dat hij daar heel blij van werd. Hij was in het gezelschap van zijn zoon, en ze hadden geen ruzie. Hij kwam bijna in de verleiding om zijn eigen sigaar weer aan te steken, maar dat durfde hij niet. Met zijn slechte hart was het al riskant om een paar trekken te nemen, en voor het eerst in lange tijd had hij talloze redenen om nog jaren in leven te willen blijven.

Een van de belangrijkste redenen was zijn kleindochter, die onderhand wel zou denken dat hij dement begon te worden als hij weer zonder garen terugkwam.

'Ik moet terug naar de gasten,' zei hij met grote tegenzin. 'Sage heeft me hierheen gestuurd om iets voor haar te halen. Ik krijg vast op mijn kop als ik het weer vergeet. Blijf hier maar zo lang zitten als je wilt. Neem nog een sigaar. Wat zeg ik, neem er twee of drie.'

Jack knikte, en Harry zocht in de laden van zijn bureau tot hij het groene garen had gevonden. Hij keek nog een keer naar zijn zoon, die in de lentezon met een sigaar op het terras zat, en daarna liep hij met een brede, blije glimlach terug naar zijn kleindochter.

Hoofdstuk 18

Jack bleef nog een poosje in de uiterst comfortabele stoel op het terras bij zijn vaders werkkamer zitten. Terwijl hij naar de voorbijdrijvende wolken en de besneeuwde bergtoppen keek, vroeg hij zich af wat er zojuist tussen zijn vader en hem was voorgevallen. Hij begreep niet goed wat er aan de hand was, maar het leek een belangrijk moment te zijn geweest, alsof ze een soort cruciale barrière tussen hen hadden afgebroken.

Hij wist niet of hij alles kon vergeten wat zijn vader had gedaan, maar misschien werd het onderhand tijd om hem vergiffenis te schenken. Harry had fouten gemaakt, dat viel niet te ontkennen. Die trambanen en skiliften op de steeds groener wordende hellingen waren daarvan een goed voorbeeld. Zou Jack op een bepaalde manier vrede kunnen sluiten met zijn vader? Hij merkte dat hij milder begon te worden. Misschien hadden de jaren en zijn ervaringen wat van de woede uit zijn jeugd weggenomen, of misschien kwam het door het feit dat hij nu zelf vader was. Hij wist het niet, en hij wist ook niet of hij het verleden definitief kon laten rusten. Voor het eerst in twintig jaar kwam hij er echter achter dat hij het wilde proberen.

In de verte zag hij iemand over het grasveld naar de paarden lopen. Maura. Hij herkende haar slanke figuur en haar lavendelkleurige jurk, die bij elke stap om haar benen danste. In zijn binnenste werd een intens verlangen wakker. Hij had haar de afgelopen maand gemist. In het verleden had hij altijd genoten van zijn reizen, van het aanwezig zijn bij een bepaald project, maar de afgelopen weken had hij niets liever gewild dan teruggaan naar haar. Ze hadden elkaar veel gemaild, gebeld en geskypet – allemaal moderne vormen van hofmakerij – maar al dat contact had het verlangen alleen maar aangewakkerd. Telkens wanneer hij haar had gesproken, keek hij alweer uit naar het volgende gesprek. Ze vertelden elkaar over hun dagelijkse bezigheden, lachten, maakten grapjes en leerden elkaar weer helemaal opnieuw kennen. Soms vroeg Maura hem om advies op zakelijk gebied. Wanneer ze de verbinding verbraken, miste hij haar en moest hij zich inhouden om haar niet meteen terug te bellen.

Waarom zat hij dan hier op een terras als zij daarginds liep? In de verte zag hij een sterke, mooie, levendige vrouw in plaats van een beeld op het scherm of een stem aan de telefoon. Hij gooide zijn sigaar in de asbak op het terras en sprong over het muurtje naar de tuin. Waarschijnlijk had Harry dat muurtje laten bouwen om beesten van zijn terras te houden.

Maura leek niet in de gaten te hebben dat hij naar haar toe liep. Peinzend leunde ze met haar onderarmen op de bovenkant van het hek, en ze keek naar een paar elegante, ongetwijfeld peperdure paarden in de wei.

'Hallo,' zei hij toen hij bijna bij haar was.

Verbaasd draaide ze zich om. Toen ze zag dat hij het was, begon haar gezicht te stralen. 'Jack!'

Hij kon niets doen tegen de verrukkelijke, zuiverende warmte die door zijn lichaam stroomde en de jaren wegspoelde. Hij was verliefd op haar. Met heel zijn hart. Hij was gek geweest op het lieve, milde meisje dat ze ooit was geweest, maar zijn eerste liefde was inmiddels veranderd in een vrouw. Hij hield nog veel meer van de moedige, sterke, charmante vrouw die ze was geworden.

'Ik vroeg me al af waar je was,' zei ze. 'Ik kon je niet vinden.'

'Ik moest voor Sage iets gaan halen, en toen heb ik een sigaar van mijn vader gepikt. Daar heb ik even van genoten.'

Ze glimlachte, en de wind speelde met de uiteinden van haar haren.

'Waarom sta je hier in je eentje?' vroeg hij.

'Brodie, Evie en Taryn zijn net vertrokken. Taryn was moe.'

'Ze zag er goed uit.'

'Ja, dat vind ik ook. Als je haar een paar maanden geleden had gezien, zou je je ogen niet geloven. Het is fantastisch dat ze zo goed is hersteld. Ik was meegelopen naar hun auto en vond het zo lekker in de zon dat ik een omweggetje heb genomen om van het uitzicht achter Harry's huis te genieten.'

Hij leunde ook met zijn ellebogen op het hek en koesterde de zonneschijn op zijn hoofd en de geur van de lente om hen heen. Hij kon zich niet herinneren wanneer hij voor het laatst zo uitgeput was geweest, maar het gezelschap van Maura vervulde hem met een prettige, aanlokkelijke rust. 'Het is een mooie dag.'

'Ja.' Vanuit zijn ooghoek zag hij dat ze op haar onderlip beet. 'Denk je dat de vlinders het overleven?'

'Natuurlijk.' Hij wist helemaal niets van vlinders, maar het leek hem beter dat te verzwijgen. 'Jij en Sage hebben navraag gedaan. Als de leverancier zegt dat het vandaag warm genoeg voor ze is, dan zal dat wel kloppen.'

Ze kneep haar ogen tot spleetjes. 'Dat zou je ook zeggen als je wist dat ze binnen vijf minuten dood waren, hè?'

'Ja, waarschijnlijk wel.'

Maura schoot in de lach, en toen kon hij de verleiding om haar in zijn armen te nemen niet meer weerstaan. Met een zucht nestelde ze zich tegen hem aan. Ze sloeg haar armen om zijn middel en hief haar gezicht op voor zijn kus. Hij slaagde erin zijn withete verlangen even te temperen en haar uiterst teder te kussen. Toen hij uiteindelijk niet meer wist hoelang hij nog edelmoedig en beheerst kon blijven, maakte hij zich van haar los. Omdat hij bang was dat hij het plechtige karakter van de dag met zijn hunkering zou bederven, streelde hij haar wang met zijn duim.

'Ik denk dat het wel goed komt met die vlinders. Ze zien er heel mooi en broos uit, maar het zijn stevige beestjes, die zelfs stormen kunnen weerstaan. Ze doen me denken aan iemand die ik ken.' Hij keek haar diep in de ogen en voelde zijn hart bonzen alsof hij met een van de paarden uit de wei over een renbaan galoppeerde. 'Een vrouw op wie ik toevallig heel erg verliefd ben.'

Maura staarde hem aan. In haar lieve, mooie gezicht leken haar ogen heel groot te zijn. Even dacht hij vreugde te zien, maar toen sloeg ze haar ogen neer. 'Jack...'

'Ik was niet van plan dat tegen je te zeggen. Misschien flapte ik het eruit door die sigaar of door mijn vermoeidheid. Dit is niet het juiste moment of de juiste omgeving, maar je moet weten wat er in mijn hoofd en mijn hart omgaat.' Hij pakte haar handen beet en legde ze op zijn borstkas. 'Hier draag ik jou altijd bij me.'

Ze zei nog steeds niets, maar ze bleef hem aankijken. Haar ogen leken net zo groen als hun frisse omgeving. Had hij nu alles bedorven? Ging dit te snel voor haar? Had hij beter zijn mond kunnen houden?

'Je hoeft niets te zeggen,' zei hij. 'Ik weet dat je hier nog niet klaar voor bent. Je hebt veel te veel aan je hoofd. We kunnen het er wel over hebben als ik over een paar weken definitief terugkom.'

'Je komt niet definitief terug,' fluisterde ze. 'Uiteindelijk ga je weer terug naar San Francisco.'

'En wat zou je zeggen als ik dat niet deed?' Hij geloofde zelf nauwelijks dat de woorden uit zijn mond rolden, maar terwijl hij ze uitsprak, besefte hij dat hij dat serieus overwoog.

Ze staarde hem aan. 'Wat?'

'Ik heb een zakelijke partner die de administratieve zaken op het hoofdkantoor prima kan regelen. Ik zou het kantoor hier in Hope's Crossing kunnen aanhouden en voornamelijk hier gaan werken.'

Haar lach klonk ongelovig. 'Volgens mij ben je écht uitgeput. Besef je wel wat je zegt?'

Tijdens de maanden daarvoor had Jack oprechte warmte en genegenheid in Hope's Crossing ondervonden. Hij was tot de conclusie gekomen dat hij zijn geboorteplaats misschien wel al die jaren verkeerd had ingeschat. Er woonden vast kleinzielige, intolerante mensen, maar de meeste inwoners leken vriendelijke, goede mensen te zijn. Het was een prima plaats om te wonen. 'Natuurlijk zou ik nog wel af en toe moeten reizen. Dat hoort bij mijn werk. Maar ik zou altijd terugkomen naar jou.' Onder zijn vingers voelde hij haar handen trillen. Hij bracht haar vingers naar zijn mond en kuste de zachte huid op haar knokkels. 'Ik hou van je, Maura. Ik wil bij je zijn. Of dat nu hier is, in San Francisco of in Singapore. Mij maakt het niet uit.'

Maura was vreselijk in de war. Ze kon hem alleen maar aanstaren en proberen te doorgronden of hij het meende. Ze was zich uiterst scherp bewust van hun omgeving: de zakkende zon, de zachte lentewind en de paarden, die nu in korte galop door de wei renden. Haar hart leek uit haar borstkas te willen ontsnappen van vreugde. Het voelde goed en fijn om hem dat te horen zeggen. Haar liefde voor hem was een zoete pijn in haar borstkas, een trilling in haar maag, maar ze kon de woorden niet vinden om hem dat te vertellen. Daarom ging ze op haar tenen staan om hem te kussen, met hun verstrengelde vingers nog tussen hen in.

Hij hield even zijn adem in, maar kuste haar toen terug. Zijn mond smaakte warm naar kaneel, en zijn kus was zo teder dat ze tranen achter haar ogen voelde branden. Ze dacht terug aan de afgelopen weken, aan de lange telefoongesprekken waarbij ze geen van beiden als eerste hadden willen ophangen. Ze dacht aan alles wat ze hadden gedeeld, aan hun plagerige grapjes en het onverbiddelijke besef dat ze weer als een blok voor hem was gevallen.

'Ik hou van je, Jack,' zei ze zacht. 'Op een bepaalde manier ben ik altijd van je blijven houden. Ik dacht elke dag aan je als ik naar onze dochter keek. Ze is leergierig, belangstellend en vastberaden, net als jij.'

'Ze is een mooie, sterke vrouw geworden,' zei hij. 'Net als jij.'

Konden ze echt opnieuw beginnen? Kreeg hun liefde een tweede kans? Het leek een wonder te zijn. Een zeldzaam, kostbaar geschenk na het vreselijke jaar dat ze achter de rug had. Ze glimlachte met haar mond tegen zijn lippen, en in haar binnenste voelde ze iets veranderen. Al die jaren had ze nooit gedacht dat ze rust en geluk zou vinden bij Jackson Lange, maar ze wist nu dat het goed was.

Over zijn schouder zag ze opeens een felle geeloranje vlek. Ze strekte haar hals om beter te kunnen kijken. 'Jack! Kijk eens!' riep ze uit.

Jack volgde haar blik en zag een monarchvlinder, die tussen de eerste lentebloemen in Harry's tuin heen en weer fladderde.

'Zou dat een van de vlinders van de ceremonie zijn?' vroeg ze.

‘Dat kan toch bijna niet? De canyon is hier wel vijf kilometer vandaan.’

‘Je weet maar nooit. Misschien is hij meegereden in een van de auto’s.’

‘Het is vast een van onze vlinders.’ Ze keek naar het beestje, dat op een grote, dikke pioenroos ging zitten. Zijn vleugels zagen er felgekleurd en vrolijk uit. Op dat moment voelde Maura de laatste ijspegels rond haar hart afbreken en vallen. Het was alsof Layla haar een teken had gegeven en haar verzekerde dat alles goed zou komen.

Ze hief haar gezicht op naar de zon en naar Jack. Opeens wist ze dat ze dat kon geloven.

Epiloog

'Dit klopt niet. Volgens mij hebben we die hoek verkeerd gezaagd.' Maura hield een plank omhoog die niet paste.

Jack, die er ongelooflijk sexy uitzag in een spijkerbroek, een strak T-shirt en een leren heupriem met gereedschap eraan, trok zijn wenkbrauwen op. 'Pardon? Wie heeft hier ook alweer verstand van bouwen?'

Ze schoot in de lach. 'Je bent architect, geen timmerman.'

'En jij bent de eigenares van een boekhandel en een cafeetje.'

Ze gebaarde naar de stapel hout op het pad naar Sweet Laurel Falls, waar ze bouwden aan het prieeltje dat Jack had ontworpen. 'Dus eigenlijk hebben we hier allebei geen verstand van.'

Zijn mondhoek trilde terwijl hij zijn hamer aan een lusje van zijn riem hing. 'Eh... eigenlijk wel, ja.'

Maura lachte weer. Ze kon de verleiding niet weerstaan om de beteuterde blik op zijn prachtige gezicht weg te kussen. Ondertussen vroeg ze zich af hoe het mogelijk was dat ze elke dag meer van hem ging houden.

Zoals gewoonlijk, was hij onmiddellijk afgeleid. Hij sloeg zijn armen om haar heen en trok haar tegen zich aan. 'We kunnen dat hout ook hier laten liggen en bij jou thuis een paar uur gaan vrijen,' mompelde hij. 'Dan kan Riley dit werk wel afmaken. Hij wil toch al zo graag de leiding nemen.'

Weer moest ze grinniken. Haar jongere broer was onderweg om nog meer hout te halen, maar hij probeerde al de hele ochtend de baas te spelen over de tien vrijwilligers die zich op de tweede

Giving Hope Day hadden aangemeld om het prieeltje te bouwen.

'Dat klinkt heel aanlokkelijk,' zei ze. 'Maar wil je hier niet blijven om het resultaat te zien? Jij hebt het prieeltje ontworpen.'

'Ik heb er geen enkel probleem mee om anderen te laten werken en straks van het resultaat te genieten.'

Maura geloofde er niets van. Het prieeltje was een cadeautje van Jack geweest aan haar en aan Hope's Crossing. Harry had aangeboden het materiaal te betalen, en Jack was heel enthousiast geweest over het ontwerp. Het zou een prachtig beschut plekje worden, waar wandelaars van de watervallen konden genieten. In gedachten zag ze zichzelf, Jack en Puck hier al veilig schuilen tegen een zomerse onweersbui. Het was heel verleidelijk om weg te sluipen en een paar intieme momenten met hem te delen, maar ze wist dat dat niet kon. 'Claire zou me iets aandoen als ze hoorde dat we de benen hadden genomen. Riley zou ons namelijk onmiddellijk verklikken.'

Zijn glimlach was vol verrukkelijke beloften. 'Dan houden we het nog te goed.'

'Afgesproken,' reageerde ze schor. De afgelopen zes weken waren heerlijker en vreugdevoller geweest dan ze ooit had durven dromen.

Een week geleden had hij haar op deze plek ten huwelijk gevraagd. Haar blik dwaalde af naar de watervallen, hun favoriete plekje, en ze wenste met heel haar hart dat ze meteen ja had kunnen zeggen. In plaats daarvan had ze hem gevraagd nog een paar maanden geduld te hebben. De baby van Sage zou al binnen een maand geboren worden, en het leek haar niet fijn om Sage nu te vertellen dat ze gingen trouwen. Op dit moment konden ze zich beter concentreren op hun dochter en de moeilijkheden die haar wachtten.

Jack had gezegd dat een bruiloft misschien net de afleiding was die Sage nodig had. Daar was ook iets voor te zeggen, maar ze vond het vervelend om haar toekomst uit te stippelen terwijl die van Sage juist zo onzeker was. Ze had nog niet eens adoptieouders voor haar kind uitgekozen.

Uiteindelijk had Jack haar dicht tegen zich aan gehouden. 'Ik heb twintig jaar gewacht. Die paar maanden kunnen er ook nog wel bij,' had hij gezegd.

Nu ze hem de plank zag nameten en de hoek opnieuw zag berekenen, liep ze weer over van liefde voor hem. Het was fijn dat hij zo'n rots in de branding was en dat hij zoveel geduld had.

'Je hebt gelijk. De hoek klopt niet, dus nu is deze plank te kort. Wil jij even een andere pakken? Dan zaag ik hem opnieuw,' zei hij.

'Ja, natuurlijk.' Ze liep vlug naar de stapel hout en pakte een plank die lang genoeg was. Overal om haar heen waren de andere vrijwilligers hard aan het werk om het prieeltje te bouwen. Maura herinnerde zich de vorige Giving Hope Day, zes weken na het ongeluk. Het was de verjaardag van Layla geweest. Haar emoties hadden toen nog aan flarden gelegen. Ze had maar een paar uur kunnen helpen voordat ze al dat verpletterende medelijden was ontvlucht.

Dit jaar was alles anders. Ze zou het verdriet altijd met zich meedragen, en de leegte die Layla had achtergelaten zou nooit kunnen worden gevuld. Ze had echter besloten dat ze verder moest met haar leven en dat ze zich niet moest begraven in haar verdriet.

Zo zou Layla het gewild hebben.

Ze droeg de plank terug naar Jack toen haar telefoon plotseling ging. Ze zette de plank neer voordat ze opnam.

'Hoi mam,' zei Sage. Haar stem klonk ademloos.

'Hallo. Hoe gaat het in de bibliotheek?'

Sage had strenge instructies gekregen om zich rustig te houden en op een stoel oude boeken van de bibliotheek te herstellen. 'Prima, maar, eh... volgens mij heb ik een probleempje. Nou ja, het is niet echt een probleem, maar...'

'Wat is er dan?'

'Volgens mij zijn mijn vliezen gebroken.'

Nu pas hoorde Maura dat haar dochter niet ademloos klonk, maar bang. 'Weet je het zeker? Je bent pas over drie weken uitgerekend!'

'Ja, heel zeker. Je kunt je niet vergissen als de grond om je heen opeens kleddernat is. Gelukkig was ik op de wc, dus ik kon de boel opruimen met papieren handdoekjes.'

Maura vocht tegen de opborrelende paniek. Nog niet. Niet vandaag. 'Oké, blijf rustig. Ik waarschuw je vader en we komen meteen naar je toe.'

'Wacht even, mam. Harry is bij me. Hij heeft al gezegd dat hij me naar het ziekenhuis brengt. Misschien kunnen jullie rechtstreeks daarheen komen. Je moet immers omrijden als je eerst naar de bibliotheek gaat. Wil jij thuis de tas ophalen die we hebben ingepakt?'

'Ja, natuurlijk. Geef me een minuut of tien.'

'Bedankt, mam. Ik hou van je.'

'Ik ook van jou. Je hoeft niet bang te zijn. Het komt allemaal goed.' Maura deed haar best om zelfverzekerd en luchtig te klinken, maar ze had geen idee hoe alles nog goed kon komen.

'Wat is er?' vroeg Jack bij het zien van haar bezorgde gezicht.

'Dat was Sage. Haar vliezen zijn gebroken. Harry brengt haar naar het ziekenhuis.'

Hij vloekte en werd bleek. ‘Oké. Dan moet Riley dus toch de leiding overnemen.’

Ze reden met flinke vaart naar haar huis om de tas van Sage op te halen en te zorgen dat Puck genoeg water en brokjes had. Daarna racete Jack naar het ziekenhuis van Hope’s Crossing. Tegen de tijd dat ze het parkeerterrein op reden, trilden Maura’s handen om de tas.

‘Waar moeten we naartoe?’ vroeg Jack.

Ze gaf hem aanwijzingen hoe hij naar de afdeling gynaecologie moest rijden. Met Sage en de groep van zwangerschapsgymnastiek had ze daar de moderne verloskamers bekeken. Een veel te opgewekte verpleegkundige vertelde dat er een verloskamer werd voorbereid en dat ze Sage en Harry in een van de kleine privékamers in de gang konden vinden.

Toen Maura de deur van die kamer openduwde, zag ze het gespannen gezicht van haar dochter.

Sage sprong van de bank en klemde zich aan haar vast. ‘Ik ben er nog niet klaar voor, mam,’ jammerde ze. ‘Ik dacht dat ik nog een paar weken had!’

‘Ik weet het, schat.’

‘Ik kan nog niet bevallen. Ik heb nog geen adoptieouders uitgezocht. Ik probeer de beste te kiezen, maar ze zijn allemaal goed. Wat moet ik nu doen? Dit is mijn kindje. Ik kan toch niet zomaar een muntje opgooien?’ Ze begon te huilen.

Met bloedend hart hield Maura haar dicht tegen zich aan. Wettelijk gezien was alles geregeld voor de adoptie. Sawyer had officieel afstand gedaan van zijn rechten als vader, en Sage had contact met een fantastisch adoptiebureau. Ondanks alle gesprekken en al hun steun was Sage dus nog niet klaar voor de emotionele achtbaan. Het was moedig om een baby af te staan, maar het was natuurlijk geen makkelijke keuze. Terwijl ze tevergeefs zocht naar troostende woorden, nam Harry vanaf de bank ineens het woord.

'Ben ik nu de enige in deze familie die nadenkt?' grauwde hij.

Dit was wel het láátste moment waarop ze behoefte had aan zijn gemopper. Ze wenste dat haar moeder bij hen was om hem te kalmeren. Hun ontluikende relatie had een schokgolf in Hope's Crossing veroorzaakt, maar zelfs Maura kon niet ontkennen dat Mary Ella Harry gelukkig maakte. En wonder boven wonder maakte Harry Mary Ella ook gelukkig. Ze wilde net iets onvriendelijks tegen hem zeggen toen hij opstond van de bank. Ondanks zijn leeftijd straalde hij nog steeds gezag uit.

'Ik vind het echt ongelooflijk dat jullie dit nog steeds niet zelf bedacht hebben. De oplossing van jullie probleem ligt namelijk voor de hand.'

'Wat bedoel je, opa?' vroeg Sage met een klein, verdrietig stemmetje.

Harry schudde zijn hoofd en kreeg een zachtere blik in zijn ogen terwijl hij naar haar keek. Hij gebaarde naar Jack en Maura. 'Jullie moeten gewoon eerder trouwen, en dan kunnen jullie de baby grootbrengen. Jullie zijn allebei nog jong. Wat zeg ik, jullie zijn jong genoeg om samen nog een paar kinderen te krijgen.'

Maura's mond viel open, en ze zag dat Jacks gezicht verstrakte. Sage hield op met huilen en maakte zich van Maura los om haar grootvader aan te staren.

Opeens werden alle stukjes van Maura's leven in haar hoofd opnieuw gerangschikt. Alle toekomstplannen die ze met Jack had willen maken, kregen een heel nieuwe lading.

Een zoon.

Jack en zij kregen weer een kans om ouders te worden. Eindelijk zou Jack de gelegenheid krijgen die zij hem had ontnomen. Hij kon vader zijn vanaf het begin. Plakkerige peuterzoenen, voetbalwedstrijden coachen, helpen met huiswerk – alle dingen die hij nooit met Sage had kunnen delen. Haar brein speelde koortsachtig met alle mogelijkheden, maar even abrupt kwam de gedachtestroom tot stilstand. Het plaatje leek háár perfect, maar het zou niet eerlijk zijn tegenover Jack. Hij wilde hun gezamenlijke leven vast niet beginnen met vieze luiers, flesjes melk en het troosten van een baby met buikkrampjes.

'Dat kan ik niet van jullie vragen,' zei Sage nadat het een eeuwigheid stil was geweest.

'Waarom niet?' vroeg Jack. Zijn stem klonk gruizig.

Maura staarde hem aan. 'Wil je het echt overwegen?'

'Je weet dat ik met je wil trouwen, Maura. Ik wil de rest van mijn leven met je doorbrengen. Ik had niet gepland om daar meteen een baby bij te hebben, maar als alles anders was gelopen, waren we twintig jaar geleden ook zo gestart. Inmiddels zijn we ouder. Volwassener. Ik denk dat we allebei beter in staat zijn om een kind groot te brengen.' Er verscheen een brede glimlach op zijn gezicht. 'Daarnaast zou het niet de eerste keer zijn dat ik totaal onverwachts vader werd.'

Maura schoot in de lach. Wat was hun gezamenlijke leven tot nu toe toch wonderlijk verlopen! Het leek een doldriest plan om een kind te adopteren voordat ze officieel getrouwd waren, maar op een of andere manier leek het ook de enige juiste keuze.

Sage liet zich op de bank zakken en keek met een rauwe, bijna pijnlijk hoopvolle blik van de een naar de ander. 'Ik wil jullie niet onder druk zetten, maar dat zou méér dan perfect zijn. Misschien is dat wel de reden waarom ik geen beslissing wilde nemen. Misschien hoopte ik diep in mijn hart op zo'n oplossing, maar durfde ik het niet te vragen of er zelfs maar over na te denken.'

Maura pakte Jacks hand stevig beet. Hij gaf haar een kneepje, maar ze wist niet of dat van de zenuwen, van de verwachtingsvolle opwinding of van liefde was. 'Je moet het echt heel zeker weten, schat,' zei ze tegen haar dochter. 'En je moet heel goed beseffen dat we dan niet babysitten tot jij je kind zelf verder kunt opvoeden. Als we het doen, wordt dit ons kind. Wij zijn de ouders.'

'Ik kan me geen betere ouders voor mijn baby wensen, mam.' Sage glimlachte waterig en Harry sloeg een arm om haar heen. 'Ik weet dat ik een goede oudere zus was voor Layla. Dat kan ik ook zijn voor jullie zoon. Het lijkt me heerlijk om een klein broertje te hebben.'

Jack liet Maura's hand niet los, maar pakte een tissue uit de doos die op een tafeltje stond. Op het moment dat hij de tissue aan Maura gaf, drong het pas tot haar door dat ze huilde. Het waren tranen van vreugde, verwachting en vrees.

Een baby.

Lieve help. Ze kregen een baby.

Ze had nog geen tijd gehad om dat te verwerken voordat de opgewekte verpleegkundige binnenkwam.

'Zo, de verloskamer is klaar. Ga je mee, Sage? Dan kunnen we jou vast even installeren voordat je familie erbij komt.'

'Oké.' Nerveus glimlachend liep Sage achter haar aan. Haar tred leek lichter geworden te zijn nu ze was bevrijd van de angst en de onzekerheid die ze tijdens haar zwangerschap had gevoeld.

Na haar vertrek verscheen er een uiterst voldane blik op Harry's verweerde gezicht. 'Ik heb mijn auto neergezet op een plaats waar ik niet mocht parkeren. Ik moet hem even gaan verplaatsen, al durven ze me vast geen boete te geven.' Hij liep weg en liet Jack en Maura met hun tweeën achter.

Opeens werd Maura heel nerveus, omdat ze nog nauwelijks kon geloven dat ze zo'n belangrijke beslissing hadden genomen. 'Weet je het heel zeker, Jack? Het is nog niet te laat om van gedachten te veranderen. We kunnen nog een andere oplossing zoeken. Ik wil niet dat je je verplicht voelt als je dit eigenlijk niet wilt.'

Een deel van de spanning gleed uit haar weg toen hij zijn armen om haar heen sloeg. 'Zal ik je eens iets vertellen? Het idee om ons gezin uit te breiden, was al bij me opgekomen. Tot mijn schaamte moet ik bekennen dat ik er niet aan had gedacht dat wij de baby van Sage konden adopteren, maar ik vroeg me wel af hoe het zou zijn om met jou nog een kind te krijgen. Harry heeft gelijk. We zijn allebei nog jong genoeg om kinderen te krijgen. Er zijn wel meer stellen die pas achter in de dertig aan kinderen beginnen. Ik ben er nog niet over begonnen omdat ik niet wist of jij er ook zo over dacht. Ik dacht dat je misschien geen zin meer had in kleine kinderen.'

'Ik vind het heerlijk om moeder te zijn. Als alles anders was gelopen, had ik nog minstens twee kinderen willen krijgen.' Na haar scheiding had ze geaccepteerd dat dat deel van haar leven voorbij was. De gedachte dat ze nu een wieg en babykleertjes moest gaan kopen en haar werkschema moest aanpassen, was angstaanjagend en opwindend tegelijk.

'Ik zou je nooit onder druk hebben gezet,' zei Jack. 'Maar ik kan me niets mooiers en juisters voorstellen dan samen een zoon grootbrengen.'

Maura hield haar adem in. Het was ongelooflijk hoe snel haar leven een totaal andere wending kon krijgen. Buiten ging de wereld gewoon door. De inwoners van Hope's Crossing waren elkaar aan het helpen, terwijl hier een nieuw leven zou beginnen en een familie zich aanpaste om het te verwelkomen. Door het raam keek ze naar de prachtige junimiddag, die vol beloften was. In het zonlicht zag ze een prachtige roze rozenstruik bloeien.

Op de een of andere manier was ze niet verbaasd toen ze wat oranje tussen het roze zag. Een monarchvlinder dartelde van de ene roos naar de andere. Was dat weer een boodschap van Layla? Misschien wel. De afgelopen maanden had Maura overal vlinders gezien, maar het kon ook zijn dat ze er nu pas klaar voor was om ze op te merken.

Ze pakte de hand van Jack, de fantastische man die ze ooit was kwijtgeraakt en weer had gevonden. Toen ze naar hem glimlachte, barstte haar hart bijna uit elkaar van geluk. 'Kom,' zei ze. 'We moeten erbij zijn wanneer onze zoon geboren wordt.'